Hans-Jürgen Fischbeck

Erkenntnis und Bekenntnis

ZEITDIAGNOSEN

Band 55

LIT

Hans-Jürgen Fischbeck

Erkenntnis und Bekenntnis

Die Quantenphysik revolutioniert unser Weltbild und rehabilitiert religiöses Denken

LIT

Bibliografische Information der Deutschen Nationalbibliothek
Die Deutsche Nationalbibliothek verzeichnet diese Publikation in der Deutschen Nationalbibliografie; detaillierte bibliografische Daten sind im Internet über http://dnb.dnb.de abrufbar.

ISBN 978-3-643-25027-8 (br.)
ISBN 978-3-643-45027-2 (PDF)

Verlagskontakt:
Fresnostr. 2 D-48159 Münster
Tel. +49 (0) 2 51-62 03 20
E-Mail: lit@lit-verlag.de https://www.lit-verlag.de

Auslieferung:
Deutschland: LIT Verlag, Fresnostr. 2, D-48159 Münster
Tel. +49 (0) 2 51-620 32 22, E-Mail: vertrieb@lit-verlag.de

Gewidmet meiner Frau Jutta und meinen Kindern Susanne, Constanze Johannes und Ganga sowie meinen Patensöhnen Stefan, Paul, Tilo und Robert

Geschrieben im Gedenken an Prof. Dr. Hans-Peter Dürr und Prof. Dr. Lothar Schäfer

Werner Heisenberg[1]:

„Die meisten meinen ja wohl, dass die Atomtechnik die wichtigste Konsequenz sei. Mir ist es eigentlich immer anders gegangen. Ich habe geglaubt, dass die philosophischen Konsequenzen aus der Atomphysik auf lange Sicht wohl noch mehr verändern werden als die technischen Konsequenzen. Über diese Folgen der Atomphysik kann man hier oben besonders gut nachdenken.

Sie wissen ja, dass durch die Atomphysik und das, was man in ihr gelernt hat, sehr allgemeine Probleme anders aussehen werden als früher, etwa das Verhältnis von Naturwissenschaft und Religion und allgemeiner zur Weltanschauung. Das sieht jetzt anders aus, weil wir wissen, dass selbst in der Atomphysik das Verhältnis von Subjekt und Objekt nicht mehr so einfach ist wie in der klassischen Physik.“

Max Planck:

„Für den gläubigen Menschen steht Gott am Anfang, für den Wissenschaftler am Ende aller Überlegungen.“

1 Zitat am Ende eines hoch interessanten Videos, das unter https://www.youtube.com/watch?v=MbV4wjkYtYc zu finden ist. Mit „hier oben“ meint Heisenberg sein Haus in Urfeld am Walchensee.

Inhaltsverzeichnis

Besonders gekennzeichnete und wiederholt angesprochene Thesen und Grundsätze:

Biographische Vorbemerkung: Weichenstellungen meines Lebens

Meine Eltern lebten und arbeiteten in den 10 wichtigsten Jahren ihres Lebens von 1931 bis 1940 im Auftrag der Bethel-Mission im heutigen Tansania, wo ich 1938 geboren wurde. Sie brachten mir den christlichen Glauben einfach durch ihr Leben nahe , weil er für sie von tragender Bedeutung war.

Ich erinnere mich noch heute an jenen Augenblick – ich mag wohl 12 Jahre alt gewesen sein – als ich in ernste Glaubenszweifel geriet. Man hatte uns in der (DDR-) Schule erzählt, die Wissenschaft habe erkannt, dass die Welt ewig und unendlich, also unerschaffen sei und dass sich das Leben auf der Erde „ganz von allein“, d.h. allein auf Grund der allgültigen Naturgesetze, entwickelt habe. Ich spürte: In diesem Weltbild ist kein Platz mehr für Gott als dem Schöpfer aller Dinge. Ich sprach meinen Vater darauf an. Was er mir sagte, weiß ich heute nicht mehr. Ich nahm es gern an, jedoch überzeugte es mich nicht wirklich. Er tat das einzig Richtige und schenkte mir ein populärwissenschaftliches Buch „Du und das Weltall“ von Bruno H. Bürgel, das ich mit großem Interesse las.

Bald nach Gründung der DDR, Anfang der 50er Jahre, begann das SED-Regime eine Offensive gegen die Kirche, besonders gegen deren Jugend-Organisation, die „Junge Gemeinde“. Als ich 1952 nach der 8-jährigen Grundschule in die Oberschule kam, die in vier Jahren zum Abitur führte, wurden in der ersten Schülerversammlung, an der ich in der Winckelmann-Oberschule in Stendal teilnahm, vier Schüler wegen ihrer Zugehörigkeit zur „Jungen Gemeinde“ von der Schule relegiert. Das machte mich beklommen, aber ich ließ mich dennoch nicht dazu bewegen, der staatlichen Jugendorganisation FDJ beizutreten. Meine Eltern bestärkten mich in dieser Haltung. Dies war der Anfang meines zuerst inneren und später auch aktiven Widerstands gegen das SED-Regime.

Bald darauf las ich in einem kleinen, monatlich erscheinenden kirchlichen Blatt – „Frohe Botschaft“ hieß es – das wir aus dem Westen erhielten, dass Max Planck, der Initiator der Quantenphysik, aktiver Christ gewesen sei und dass überhaupt die Quantentheorie ein neues Licht auf die Wirklichkeit werfe. Das weckte in mir den Wunsch, nicht Chemie, wie ich erst wollte, sondern Physik zu studieren. Mathematik liebte ich sowieso. Ich wollte lernen, was es mit jener geheimnisvollen Theorie auf sich hat. Dazu las ich ein Buch – „Erlebte Physik“ von Franz von Krbek – das ich nur halb verstand, was aber mein Interesse noch steigerte.

Mein Antrag zum Physikstudium an der Humboldt-Universität zu Berlin aber wurde abgelehnt, vermutlich, weil ich als einziger in der Oberschule nicht Mitglied der FDJ war. Jedoch brachte es eine Lockerung des SED-Kurses nach der Entstalinisierungsrede Chrustschows auf dem XX. Parteitag der KPdSU im Frühjahr 1956 mit sich, dass ich nach einem Eignungsgespräch doch noch an der Humboldt-Uni zugelassen wurde und im Herbst 1956 mein Physikstudium antreten konnte.
Sofort richtete sich mein Hauptinteresse auf Mathematik und theoretische Physik. Die theoretische Mechanik, besonders in den Fassungen von Lagrange, Hamilton und Hamilton-Jacobi – in gewissem Sinne die paradigmatische *formale* Basis der theoretischen Physik überhaupt – bereitete mir intellektuelles Vergnügen.
1961 schrieb ich eine theoretische Diplomarbeit zur Zyklotronresonanz in Metallen, betreut von einem in Westberlin wohnenden Mitarbeiter des Zentralinstituts für Elektronenphysik der Akademie der Wissenschaften der DDR. Dabei hatte ich den Ehrgeiz, ein bis dahin nicht behandeltes Problem der Einteilchen-Quantenmechanik exakt und nicht quasi-klassisch zu lösen[2], wie es üblich war,
Als wichtigste Weichenstellung meines Lebens heiratete ich Jutta Franz im Jahre 1963 in der Berliner St. Bartholomäuskirche. Unser Trauspruch[3] sprach uns zu, dass wir mit unserer unverbrüchlichen Liebe Gott loben würden und bestärkte unseren Glauben, für einander bestimmt zu sein. Gott schenkte uns drei Kinder, Susanne 1965, Constanze 1968 und Johannes 1977, der seine Frau Ganga Cheripuram aus Kerala in Indien in unsere Familie mitbrachte.
Als ich 1962 mein Studium abgeschlossen hatte, sah es mit Arbeitsstellen in der Wissenschaft – jedenfalls für mich – sehr schlecht aus. Aber das schlimme Ereignis des Baus der Berliner Mauer kam mir dadurch zu Hilfe, dass die Arbeitsstellen der Westberliner Kollegen am Institut frei wurden, so dass ich eine dieser Stellen am nämlichen Institut in der Abteilung Theoretische Physik bekam.

---

2 Es war das Problem „freies Elektron im Magnetfeld im Halbraum“, das sind Elektronen, deren Kreisbahnen im Magnetfeld an einer Oberfläche elastisch reflektiert werden und so die sog. magnetischen Oberflächenzustände bilden, die man bei der Absorption von Mikrowellen an Metalloberflächen „sehen“ kann.

3 Röm. 15,7: „Darum nehmt einander an, wie Christus euch angenommen hat zu Gottes Lobe“

Von da an war Quantentheorie stets das Werkzeug meiner beruflichen Arbeit. Ich promovierte zur Sekundärelektronen-Emission aus Metallen und habilitierte zur Theorie des Bloch-Elektrons im Magnetfeld[4].
Die Abteilung Theoretische Physik unter der Leitung von Prof. Wolfram Brauer genoss hohes Ansehen im Institut und darüber hinaus. Sie war eine Enklave geistiger Freiheit, vor der die Kaderpolitik der SED Halt machte. So konnten wir uns mit vielen physikalischen Fragen weit über unsere eigentlichen Arbeitsgebiete hinaus befassen. Dazu gehörten makroskopische Quantenphänomene, Eichfeldtheorien, relativistische und supersymmetrische Quanten-Feldtheorie.
An der friedlichen Revolution in der DDR war ich als Mitbegründer der Bürgerbewegung „Demokratie Jetzt“ aktiv beteiligt. Sie bildete zusammen mit zwei anderen Bürgerbewegungen, nämlich „Neues Forum“ und „Initiative Frieden und Menschenrechte“ später das Bündnis 90.[5]
Eingedenk der politischen und gesellschaftlichen Verantwortung der Wissenschaft schloss ich mich nach der Wiedervereinigung Deutschlands zwei Wissenschaftler-Vereinigungen an, die sich dieser Verantwortung besonders in friedens- und umweltpolitischer Hinsicht verpflichtet fühlen, nämlich der

NaturwissenschaftlerInnen-Initiative „Verantwortung für Frieden und Zukunftsfähigkeit“ und der

Vereinigung Deutscher Wissenschaftler (VDW).

Beiden Vereinen gehörte auch der Quantenphysiker Prof. Dr. Hans-Peter Dürr an, mit dem ich bis zu seinem Tode 2014 viele anregende Gespräche haben durfte, die auch für das vorliegende Buch von großer Bedeutung waren.
Die Akademie der Wissenschaften der DDR wurde im Vollzug des Einigungsvertrages zum 31. 12. 1991 „abgewickelt“, und alle ihre Mitarbeiter mussten sich neu um Arbeitsstellen bewerben. Da ich mich seit meinem Studium in der Ev. Kirche Berlin-Brandenburg engagiert

4 Mit Bloch-Elektronen meint man Elektronen im Kristallgitter fester Körper. Dabei stieß ich erstmals auf die sog. „magnetische Translationsgruppe“, die als eine sog. Strahlgruppe die die Symmetrieeigenschaften dieses Problems beschreibt, indem sie das nicht translationsinvariante Vektorpotential des homogenen Magnetfeldes , das sich also bei Gittertranslationen ändert, gleichsam „zurück eicht“.

5 Gerhard Weigt, „Demokratie Jetzt – Der schwierige Weg zur deutschen Einheit“,Ev.Verlagsanstalt Leipzig, 2015

hatte und Mitglied des Kuratoriums der Ev. Akademie Berlin geworden war, kam mir eine Stellenausschreibung der Ev. Akademie des Rheinlandes sehr gelegen, und ich wurde ab Januar 1992 für 10 Jahre Studienleiter für den Bereich Naturwissenschaften an dieser Ev. Akademie in Mülheim/Ruhr. Das gab mir die wunderbare Chance, das Thema meines Lebens – das Verhältnis von Glaube und Wissenschaft – beruflich zu bearbeiten. Ich tat dies, indem ich eine Tagungsreihe mit dem Rahmenthema „Mit dem heutigen Wissen den Glauben denken" veranstaltete.

Das Fazit meiner Arbeit als Studienleiter zog ich in einem Buch „Die Wahrheit und das Leben"[6] . Darin beschreibe ich das biosphärische Leben als ein umfassendes Kommunikationsgeschehen, bei dem sich das Leben durch einen immensen Austausch von Informationen organisiert, deren Bedeutungsebene gleichsam als der von Gott eingehauchte „Odem des Lebens" angesehen werden kann. Dabei werden all diese in sich zusammenhängenden Bedeutungen durch das Gelingen des Lebens als Wahrheit validiert.

Bei meiner Arbeit an der Ev. Akademie Mülheim wurde mir zu meiner Verblüffung schnell klar, dass die im Westen – besonders in der Wissenschaft – vorherrschende Weltanschauung, der *Naturalismus,* im Grunde mit dem dialektischen Materialismus der SED-Doktrin *identisch* ist[7]. Darüber hinaus sah ich, dass die in der DDR mit staatlicher Macht vorangetriebene Entchristlichung der Gesellschaft auch im Westen trotz staatlichen Wohlwollens der Kirche gegenüber als gesellschaftliches Phänomen ebenfalls im Gange ist und nur noch nicht so weit gekommen war wie im Osten Deutschlands. Natürlich lernte ich, dass die Soziologie diese ‚Säkularisierung' genannte Entwicklung als Teil der generellen sog. Modernisierung der wissenschaftlich-technisch geprägten Wohlstandsgesellschaft begreift. Diese hat zu einem Zustand geführt, den man kulturell als Gottesfinsternis bezeichnen kann, die damit Teil eines Kapitels der europäischen Geistesgeschichte geworden ist, das mit der Aufklärung begann. Der ideologische Unterbau der Säkularisierung ist der schon genannte Naturalismus. Dessen tragende Säule ist das Axiom der kausalen Geschlossenheit der Realität, wie die Kapitel 5 und 7 zeigen.

---

6 H.J. Fischbeck, Die Wahrheit und das Leben – Wissenschaft und Glaube im 21. Jahrhundert, Herbert Utz Verlag, 2005.

7 Gerhard Vollmer/ Naturalismus/ Textarchiv TA 2003-13, fowid, Forschungsgruppe Weltanschauungen in Deutschland)

Im vorliegenden Buch möchte ich darlegen, dass die Quantentheorie unser „Grundverständnis vom Sein und den Kategorien des Seienden“ – das ist das, was man Ontologie nennt – revidiert hat. Durch dieses „Erdbeben“ hat sie eben diese Säule zum Einsturz gebracht, indem sie gezeigt hat, dass sich die *Realität* als der messbare Vordergrund der Wirklichkeit nur verstehen, lässt, wenn man sie von dem nicht messbaren, nur mathematisch fassbaren, immateriellen Hintergrund ihrer *Potentialität* herleitet.
Mein Anliegen berührt sich eng mit dem des Buches „Gehirn, Seele und Computer – Der Mensch im Quantenzeitalter“ des Mathematikers Günter Ewald (1929-2015)[8], wie es schon aus seinem Titel hervorgeht. Jedoch zieht Ewald nicht so weitreichende *ontologische* Schlüsse aus der Quantentheorie wie das vorliegende Buch. Das sind Schlüsse, die aus der quantentheoretischen *Dichotomie* von messbaren *Observablen* (Operatoren) und nicht messbaren *Zuständen* (Wellenfunktionen) ergeben.
Da ich als Wissenschaftler immer bestrebt bin, meine Behauptungen so gut wie möglich zu begründen, komme ich dabei nicht ganz ohne Mathematik aus, die ich aber durchweg in die Fußnoten verbannt habe. Ich bitte den/die geneigte(n) Leser(in) darum, sich davon nicht abschrecken zu lassen und zu überlesen, was er/sie als mathematischer Laie nicht verstehen kann. Meine Frau, die in dieser Lage ist, bestätigt mir, dass man dennoch verstehen kann, was ich sagen will.
Die Kapitel 1-13 befassen sich mit dem, was ich als Erkenntnis erachte. Kapitel 14 stellt mein Bekenntnis dar und orientiert sich demgemäß in etwa am apostolischen Glaubensbekenntnis der Kirche. Die Kapitel 15-17 wollen die Glaub-Würdigkeit dieses Bekenntnisses begründen, und das Kapitel 18 will sagen, dass es für die Christenheit höchste Zeit ist, sich aus dem von Jean Paul literarisch geschilderten Albtraum zu befreien.

8 Günter Ewald, Gehirn, Seele und Computer – Der Mensch im Quantenzeitalter, Wissenschaftliche Buchgesellschaft Darmstadt, 2006

Vorwort: Die Zivilisationskrise

Der Physiker Carl-Friedrich v. Weizsäcker (1912-2007) hat zur Grundlegung des „Konziliaren Prozesses der Kirchen für Gerechtigkeit, Frieden und die Bewahrung der Schöpfung", der mit der Vollversammlung des Ökumenischen Rates der Kirchen 1983 in Vancouver begann, 1986 ein Buch geschrieben mit dem Titel „Die Zeit drängt – Eine Weltversammlung der Christen für Gerechtigkeit, Frieden und die Bewahrung der Schöpfung" [9].Dies hat er aufgebaut auf die These:

„Die Menschheit befindet sich in einer Krise,
deren katastrophaler Höhepunkt wahrscheinlich noch vor uns liegt".

Er konstatiert damit eine umfassende Krise, in der sich unsere global gewordene wissenschaftlich-technische Zivilisation befindet, wie sie sich unter den Vorzeichen des real existierenden Kapitalismus entwickelt hat.
Im Jahre 2005 veröffentlichte die von Weizsäcker 1959 mit gegründete Vereinigung Deutscher Wissenschaftler (VDW) die „Potsdamer Denkschrift" und als Zusammenfassung das „Potsdamer Manifest"[10]. Sie tat dies aus Anlass des 50. Jahrestages des Russell-Einstein-Manifests von 1955, in dem die beiden weltberühmten Wissenschaftler angesichts der gegenseitigen atomaren Vernichtungsdrohung der Großmächte USA und Sowjetunion ein radikales Umdenken forderten mit den Worten

„We have to learn to think in a new way."

Zwar war 50 Jahre später, nach dem Zusammenbruch der Sowjetunion und des Ostblocks die atomare Konfrontation der Großmächte entschärft, aber es war klar, dass diese nur ein besonders bedrohlicher Teil der von Weizsäcker konstatierten umfassenden Zivilisationskrise war. Diese blieb ja bestehen und zeichnete sich in ihrem Ausmaß nun umso deutlicher ab. Das von Russell und Einstein geforderte Umdenken muss also weiter gehen und tiefer schürfen, denn die Zivilisationskrise ist natürlich umfassender und komplexer als die krankhafte Logik der Abschreckung durch immer schrecklichere Massenvernichtungswaffen. Dazu wollte und will die Potsdamer Denkschrift anregen.Wenn man tief genug schürft, trifft man auf Wurzeln, aus denen nicht nur Atombomben und ihre Trägersysteme gewachsen sind, sondern auch die vielen Eingriffswaffen,

9 C.F. v. Weizsäcker, Die Zeit drängt – Eine Weltversammlung der Christen für Gerechtigkeit, Frieden und die Bewahrung der Schöpfung, Carl Hanser Verlag 1986

10 Potsdamer Denkschrift, Oekom Verlag München 2006

mit denen wir Menschen die Natur beherrschen und malträtieren. Die Potsdamer Denkschrift sagt dazu:

> „Die Strategien unbegrenzter Machbarkeit fußen jedoch auf der materialistisch-mechanistischen Präzisierung dieser Weltvorstellungen und der dadurch ermöglichten erfolgreichen wissenschaftlich-technischen Entwicklung unserer Zivilisation. Das dafür benötigte Verfügungswissen liefern primär die empirischen Wissenschaften, die sich im Rahmen dieses Weltbildes am Grundprinzip einer behaupteten kausalen Geschlossenheit der materiellen Welt als 'Realität' (dinglichen Wirklichkeit) orientieren und diese (besonders auch über die politischen, sozialen und ökonomischen Wissenschaften auf alle Lebenszusammenhänge und -prozesse auf der Erde projizieren. Dies schlägt sich wiederum in Formen des Handelns nieder, deren Ergebnisse solche Realität auf kurze Sicht streng zu legitimieren scheinen.“

An anderer Stelle heißt es:

> „Die Einsichten der modernen Physik, der Quantenphysik, legen eine Weltdeutung nahe, die grundsätzlich aus dem materialistisch-mechanischen Weltbild herausführt. Anstelle der bisher angenommenen Welt, einer mechanistischen, dinglichen (objektivierbaren), zeitlich determinierten 'Realität' entpuppt sich die eigentliche Wirklichkeit (eine Welt, die wirkt) im Grunde als Potentialität.“

In einem Interview am 17.10. 2005 mit Holger Hettinger vom Deutschlandfunk Kultur sagte einer der Autoren, der Physiker Hans-Peter Dürr:

> „Für mich ist es ganz klar, dass wir in einer geistigen Krise sind und nicht nur, dass wir hier etwas falsch machen. Unsere Auffassung vom Menschen und der Welt ist falsch. Wir müssen raus aus dem mechanistischen, materialistischen Denken, weil das die Ursache ist.“

Ein wesentlicher Aspekt des mechanistisch-materialistischen Denkens, wie es heutzutage vom Naturalismus dargestellt und propagiert wird, ist die strikte Ablehnung einer Sinn-Bestimmung des Universums und des menschlichen Daseins, weil diese auf eine metaphysische Instanz verweisen würde, die in diesem Denken keinen Platz hat. Es liefert die philosophische Begründung für die verbreitete Abkehr unserer durch Wissenschaft und Technik geprägten Zivilisation vom Glauben an eine solche Instanz, der die religiöse Tradition der Menschheit den Namen 'Gott' gegeben hat. Für mich ist die Frage offen, ob diese Abkehr nur Begleiterscheinung oder nicht doch auch einer der verursachenden

Faktoren der gegenwärtigen Zivilisationskrise ist[11].

11 Die über die sog. sozialen Medien im Internet weit verbreiteten maßlosen Hassbotschaften und Todesdrohungen können kaum von Menschen verbreitet werden, die ernsthaft an Gott, den Vater *aller* Mitmenschen glauben.

TEIL I BESTANDSAUFNAHME

1. Infragestellung Gottes in der Moderne – Säkularisierung im Zuge der Aufklärung

Die geistesgeschichtliche Epoche der Aufklärung des 17. und 18. Jahrhunderts wurde hauptsächlich als große Bewegung der Befreiung aus kirchlicher Vormundschaft erlebt.
Die Kirche war integrierender Teil des gesamten feudalen Herrschaftssystems in Europa geworden, indem sie das Christentum zu dessen ideologischen Überbau verunstaltete, so dass es totalitäre Züge annahm. Einerseits rechtfertigte die Kirche die feudalen Besitzverhältnisse bis hin zur Leibeigenschaft der Bauern durch das sog. „Gottesgnadentum" und hatte mit ihren ausgedehnten Ländereien selbst Anteil daran. Andererseits maßte sie sich eine Befugnis an, in Gottes Namen eine unmittelbare Herrschaft über die Seelen der Menschen auszuüben, indem sie die Gläubigen zur mindestens jährlichen Beichte verpflichtete. Ihre Gesinnungsjustiz.in Form der Inquisition war im Mittelalter mit einer mittelbaren Sanktionsgewalt ausgestattet, die bis zum Scheiterhaufen reichen konnte.

Der erste große Schritt hin zur Aufklärung war die Reformation, die das hierarchisch-klerikale Herrschaftssystem der Kirche in seinen Grundfesten erschütterte. Mit ihrem „Priestertum aller Gläubigen" bestritt sie die Mittlerfunktion der Kirche zwischen Gott und Mensch überhaupt. Mit ihrem „sola scriptura" gründete sie den Glauben allein auf die Bibel, und mit ihrem „sola fide" löste sie die Rechtfertigung des Menschen vor Gott von allen kirchlich verordneten Leistungen. Sie wies die päpstliche Anmaßung, „Stellvertreter Christi auf Erden" zu sein, als unbiblisch zurück und entzog damit dem unmittelbaren Herrschaftsanspruch der Kirche den Boden , im Namen und Auftrag Gottes zu handeln.

Der zweite große Schritt zur Aufklärung war der Sturz des geozentrischen Ptolemäischen Weltbildes, in dem sich die mittelalterliche Kirche mit ihren Vorstellungen von Gott, Mensch und Welt „häuslich" so eingerichtet hatte, dass es in der Scholastik Teil der kirchlichen Doktrin wurde. Danach befindet sich die Erdkugel im Zentrum der Welt und wird von Sonne, Mond, Planeten und Sternen umkreist. Die „Fix"-Sterne sind an der großen Himmelskugel, dem Firmament, befestigt, die sich einmal am

Tag um die Erde dreht. Die Sonne und die Planeten bewegen sich kreisförmig im Zwischenraum, letztere auf „Epizyklen“ um ihre Kreisbahnen. Vor allem ging es um Himmel und Erde. Den Himmel jenseits des Firmaments, das Empyreum, sah man als den Thronsaal Gottes, von dem aus er die Erde regiert.

Dieses geozentrische Weltbild aber brach zusammen, als Kopernikus (1473-1543), Kepler (1571-1630) und Galilei (1564-1642) zeigten, dass ein heliozentrisches Weltbild die astronomischen Beobachtungen viel einfacher und genauer beschreibt. Kopernikus erkannte, dass im heliozentrischen Bild die komplizierten Hilfskonstruktionen der Epizyklen und Exzenter, die im geozentrischen Bild notwendig sind, um die scheinbaren Schleifenbahnen der Planeten zu erklären, entfallen können, wenn die Planeten *einschließlich der Erde* im heliozentrischen Bild einfache Kreisbahnen um die Sonne durchlaufen.

Durch eine sorgfältige Analyse der Beobachtungsdaten des dänischen Astroroms Tycho de Brahe (1546-1601) zeigte Johannes Kepler, dass die Planetenbahnen nicht Kreise, sondern Ellipsen sind, in deren einem Brennpunkt die Sonne steht (1.Keplersches Gesetz). Außerdem fand er Relationen, die für alle Planeten ihre Bahndaten und Umlaufzeiten mit einander verknüpfen (2. und 3. Keplersches Gesetz).

Galilei machte sich das heliozentrische Weltbild zu eigen, erkannte das Trägheitsprinzip, wonach sich alle kräftefreien Körper geradlinig und gleichförmig bewegen, führte systematisch Experimente durch und beschrieb seine Messungen mathematisch. Damit machte er die reproduzierbare Beobachtung, das Experiment also, zu einer von Autoritäten unabhängigen Quelle der Erkenntnis. Er erkannte und schrieb 1623:

„Das Buch der Natur ist in der Sprache der
Mathematik geschrieben“,

und kann somit als Begründer der mathematisch fundierten, also der theoretischen Physik gelten.

Indem er ein von ihm verbessertes Teleskop auf die Sonne, den Mond und die Planeten richtete, lieferte er Belege für das Kopernikanische Weltbild. Weil er um die unmittelbare Überzeugungskraft experimenteller Beobachtung wusste, konnte er der Todesdrohung durch das „heilige Offizium“ ausweichen, indem er das widerrief, was sich ohnehin als wahr herausstellen würde.

Zu einem Triumph für diese neue empirisch-wissenschaftliche Weltsicht kam es 1687, als es Isaac Newton (1642-1726) gelang, die drei empirisch gefundenen Keplerschen Gesetze mathematisch herzuleiten aus der nach ihm benannten, ganz allgemein geltenden Bewegungsgleichung

„Kraft = Masse mal Beschleunigung"

sowie dem Gravitationsgesetz, wonach sich zwei Massen anziehen mit einer Kraft, die beiden Massen proportional und umgekehrt proportional zum Quadrat ihres Abstandes ist. Diese Bewegungsgleichung, zu der noch das Gegenwirkungsprinzip „actio = reactio kommt, ist das Fundament der klassischen sog. Punkt-Mechanik[12] Damit ließen sich die seit Jahrhunderten beobachteten Bewegungen der Planeten, darunter auch Sonnen- und Mondfinsternisse sowie wiederkehrende Kometen sehr genau voraus und zurück berechnen. Was zuvor als Anzeichen himmlischer Mächte und Vorzeichen von ihnen verfügter schlimmer Ereignisse gedeutet und gefürchtet wurde, stellte sich nun als Wirkung simpler Naturgesetze heraus. So zeigte sich: Nicht göttliche Einflüsse, die man besonders am Himmel am Werke sah, sondern mathematische Naturgesetze bestimmen, was geschieht. Das ist Ausdruck des perfekten Determinismus der klassischen Mechanik, den Pierre Simon Laplace (1749-1827) mit seiner berühmten Metapher des nach ihm benannten Dämons 1814 so beschrieb:

> „Wir müssen also den gegenwärtigen Zustand des Universums als Folge eines früheren Zustandes ansehen und als Ursache des Zustandes, der danach kommt. Eine Intelligenz, die in einem gegebenen Augenblick alle Kräfte kennt, mit denen die Welt begabt ist, und die gegenwärtige Lage der Gebilde, die sie zusammensetzen, und die überdies umfassend genug wäre, diese Kenntnisse der Analyse zu unter-werfen, würde in der gleichen Formel die Bewegungen der größten Himmelskörper und die des leichtesten Atoms einbegreifen. Nichts wäre für sie ungewiss, Zukunft und Vergangenheit lägen klar vor ihren Augen."

Laplace (1749-1827), der unter Napoleon Karriere machte und kurzzeitig sogar Innenminister wurde, stellte die in den Grundzügen noch heute geltende Nebularhypothese auf, wonach das Sonnensystem durch gravitative Ballung aus einem Gasnebel entstanden sei. Nachdem er 1802 seine Theorie Napoleon nahe gebracht hatte, soll dieser ihn verwundert gefragt haben, warum Gott darin gar nicht vorkomme. Seine Antwort war – so die Anekdote – „Sire, ich hatte diese Hypothese nicht nötig".

Die Astronomie, die mit der Klassischen Mechanik nun ein theoretisches Fundament hatte, nahm einen großen Aufschwung. Schon Galilei richtete,

12 Auch ausgedehnte Objekte wie etwa Planeten lassen sich durch einen Punkt, den Massenmittelpunkt, repräsentieren.

wie schon gesagt, 1609 ein von ihm gebautes sog. holländisches Fernrohr auf den Himmel und entdeckte die Jupiter-Monde. So begann die Himmelsbeobachtung mit Hilfe optischer Instrumente, die immer tiefer in das All vordrang. Von besonderer Bedeutung waren die Beobachtungen des deutsch-englischen Musikers und Hobby-Astronomen Wilhelm Herschel (1738-1822), der mit seinem selbst gebauten, viel leistungsfähigeren Spiegelteleskop den Himmel systematisch durchforschte. Er konnte erstmals „neblige“ Objekte von Fixsternen unterscheiden und erkannte, dass diese sich aus vielen Einzelsternen zusammensetzen, also im heutigen Sinne Galaxien sind. Durch Bestimmung der scheinbaren Helligkeit von Himmelsobjekten im Vergleich zur Helligkeit naher Sterne, deren Entfernung er erstmals durch Messung der jährlichen Parallaxen-Verschiebung[13] bestimmen konnte, hat er unter Annahme etwa gleicher wahrer Helligkeit aller Objekte erste grobe Abschätzungen der Entfernungen machen können, so dass man die immensen Dimensionen des Kosmos ahnen konnte.
Diese Erkenntnisse verbreiteten sich im 18. und 19. Jahrhundert in Europa immer mehr. Von Anfang an wurden sie mit Zweifeln an der Existenz Gottes verknüpft: Wo ist Gott? Der Himmelssaal jenseits der Fixsternsphäre existiert so nicht und ist als Raum erschreckend leer, nur Sonnen und Milchstraßensysteme in riesigen Abständen sind zu sehen.
Stand für den frommen Newton die Existenz Gottes noch außer jedem Zweifel, so kam Laplace 1802, wie geschildert, bereits ohne „diese Hypothese“ aus.
Trotzdem wirkte die Vorstellung von „Gott im Himmel“ bis in das 19. Jahrhundert hinein. So ist die 1785 geschriebene „Ode an die Freude“ von Friedrich Schiller (1759-1805) noch davon geprägt, wenn es darin heißt: „Seid umschlungen Millionen! Diesen Kuss der ganzen Welt! Brüder – über'm Sternenzelt muss ein lieber Vater wohnen.“ Und in einer anderen Strophe der Ode steht der weniger bekannte Vers: „Ihr stürzt nieder, Millionen? Ahndest du den Schöpfer, Welt? Such’ ihn über'm Sternenzelt, über Sternen muss er wohnen.“

13 Es handelt sich faktisch um eine Triangulation eines gleichschenkligen Dreiecks, dessen Basis der Durchmesser der Erdbahn ist und dessen (sehr kleiner) Scheitelwinkel sich durch eine (sehr kleine) scheinbare Verschiebung des Sterns am Himmel während eines halben Jahres zeigt.

2. Jean Paul und Friedrich Nietzsche zwischen Bezweiflung und Verzweiflung

Die Falsifizierung der seit Jahrhunderten in der kirchlichen Tradition gehegten und gepflegten, in vielen Gemälden dargestellten, geradezu anschaulichen Vorstellung von „Gott im Himmel" durch die astronomischen Erkenntnisse und die Erklärungskraft der klassischen Mechanik hatte im 19. Jahrhundert eine große Wirkung und weckte starke Zweifel an der Existenz Gottes überhaupt.

Zwei Pastorensöhne – Jean Paul (1763-1825) und Friedrich Nietzsche (1844-1900) – wurden die wohl wirkmächtigsten Verkünder des „Todes Gottes" im 19. Jahrhundert.

Jean Paul begann 1781 sein Theologiestudium, von dem er sich aber bald abwandte, weil er sich mehr zum Dichter und Schriftsteller berufen fühlte. Er, der sehr belesen war, wird von den weitreichenden Beobachtungen Herschels sowie vom Triumph der klassischen Mechanik bei der Erklärung der sichtbaren Himmelsphänomene erfahren haben und dabei auch den verallgemeinernden „Geist" der klassischen Physik gespürt haben. Das kann man jedenfalls aus seinem besonders bekannt gewordenen „Ersten Blumenstück" entnehmen, der in dem 1796 geschriebenen Roman „Siebenkäs" enthalten ist.

In diesem großartigen Text schreibt er einleitend von dem „giftigen Dampf, der dem Herzen dessen, der zum ersten mal das atheistische Lehrgebäude betritt, erstickend entgegen zieht." Dann schildert er die gespenstische Szene eines Albtraums, in der der Träumer auf einem Gottesacker das Jüngste Gericht erlebt. Die Gräber tun sich auf, und die Toten erwarten das gnädige Gericht Gottes, des Vaters. Doch über dem Altar der düsteren Kirche erscheint nicht Gott, der Richter, sondern

> „eine hohe edle Gestalt mit einem unvergänglichen Schmerz … und alle Toten riefen: 'Christus, ist kein Gott?' Er antwortete: Es ist keiner".

Wie zur Begründung hielt er dann seine berühmte „Rede vom Weltgebäude herab, dass kein Gott sei":

> „Ich ging durch die Welten, ich stieg in die Sonnen und flog mit den Milchstraßen durch die Wüsten des Himmels; aber es ist kein Gott. Ich stieg herab, so weit das Sein seine Schatten wirft und schauete in den Abgrund und rief: 'Vater, wo bist du?' aber ich hörte nur den Sturm, den niemand regiert. …
>
> Da kamen, schrecklich für das Herz, die gestorbenen Kinder, die im Gottesacker erwacht waren, und warfen sich vor die hohe Gestalt am

> Altare und sagten: 'Jesus, haben wir keinen Vater?' - Und er antwortete mit strömenden Tränen: 'Wir sind alle Waisen, ich und ihr, wir alle sind ohne Vater.“

Später im Traum hob Christus, „der höchste Endliche, die Augen empor gegen das Nichts und gegen die leere Unermesslichkeit und sagte:

> „Starres, stummes Nichts! Kalte ewige Notwendigkeit! Wahnsinniger Zufall! ….Wie ist jeder so allein in der weiten Leichengruft des Alls! … Ach, wenn jedes Ich sein eigener Vater und Schöpfer ist, warum kann es nicht auch sein eigener Würgeengel sein?“

Mit diesen eindrucksvollen Worten bringt Jean Paul seine Verzweiflung angesichts der großen Bezweiflung Gottes zum Ausdruck.
Doch am Schluss des Albtraumes sah der Träumer, wie sich

> „die Riesenschlange der Ewigkeit um das Weltenall gelagert hatte... und dann wand sie sich tausendfach um die Natur – und quetschte die Welten aneinander – und drückte den unendlichen Tempel zermalmend zu einer Gottesacker-Kirche zusammen – und alles wurde eng, düster, bang – und ein unermesslich ausgedehnter Glockenhammer sollte die letzte Stunde der Zeit schlagen und das Weltgebäude zersplittern...als ich erwachte.
> Meine Seele weinte vor Freude, dass sie wieder Gott anbeten konnte – und die Freude und das Weinen und der Glaube an ihn waren das Gebet.“

Friedrich Nietzsche lebte von 1844-1900. Er wurde berühmt vor allem als Philosoph und Kulturkritiker. Zu seinen Schaffensperioden gehört die von Biographen so bezeichnete freigeistige Zeit von 1876-1882, in der er sich, wie man liest, vorrangig mit den Ergebnissen empirischer Erkenntnis seiner Zeit befasste. Sie fand ihren Abschluss mit der Publikation seines Buches „Fröhliche Wissenschaft“. Es enthält unter der Überschrift „Der tolle Mensch“ jenen weithin als Epochensignal verstandenen Ausruf des „tollen Menschen“, der am helllichten Tage mit einer Laterne in der Hand auf dem Markt

> „unaufhörlich schrie: 'Ich suche Gott! Ich suche Gott! - Da dort gerade viele von denen zusammen standen, welche nicht an Gott glauben, so erregte er ein großes Gelächter. Ist er denn verloren gegangen? sagte der eine. Hat er sich verlaufen wie ein Kind? sagte der andere. Oder hält er sich versteckt? Fürchtet er sich vor uns? Ist er zu Schiff gegangen? ausgewandert? - So schrien sie und lachten durcheinander. Der tolle Mensch sprang mitten unter sie und durchbohrte sie mit seinen Blicken. 'Wohin ist Gott?' rief er 'ich will es euch sagen!
> Wir haben ihn getötet – ihr und ich! Wir alle sind seine Mörder! Aber wie

haben wir das gemacht? Wie vermochten wir das Meer auszutrinken? Wer gab uns den Schwamm, um den ganzen Horizont wegzuwischen? Was taten wir, als wir die Erde von ihrer Sonne losketteten? Wohin bewegt sie sich nun? Wohin bewegen wir uns? Fort von allen Sonnen? Stürzen wir nicht fortwährend? …. Gibt es noch ein Oben und ein Unten? Irren wir nicht durch ein unendliches Nichts? Haucht uns nicht der leere Raum an? Ist es nicht kälter geworden? Kommt nicht immerfort die Nacht und mehr Nacht? Müssen nicht Laternen am Vormittage angezündet werden? Hören wir noch nichts vom Lärm der Totengräber, welche Gott begraben? Riechen wir noch nichts von der göttlichen Verwesung? - auch Götter verwesen! Gott ist tot! Gott bleibt tot! Und wir haben ihn getötet! Wie trösten wir uns, die Mörder aller Mörder? Das Heiligste und Mächtigste, was die Welt bisher besaß. es ist unter unsern Messern verblutet – wer wischt das Blut von uns ab? … Ist nicht die Größe dieser Tat zu groß für uns? Müssen wir nicht selber zu Göttern werden, um ihrer würdig zu erscheinen?

… Man erzählt noch, dass der tolle Mensch des selbigen Tages in verschiedene Kirchen eingedrungen sei und darin sein *Requiem aeternam deo* angestimmt habe.

Hinausgeführt und zur Rede gestellt habe er immer nur dies entgegnet: 'Was sind denn diese Kirchen noch, wenn sie nicht die Grüfte und Grabmäler Gottes sind?' “

Nun soll jenes „Weltgebäude“, auf das sich Jean Paul bezog, näher beschrieben werden, näher noch als er es kennen konnte, aber immer noch in groben Zügen.

3. Von der klassischen Mechanik zur klassischen Physik

Die klassische (Punkt-)Mechanik[12] war der erste große Schritt in der Entwicklung der neuzeitlichen Physik. Ihr Begriffssystem mit ihrem strikten Determinismus erwies sich als tragfähig für ihre Weiterentwicklung als Kontinuums-Mechanik der materiellen Medien, d.h. der Gase und Flüssigkeiten. Auch die Thermodynamik ließ sich als statistische Mechanik zurückführen auf die klassische Mechanik vieler Massenpunkte.

Eine echte Erweiterung der Begrifflichkeiten der klassischen Mechanik aber war notwendig, um die elektrischen und magnetischen Erscheinungen zu verstehen: Der Experimentalphysiker Michael Faraday (1791-1867) und der mathematische (theoretische) Physiker James Clerk Maxwell (1831-1879) führten den Begriff des elektrischen und des magnetischen Feldes als raumerfüllende Kraftfelder ein, deren Quellen elektrische Ladungen bzw. Ströme sind und die umgekehrt auf diese wirken. Elektrische Ladungen sind dabei punktförmige Objekte im Sinne der klassischen Mechanik, die aber neben einer Masse noch die Eigenschaft einer elektrischen Ladung tragen, die positiv oder negativ sein kann, so dass sich elektrische Ladungen gegenseitig neutralisieren können. Ströme sind einfach *bewegte* Ladungen.

Im dynamischen Fall sind elektrisches und magnetisches Feld untrennbar miteinander verbunden als elektromagnetisches Feld, auch einfach Maxwell-Feld genannt, denn Maxwell hat die verkoppelten raum-zeitlichen Differentialgleichungen gefunden, die dessen Bewegung in Raum und Zeit in Form elektromagnetischer Wellen beschreiben. Bald wurde erkannt, dass Radiowellen, Wärmestrahlen, infrarotes, sichtbares und ultraviolettes Licht sowie Röntgenstrahlen elektromagnetische Wellen verschiedener Frequenzbereiche sind.

Man vermutete nun, dass auch die elektromagnetischen Wellen so wie die akustischen Wellen in Luft und Wasser oder die elastischen in festen Körpern einen materiellen Träger haben müssen, den man Äther nannte. Dieser aber müsste sich als ein sog. Ätherwind auf Grund der Bewegung der Erde auf ihrer Umlaufbahn in einem als ruhend anzunehmenden Äther bei der Lichtausbreitung parallel oder senkrecht zur Erdbewegung messbar zeigen. Das epochale Experiment von Michelson 1881 zeigte aber keinen Effekt, wodurch die Existenz eines Äthers ausgeschlossen werden konnte.

Daraus ergab sich eine erhebliche Irritation für den Materialismus: Sind die elektrischen und magnetischen Felder etwa immateriell? In seinem Buch „Materialismus und Empiriokritizismus“ beseitigte W. I. Lenin 1908 diese Kalamität kurzerhand durch eine Erweiterung des Materie-Begriffs, indem er definierte:

Materie – das ist die objektive Realität,

und das elektromagnetische Feld ist natürlich objektiv real.
Diese Erweiterung der klassischen (Punkt-)Mechanik einschließlich der Mechanik der Medien (Aero- und Hydrodynamik) um das elektromagnetische (Maxwell-) Feld vervollständigte die klassische Physik. Vollendet aber wurde sie durch die spezielle (1905) und die allgemeine Relativitätstheorie (1915) Albert Einsteins. Mit der *speziellen* Relativitätstheorie zog Einstein (1879-1955) die Konsequenz aus dem Michelson-Experiment, indem er die Lichtgeschwindigkeit c zu einer von allen Relativgeschwindigkeiten unabhängigen Naturkonstanten erhob. Damit revidierte er Newtons Vorstellung eines absoluten Raumes und einer absoluten Zeit als Voraussetzung für seine Mechanik.
Mit der *allgemeinen* Relativitätstheorie revidierte er die Newtonsche Gravitationstheorie mit ihrer instantanen Fernwirkung und machte die Gravitation zu einer Eigenschaft der nun aber gekrümmten Raum-Zeit. Die Mechanik Newtons und sein Gravitationsgesetz behielten jedoch näherungsweise Gültigkeit im Falle von Relativgeschwindigkeiten, die klein gegenüber der Lichtgeschwindigkeit sind.
Die Maxwellsche Elektrodynamik aber erwies sich von vorne herein als relativistisch invariant und benötigte daher keine Korrektur.

3.1 Darwin und die Evolution des Lebens

Nur der Bereich des Lebens, der Gegenstandsbereich der Biologie, schien sich nicht einzuordnen in das mechanistische Bild der klassischen Physik. Hier schienen andere Prinzipien der Sinn- und Zielbestimmung zu gelten.
Das änderte sich aber mit dem epochalen, 1859 erschienen Werk von Charles Darwin (1809-1882) „Der Ursprung der Arten durch natürliche Zuchtwahl“ .

Hatte man bis dahin geglaubt, dass die verschiedenen Arten der Pflanzen- und Tierwelt durch das schöpferische Eingreifen Gottes in die Naturgeschichte entstanden sind – im Prinzip so, wie es die biblische Schöpfungsgeschichte beschreibt – so zeigte Darwin, dass es des Eingreifens Gottes nicht bedurfte, um die Entstehung der Arten zu erklären, sondern dass dies durch natürliche Zuchtwahl (Selektion) unter zufälligen Varianten einer Art (Variation) in Anpassung (Adaption) an sich ändernde Umweltbedingungen (survival of the fittest) geschah und weiter geschieht.

Diese Erkenntnis erschütterte das kirchliche, an einer wörtlichen Interpretation der biblischen Schöpfungsgeschichte (1. Mos. 1-31) orientierte Weltbild ein weiteres Mal in seinen Grundfesten. Das Konzept, Gottes Wirken in den Lücken naturgesetzlicher Zusammenhänge aufspüren zu wollen, ist abermals gescheitert und sollte als endgültig gescheitert angesehen werden. Nachdem es in den 50er Jahren des 20. Jahrhunderts gelang, die grundlegenden Prozesse des Lebens – Fortpflanzung, Vererbung, Proteinsynthese – molekularbiologisch aufzuklären, rundete sich das Bild: Auch die Entstehung, die Entwicklung und die Prozesse des Lebens lassen sich lückenlos naturwissenschaftlich beschreiben. Dieses weltanschauliche Bild wurde in der Folge verallgemeinert:

4. Das Paradigma der klassischen Physik und das naturalistische Weltbild

Die Theorien Maxwells und Einsteins vollendeten die klassische Physik. Sie blieb aber noch immer innerhalb des Paradigmas, das die klassische Mechanik vorgezeichnet hatte. Man kann es wie folgt beschreiben:

Die Objekte der Physik sind bzw. bestehen aus Teilchen und Feldern, die man objektiv beobachten und deren Eigenschaften man experimentell messen kann,wobei die die Ergebnisse unabhängig von der Person sind, die die Beobachtung macht und angenommen wird. dass die Messung das Objekt nicht wesentlich stört, so dass es die beobachteten Eigenschaften an sich *hat* so wie jedes Ding Ort, Geschwindigkeit, Form, Farbe, Gewicht etc. *hat.* D.h. Teilchen und Felder existieren an sich auch dann, wenn sie nicht beobachtet werden.

Das Verhalten von Teilchen und Feldern in Raum und Zeit ist eindeutig bestimmt durch gegenseitige Wechselwirkungen, die *vollständig* beschrieben werden können durch sog. Bewegungsgleichungen, die die kausalen Zusammenhänge letztlich *allen* Geschehens darstellen. Sie sind das, was man die *Naturgesetze* nennt. Sie bringen das Kausalprinzip zum Ausdruck: *Alles, was geschieht, wird verursacht.*Die Naturgesetze bestimmen zusammen mit den Anfangs- und Randbedingungen für die Lösung der Bewegungsgleichungen *eindeutig*, was geschieht. Dass die Ursache zeitlich *vor* der Wirkung kommen muss, ist darin jedoch *nicht* enthalten, weil alle Bewegungsgleichungen (Naturgesetze) invariant sind gegen Zeitumkehr, denn sie gehen in sich über, wenn man darin den Zeitparameter t durch –t ersetzt.

Die Realität stellt sich dar als ein 3-dim. Gesamtobjekt, das in sich verbunden, durchzogen und durchwirkt ist von einem lückenlosen Kausalnexus, der die Bewegungen und Entwicklungen aller ihrer Komponenten in Richtung der vierten Dimension, der Zeit, eindeutig bestimmt.

Das ist das Bild, das die naturwissenschaftliche Forschung, namentlich die klassische Physik, im 19. Jahrhundert gemalt hat und das noch immer der Erwartung aufgeklärter Menschen entspricht .

Dass dieses Bild so nicht stimmt, stellt Jan C. Schmidt in seinem Buch „Das Andere der Natur“ dar[14]. Denn es gibt auch noch „Anderes in der Natur“, nämlich an vielen Stellen gibt es *Instabilitäten* im kausalen

14 Jan Cornelius Schmidt, Das Andere der Natur – Neue Wege zur Naturphilosophie, Hirzel 2015

Gewebe und Getriebe, ohne die es eigentlich „nichts Neues unter der Sonne“ gäbe. Deren Bedeutung ist in der Naturphilosophie bisher viel zu wenig beachtet worden. Selbst in eindeutigen *kausalen* Zusammenhängen gibt es Instabilitäten in dem Sinne, dass kleinste Änderungen in den Anfangsbedingungen völlig andere und unerwartbare – in diesem Sinne neue – Verläufe *zeitigen.* Sie sind schon deshalb unerwartbar, weil keine praktische Rechengenauigkeit ausreicht, um sie langfristig vorausberechnen zu können. Solche Verhältnisse sind unter dem Stichwort *deterministisches Chaos* bekannt geworden. Sie treten vornehmlich in nichtlinear rückgekoppelten Systemen auf[15].

Es ist klar, dass diese Sachverhalte den *praktischen* Stellenwert der Kausalität relativieren, ohne das Prinzip selbst in Frage zu stellen. Das entspricht nämlich so sehr unserer allgemeinen Erfahrung , dass wir es geradezu verinnerlicht haben. Dennoch ist der Kausalitäts-*Begriff* selbst durchaus problematisch, wie Jan Schmidt [14] ausführt. Er geht dabei aus von der Kritik des Begründers des Empirismus, David Hume (1711-1776), der betont hat, dass das Kausal*prinzip* streng genommen, n*icht* strikt aus der *konkreten* Erfahrung regelhaften Geschehens abgeleitet werden kann, denn wenn etwas unter gleichen Bedingungen x mal gleich geschehen ist, folgt daraus noch nicht, dass es beim x+1- ten Mal wieder so geschehen muss. Als allgemeines *Prinzip,* so Immanuel Kant, aber sei es ein „synthetisches Urteil *a priori*“ und als solches eine Bedingung für die *Möglichkeit* von Erfahrung überhaupt.

Es kommt aber noch schlimmer, wenn man das Kausalitätsp*rinzip* unter die Lupe nimmt, wie es die Physikerin und Philosophin Brigitte Falkenburg in ihrem Buch „Mythos Determinismus“ [16]unternommen hat. Sie zeigt darin, dass die (allein zuständige) Physik gar keinen klaren Kausalitätsbegriff liefert. Der enthält nämlich, wie schon gesagt, notwendig eine Zeitordnung: Die Ursache muss der Folge zeitasymmetrisch *vorausgehen,* wohingegen die deterministischen Bewegungsgleichungen der klassischen Physik eine solche Zeitordnung *gar nicht* enthalten, weil alle zeit-symmetrisch sind. Bertrand Russell wies 1913 darauf hin, dass dies fatal ist für den Kausalitätsbegriff .

---

15 Ein Paradebeispiel sind die nichtlinearen Navier-Stokesschen Bewegungsgleichungen der Aerodynamik, die für das atmosphärische Wettergeschehen von Belang sind. Von daher rührt die berühmte Metapher vom „Schmetterlingsflügel“, der globales Wetter beeinflussen könne.

16 Brigitte Falkenburg, „Mythos Determinismus – Wieviel erklärt uns die Hirnforschung?“, Springer 2012

Wie wir im Kap. 10 noch sehen werden, ist das in der Quantentheorie anders. Deren Grundgleichung, die Schrödinger-Gleichung, ist zwar auch invariant unter Zeitumkehr, aber die beschreibt gar nicht die Realität, wie ich vorgreifend hier anmerken möchte, sondern die Potentialität. Erst der Übergang von der Potentialität zur Realität im sog. Messprozess ist irreversibel (zeit-asymmetrisch), aber gerade der ist *nicht* deterministisch.
Mit Brigitte Falkenburg und Jan C. Schmidt ist also festzustellen:
Der Determinismus ist epistemisch ungesund, denn er ist weder in der unmittelbaren Erfahrung (Hume) noch in der klassischen Physik und erst recht nicht in der Quantenphysik gut begründet. Trotzdem wird unbeirrt an ihn *geglaubt* wie an einen *Mythos*.
Nichtsdestoweniger ist die klassische Physik wegen ihres „mathematisch-axiomatischen Aufbaus“ und ihrer „gedanklichen Präzision und Klarheit“ [17] zum „Paradigma Wissenschaft schlechthin“ geworden.
Zum naturalistischen *Weltbild* wurde es dadurch, dass man es ontologisch verabsolutiert hat durch die Behauptung, dass die ganze Wirklichkeit, die man dann auch 'Natur' nennt, durch die Objekte der Physik, also durch Teilchen und Felder gegeben ist. Der Naturalist Bernulf Kanitscheider[18] nennt dies „das materielle Substrat des Universums“, das „letztlich aus seiner eigenen Gesetzmäßigkeit alle Gebilde hervorbringt.“
Dieses Weltbild ist identisch mit dem „dialektischen Materialismus“, wie er in der DDR als „wissenschaftliche Weltanschauung“ umfassend propagiert wurde. Er war integrierender Bestandteil des gesamten Bildungskonzepts in Schulen und Hochschulen. Besonders wirksam geschah dies in den Jugendstunden zur Vorbereitung auf die gesamtgesellschaftlich durchgesetzte Jugendweihe, bei der dann alle Jugendlichen das aufwändig gestaltete Buch „Weltall – Erde – Mensch“ als Geschenk erhielten, in dem geschickt suggeriert wurde, dass dieses Weltbild die philosophische Verallgemeinerung der Wissenschaften sei und das nunmehr überholte religiöse Weltbild ersetze.

---

17 Dirk Eidemüller, Quanten – Evolution – Geist , Springer Spektrum 2017, S.307.

18 Zitiert von Bernd Vowinkel in „Wissen statt Glauben!“ Lola Books GbR 2018, S. 22.

4.1 Säkularisierung in der DDR: Ideologisch-politisch forciert

In den 40 Jahren der totalitären SED-Herrschaft in der DDR wurde die weltanschauliche Säkularisierung forciert und beschleunigt durch die ideologische Indoktrination im Marxismus-Leninismus („ML"), die jeder z. T. mehrfach über sich ergehen lassen musste. Für mich geschah dies dreimal: zuerst in der Schule, dann während des Studiums und schließlich im begleitenden Pflichtprogramm bei der Promotion. Der „ML" wurde als Gebäude aus drei „Säulen" dargestellt. Die erste war der sog. dialektische Materialismus, die zweite der historische Materialismus und die dritte die „politische Ökonomie des Sozialismus".

Im Jahr 1955 kam in Gestalt der „Jugendweihe" eine weitere Form der Belehrung hinzu, die alle Jugendlichen betraf, von den wenigen abgesehen, die sich weigerten, daran teilzunehmen. Diese folgenreiche gesellschaftspolitische Maßnahme der SED hat die kirchliche Konfirmation fast vollständig verdrängt, die in der Tradition der Bevölkerung als wichtiges Lebensdatum durchaus noch verwurzelt war. Man erreichte das ziemlich schnell, weil bei Verweigerung Folgen für das berufliche Fortkommen zu befürchten waren. Analog zum Konfirmanden-Unterricht fanden vorbereitende Jugendstunden statt, in denen natürlich „ML" gelehrt wurde.

Bei der Jugendweihe selbst wurde dann das schon erwähnte Buch „Weltall Erde Mensch" als Kompendium überreicht. Mit 4 Mill. Exemplaren gilt es als das meist gedruckte Buch in der DDR. In diesem „Buch der Wahrheit", wie Walter Ulbricht es im Vorwort titulierte, wurde der dialektische Materialismus, als *die* „wissenschaftliche Weltanschauung" präsentiert und in populär-wissenschaftlicher Form als Entstehungsgeschichte von Galaxien, Sonnensystemen, der Erde, des Lebens und seiner Evolution bis hin zum Menschen dargestellt. Das Buch schilderte in eingängiger Form das auf Beobachtungen gestützte wissenschaftliche Weltbild des 19. Jahrhunderts, wie es von den Klassikern Marx, Engels und Lenin rezipiert worden war. Zur Weltanschauung erweitert aber wurde es durch verallgemeinernde, wenn auch nicht wirklich empirisch gedeckte Aussagen, wie sie auch sonst in der Schule gelehrt wurden:

Das Weltall sei unerschaffen, existiere in ewigen Kreisläufen und sei räumlich unendlich. Alles, was geschehe, sei naturgesetzlich eindeutig bestimmt und erfasse somit als objektive Realität die ganze Wirklichkeit.

Man machte einen Unterschied zwischen dem überholten „mechanischen" und dem modernen „dialektischen" Materialismus, wobei der Materie-Begriff des dialektischen Materialismus von Lenin, wie schon gesagt, allgemeiner gefasst wurde als zuvor, nämlich als die „objektive Realität" schlechthin. Man legte Wert auf die Feststellung, dass dies eine *monistische* Ontologie sei, d.h. dass es daneben oder gar darüber hinaus keine andere Wirklichkeit gäbe. Eigenständige geistige Wirklichkeiten gäbe es nicht. ‚Geist' sei nämlich nichts als die höchste Bewegungsform der Materie im menschlichen Gehirn. Wissen und Erkenntnis seien die *Widerspiegelung* der objektiven Realität im menschlichen Geist.

Zur Unterscheidung zwischen mechanischem und dialektischem Materialismus gehörte auch die Unterscheidung zwischen mechanischem und dialektischem *Determinismus*. Gemeint war wohl, dass man sich auch andere als mechanische Kausalzusammenhänge vorstellen konnte. Immer aber handele es sich um eindeutige und vollständig bestimmende Kausalitäten. Dementsprechend tat man sich schwer mit dem quantenmechanischen Indeterminismus und hoffte (ähnlich wie Einstein) dass die Quantentheorie unvollständig sei und eines Tages wieder durch eine vollständig deterministische Theorie ersetzt werden würde[19]. Vor allem aber wollte man keinen Zweifel daran aufkommen lassen, dass die „objektive Realität" kausal in sich geschlossen sei. Immer wieder stellte man den dialektischen Materialismus als *die philosophisch-weltanschauliche Verallgemeinerung der Naturwissenschaft* dar. Es war dies aber die Wissenschaft des 19. Jahrhunderts und insbesondere die klassische Physik. Von daher stammt der Anspruch, *die* wissenschaftliche und damit allein gültige Weltanschauung zu sein. Und die war selbstverständlich atheistisch. Die in „Weltall Erde Mensch" vertretene Behauptung[20]:

> „Die noch weit verbreitete religiöse Weltanschauung steht in völligem Gegensatz zu den Ergebnissen der Natur- und Gesellschaftswissenschaften, so dass ihre Antworten in Wirklichkeit Scheinantworten sind."

wurde uns ja schon in der Grundschule aufgetischt und ist – jedenfalls in Ostdeutschland – fast schon Allgemeingut geworden.

---

19 Verfechter des dialektischen Materialismus an der Ostberliner Humboldt-Universität knüpften diese Hoffnung damals, Ende der 50er Jahre, an die ersten Anzeichen einer Substruktur von Protonen, die sich in Streuexperimenten zeigten. Doch führten diese Experimente in der dann folgenden Entwicklung gerade nicht zu einer Ersetzung der Quantentheorie der Protonen durch eine deterministische Theorie, sondern im Gegenteil zur Quanten-Chromodynamik der Quarks und Gluonen.

20 Weltall Erde Mensch – Ein Sammelwerk zur Entwicklungsgeschichte von Natur und Gesellschaft, S. 14, Verlag Neues Leben 1972

Dabei gründet sich der Atheismus des dialektischen Materialismus auf drei Ausschließungen Gottes:
- Die erste und wichtigste ist die begrifflich-kategoriale, indem man die ‚objektive Realität' als die eine, einzige und ganze Wirklichkeit deklariert (Monismus).
- Die zweite schließt jede Einwirkung eines transzendenten Gottes auf die Wirklichkeit aus mittels des Prinzips der kausalen Geschlossenheit der objektiven Realität, und
- die dritte schließt Gott obendrein aus der raum-zeitlichen Verfasstheit der als allumfassend angesehenen ‚objektiven Realität' aus, indem das Universum als ewig und unendlich angesehen wird, jenseits oder außerhalb dessen es nichts geben kann [21].

Diese drei Ausschließungen sind nicht unabhängig voneinander, sondern erläutern sich gegenseitig. Nichtsdestoweniger gilt auch heute noch die auf Giordano Bruno zurückgehende Lehre von der Ewigkeit und Unendlichkeit des Kosmos als eine der Säulen des Atheismus.

Umso erstaunlicher ist es, dass die Verfechter der angeblich wissenschaftlichen Weltanschauung (jedenfalls in der ehemaligen DDR) nicht auf zwei fundamentale Beobachtungstatsachen eingingen, die kaum anders denn als Widerlegung dieser These von Giordano Bruno gedeutet werden können. Ich komme darauf im Kap. 14.1 noch einmal zurück:
- Die eine ist: Der Nachthimmel ist dunkel.

Heinrich Wilhelm Olbers wies schon 1826 darauf hin, dass der Nachthimmel in einem ewigen und unendlichen Kosmos bei einer gemäß dem Kopernikanischen Prinzip im Mittel gleichförmigen Verteilung strahlender Objekte sonnenhell sein müsste, da dann die Zahl der strahlenden Objekte mit der dritten Potenz der Entfernung zunehmen würde, während deren Lichtintensität nur mit dem Quadrat der Entfernung abnimmt.
- Die andere ist: Das Weltall befindet sich nicht im thermodynamischen Gleichgewicht, wie es aber nach dem 2. Hauptsatz der Thermodynamik sein müsste, wenn es schon ewig existierte.

---

21 Dazu heißt es im Beitrag des Astronomen Dietrich Wattenberg zu „Weltall-Erde-Mensch" auf S. 105: „Die Materie und die ihr eigene Bewegung sind daher in zeitlicher Hinsicht ewig, während der Raum aus gleichen Gründen als unendlich gilt. Ewigkeit und Unendlichkeit sind daher fest miteinander verbundene Begriffe, die ausdrücken, dass die bisher erkannten wissenschaftlichen Zusammenhänge für die Unendlichkeit des Weltalls in Raum und Zeit sprechen."

Die sog. Urknall-Theorie, wonach der Kosmos weder ewig noch unendlich ist, sondern einen Anfang vor 13,7 Mrd. Jahren hatte und die mit allen bekannten, den Kosmos betreffenden Beobachtungstatsachen vereinbar ist, gab es in ihren Anfängen auch damals schon. Sie wurde uns im Studium jedoch vollständig vorenthalten. Ich erfuhr davon erst gegen Ende meines Studiums.

Als kleiner Dozent im Fernstudium der TU Dresden für Ingenieure in Berlin habe ich es mir dann aber nicht nehmen lassen, meinen zwei Dutzend Zuhörern außerhalb des Lehrplans am Ende des Semesters davon zu erzählen. Sie fielen aus allen weltanschaulichen Wolken.

Obwohl die weltanschaulichen Thesen von der Ewigkeit und Unendlichkeit des Weltalls und der eindeutigen kausalen Determiniertheit allen Geschehens empirisch nicht belegt sind, erhob man, wie gesagt, für den dialektischen Materialismus den Anspruch, dass er „*die* wissenschaftliche Weltanschauung“ sei. Und so ist auch bereitwillig geglaubt worden, was viele ohnehin schon im Einklang mit dem aufgeklärten Zeitgeist dachten, nämlich,

- dass „höhere Wesen“ wie 'Gott' oder Götter *erfunden* wurden, um bislang Unerklärliches zu erklären und
- dass die Naturwissenschaften solche Erklärungslücken nach und nach schließen und so den religiösen Glauben zunehmend durch Wissen ersetzen, so dass 'Religion' als ein Kinderglaube von gestern abgetan werden kann.

Während die sonstige Propagandaliteratur der SED bei den meisten Menschen zum einen Ohr rein und zum anderen wieder raus ging, fand die populär-wissenschaftliche Darstellung des Buches „Weltall Erde Mensch“ Interesse und Zustimmung, was auch den übrigen ideologischen Teilen des Buches – historischer Materialismus und „wissenschaftlicher Sozialismus“ – zu gute kam und ihnen Glaubwürdigkeit verlieh. So kann man sagen, dass der dialektische Materialismus ein integrierender Bestandteil der Staatsdoktrin der SED war, die deren Herrschaft quasi wissenschaftlich legitimieren sollte und so auch tatsächlich stabilisiert hat[22].

Diese Indoktrination ging einher mit einer wirkungsvollen Gesellschaftspolitik – die Jugendweihe war eine ihrer wichtigsten Maßnahmen , die zu einem weitgehenden Abbruch kirchlicher Traditionen in der DDR-Gesellschaft führte. Die Kirche bestand zwar weiter, aber die Suggestion, dass

22 Igor J. Polianski: „Das Rätsel DDR und die „Welträtsel“ - Wissenschaftlich-atheistische Aufklärung als propagandistisches Leitkonzept der SED“, Potsdamer Bulletin für zeithistorische Studien Nr. 36-37/2006

sie in der sozialistischen Gesellschaft eigentlich keinen Platz mehr habe und als Relikt für ewig Gestrige zum Absterben verurteilt sei, führte zur Entleerung der gesellschaftlichen Lebensräume, in denen 'Gott' noch eine Rolle spielte, in denen diskutiert, erkannt und erlebt werden konnte, dass die weit verbreitete und nicht zu Unrecht abgelehnte Vorstellung von Gott als einem „höheren allmächtigen Wesen im Jenseits“ mit dem biblischen Gott, dem „Gott Abrahams, Isaaks und Jakobs, dem Vater Jesu Christi“ gar nicht übereinstimmt. So wurde Gott im Bewusstsein einer großen Mehrheit der DDR-Bevölkerung gleichsam ausradiert.

Die friedliche Revolution 1989 in der DDR brachte die Befreiung der ostdeutschen Gesellschaft vom auch in weltanschaulicher Hinsicht „vormundschaftlichen Staat“. Der SED-Staat hatte ja alle sonst üblicherweise zivilgesellschaftlichen Organisationen in Kultur, Sport und Freizeit staatlich – und das heißt auch ideologisch im Sinne des „ML“ – untergeordnet bzw. gleichgeschaltet und so die Gesellschaft totalitär *verstaatlicht.* Nur die Kirchen blieben autonom, aber man glaubte, sie auf den absterbenden Ast geschoben zu haben, so dass sie von selbst untergehen würden.
In den Kirchen des Westens regte sich nach der sog. Wende eine Rechristianisierungs-Hoffnung. Man hoffte, dass sich die an die atheistische Ideologie verlorenen, aber nun vakant gewordenen gesellschaftlichen Räume im Osten wieder neu besiedeln ließen, ohne zu erkennen, dass die SED-Gesellschaftspolitik lediglich beschleunigt hatte, was in den Gesellschaften des Westens auch ohne ideologische Repression längst im Gange war, nämlich eben die oben beschriebene weltanschauliche Säkularisierung. Das Rechristianisierungs-Konzept war somit von vornherein zum Scheitern verurteilt.

4.2 Säkularisierung in der Markt-Gesellschaft: Konsum-Materialismus

Nachdem die ostdeutsche Gesellschaft ihre totalitäre *Verstaatlichung* unter der SED-Herrschaft in im Herbst 1989 abgeschüttelt und im März 1990 in freien Wahlen ihre Volkskammer demokratisch mandatiert hatte, beschloss diese bereits im August 1990 die Wiedervereinigung Deutschlands durch den Beitritt der DDR zur Bundesrepublik nach Art. 23 des Grundgesetzes zum 3. Okt. 1990. Auch wenn dies nur ein Parlamentsbeschluss war, kann doch kein Zweifel daran bestehen, dass dies mit breiter Zustimmung der Bevölkerung geschah. Das bedeutete auch den Anschluss an die erfolgrei-

che marktwirtschaftliche Ordnung der Bundesrepublik. Sie erlebte aber dann die Wirklichkeit einer im Zeichen des Neoliberalismus zunehmend vermarktlichten Gesellschaft, eine *Vermarktlichung*, die mehr und mehr totalitäre Züge annimmt.
Zwar spricht man von Totalitarismus sonst immer nur in politisch-ideologischen Zusammenhängen, aber im allgemeineren Sinne ist dieser Begriff dennoch auch dann anwendbar, wenn *alle* gesellschaftlichen Lebensbereiche von fremdbestimmten Beziehungen durchdrungen werden, die zugleich Herrschaftsverhältnisse darstellen.

Die Rede ist nun von der um sich greifenden *Vermarktlichung* bzw. Kommerzialisierung fast aller Bereiche der Gesellschaft[23].
Der politisch-ideologische Totalitarismus etwa des SED-Staates führte zu einer weitgehenden *Verstaatlichtung*, d,h. staatlichen Vergewaltigung und Entmündigung der Gesellschaft, in der es mit Ausnahme der Kirchen keine nicht-staatlichen Organisationen mehr gab.
Der neoliberale Marktfundamentalismus hingegen führt zu einer immer weiter gehenden *Vermarktlichung* der Gesellschaft, in der tendenziell immer mehr öffentliche Aufgaben etwa im Bildungs-, Gesundheits- und Rechtswesen, die eigentlich von demokratisch legitimierten Organen wahrzunehmen wären, privatisiert und damit der Marktlogik des Wettbewerbs unterworfen werden, so dass in manchen Fällen sogar das Gewaltmonopol des Staates in Frage gestellt ist.[24]
Die Herrschaft, um die es beim Marktfundamentalismus geht, ist die Herrschaft des Geldes, letztlich die Herrschaft der Vermögenden. Die, die viel mehr haben als sie zum Leben brauchen, bestimmen so oder so über die, die wenig oder kein Vermögen haben, aber in der total vermarktlichten Gesellschaft unbedingt Geld zum Überleben brauchen. Das gemeinsame Interesse der Vermögenden am Erhalt ihrer systemischen Herrschaft besonders am Kapitalmarkt verbindet sich lobbykratisch zu einem nahezu allmächtigen quasi-göttlichen transpersonalen Subjekt, das in biblischer Sprache Gott *Mammon* heißt.
Auf dem vom Neoliberalismus heilig gesprochenen Markt aber geht es um das Haben-Wollen, um das Kaufen und Verkaufen, mieten und vermieten

23 Dies wird eindrucksvoll exemplifiziert, analysiert und diskutiert in dem SPIEGEL-Bestseller „Was man für Geld nicht kaufen kann" von Michael . Sandel, Ullstein 2014.

24 Das gilt besonders für private Sicherheitsdienste, denen besonders in den USA zuweilen der Strafvollzug, ja sogar Kriegseinsätze überlassen werden.

von Dingen aller Art, seien es materielle Dinge oder verdinglichte (verbriefte) Rechte oder Fähigkeiten (z.B. Arbeitskraft), über die man besitzartig verfügen kann, um sie kaufen oder mieten zu können. Der Oberbegriff für diese „Dinge aller Art" heißt im Jargon „Produkt" (z.B. „Finanzprodukte"). Alles Erdenkliche wird marktfähig verdinglicht und so handelbar, d.h. zur „Ware" gemacht. Nur so etwas kann „in Wert gesetzt" werden, indem es am Markt einen Preis bekommt, dadurch etwas 'wert' ist und gehandelt werden kann .

Diese Verdinglichungs-Wirkung des Marktes passt in ihrer Synergie perfekt zu der weltanschaulichen Verdinglichungs-Tendenz des Zeitgeistes, der von der Überzeugung geprägt ist, dass eigentlich wirklich nur Dinge und Sachverhalte sind, wie es sich auch in der Vulgär-Ontologie

„wirklich ist nur, was man feststellen kann,"

sowie ganz allgemein im Naturalismus mit seinem Grundsatz „Alles ist Natur" ausdrückt (s. Kap.7). Man kann dies geradezu als den *ontologischen Grundkonsens* der Moderne ansehen.

Die moderne Marktgesellschaft wird durch die ihr eigene Kommunikationsform der selbstverständlich ebenfalls kommerzialisierten *Werbung* integriert, die suggeriert, dass es für alle Wünsche und Bedürfnisse, ja Sehnsüchte und Lebensziele tendenziell eine käufliche Lösung gibt oder geben wird, weil die ohnehin schon weitgehend privatisierte angewandte Wissenschaft bald eine solche finden, patentieren und an die Wirtschaft verkaufen wird, denn dazu sei sie ja hauptsächlich da. Die Wirtschaft wird sie in innovative Produkte verwandeln, um für eigentlich schon gesättigte Märkte ständig neue Märkte zu erschließen. Die dafür erforderliche kaufkräftige Nachfrage wird wiederum durch Werbung generiert. So erzeugt die Werbung jenen viel beschworenen und auch beklagten Konsum-Materialismus, der mit Recht so genannt wird, weil er sich als Teil des Zeitgeistes auf den genannten ontologischen Grundkonsens stützt und ihn zugleich wirkmächtig bestätigt.

Die Werbewirtschaft ist eine Schlüssel-Industrie. Sie soll mündige Bürger zu *Kunden* und *Verbrauchern* machen. Ihr „Produkt", die Werbung, aber ist per se Eigenlob. Der vormoderne Mensch empfand noch, dass „Eigenlob stinkt". Der zum Kunden mutierte moderne Mensch aber nimmt diesen allgegenwärtigen „Gülle-Geruch" kaum noch wahr. Fast unbemerkt ist ihm dabei der mit dem Wort 'Wahrheit' bezeichnete ideelle Wert abhanden gekommen, so dass in der Postmoderne das Fazit

„Wahrheit gibt es nicht, sondern nur in Interessen"

gezogen wird. Das ist mir bei der Vorbereitung von Tagungen der Ev. Akademie des Rheinlandes des öfteren entgegengehalten worden als ein doch offensichtlicher postmoderner gesellschaftlicher Konsens.

Da der Glaube an Gott untrennbar verbunden ist mit seinem Wahrheitsanspruch[25], wird er damit wirkungsvoller bestritten, als es jede atheistische Ideologie vermag.

Weil das so ist, wird Betrug und Bestechung mehr und mehr zum Normalverhalten, vorexerziert durch Großverbände wie ADAC, FIFA etc., aber auch durch Großkonzerne und Großbanken. Selbst in der politischen Wahlkampfarena wird nach diesem Grundsatz gehandelt.

Wahrheit und mit ihr Ehrlichkeit, Redlichkeit und Vertrauen sind nicht die einzigen weitgehend verlorenen ideellen Werte. Andere Werte wie Solidarität und gesellschaftliche Verantwortung dienen ebenfalls nicht der *Wettbewerbsfähigkeit* am Markt, die zum eigentlich maßgebenden Leitwert geworden ist, der fast alles rechtfertigt.

Wenn dann fast immer zuerst die entscheidende Frage gestellt wird:

Was kann ich mir dafür kaufen?

wird klar, dass der Gottesglaube keine Marktchancen hat. Zugleich zeigt dies, welches der einzig verbliebene allgemein gültige Wert ist: der des Geldes. Unausgesprochen steht dahinter die Erwartung: Für *Geld* kann man sich letztlich (fast) alles kaufen[26].

Selbst sportliche Triumphe sind noch nicht Glücks genug, sie werden fast immer noch durch saftige Preisgelder unterfüttert. Auch bei den immer beliebter werdenden Quiz- Wettbewerben im Fernsehen geht es nicht zuletzt immer auch um Geld. Obwohl man eigentlich weiß, dass Geld nicht wirklich glücklich macht, erscheint vielen der Lottogewinn als Inbegriff des Glücks. Von einem schlechten Gewissen, dass ein solcher Gewinn auf Kosten vieler anderer Verlierer geht, ist nichts zu vernehmen, warum auch, wo doch Millionäre oder gar Milliardäre, Angehorige des Geldadels von Mammons Gnaden, unentwegt leistungslos Rendite-Einkommen auf Kosten der ganzen Gesellschaft „verdienen“.

---

25 Im Verhör durch Pilatus sagte Jesus: „ Ich bin dazu geboren und in die Welt gekommen, dass ich von der Wahrheit zeugen soll. Wer aus der Wahrheit ist, der höret meine Stimme.“ (Joh. 18,37)

26 In „genialer“ Vorwegnahme dieser heutigen durchkommerzialisierten Markt-Praxis verkaufte die vorreformatorische katholische Kirche bei sehr geringen Selbstkosten imaginäre Ablass-Scheine auf so und so viele Jahre „Fegefeuer“. Bekanntlich war dieser Ablasshandel ein wesentlicher Anlass für die Reformation.

In dieser Welt herrscht Mammon, und Gott hat hier nichts zu suchen, nichts zu bieten und nichts zu melden. Jesus Christus aber sagt in der Bergpredigt (Matth, 6,24):
„Niemand kann zwei Herren dienen: Entweder er wird den einen hassen und den anderen lieben, oder er wird dem einen anhängen und den anderen verachten.

„Ihr könnt nicht Gott dienen und dem Mammon"

In dieser Welt ist Gott mit seinen Geboten und seinem Anspruch nur hinderlich. Er interessiert nicht mehr und existiert schon deshalb in der Lebenspraxis ganz einfach nicht. Zudem entfällt er so als letzte Instanz für das am Markt hinderliche Gewissen.
Dass Gott die von dem Gekreuzigten verkörperte Liebe zu allen Menschen ist, lässt sich nicht verdinglichen und nicht vermarkten Das lässt sich nicht kaufen oder verkaufen, sondern nur glauben, zumal da sich diese Botschaft an alle Menschen richtet, zuerst aber an die Armen, die sonst mangels Kaufkraft kaum eine Rolle spielen.
Die „unsichtbare Hand" des Marktes ist die Hand Mammons. Sie regiert eine gottlose Welt, in der sich der Christ Norbert Blüm als *Atheist neuer Art* bekennt: „Auf meine alten Tage bin ich Atheist geworden. Ich bekenne: Ich glaube nicht an Gott Mammon.[27]
Die Säkularisierung der modernen Gesellschaft, aber ist nur deshalb so wirksam, weil sie sich auf den schon erwähnten ontologischen Grundkonsens geeinigt hat, nämlich dass

eigentlich wirklich nur Dinge und Sachverhalte sind,

so dass es ein „höheres Wesen" wie Gott *irrelevant* ist und deshalb entfallen kann. Das verkündete explizit die Giordano-Bruno-Stiftung bei ihrer Buskampagne durch europäische Länder, wobei sie mit pseudowissenschaftlicher Attitüde hinzufügt: „mit an Sicherheit grenzen-der Wahrscheinlichkeit". Sie appelliert damit an die weit verbreitete Überzeugung, dass sich Wissenschaft und Glaube im Widerspruch befänden. Aber dabei

27 Am 18.5. 2012 schrieb Norbert Blüm in der Süddeutschen Zeitung:
„Auf meine alten Tage bin ich Atheist geworden. Ich bekenne: Ich glaube nicht an Gott Mammon. Ich widersage ihm mit allen meinen Kräften. Mammon ist ein gieriger Götze, der sich anschickt, die Welt zu verschlingen. 99 % der Dollar-Billionen, welche den Erdball umkreisen, haben mit Arbeit, Wertschöpfung, Gütern und Dienstleistung nichts zu tun. Es ist der heilige Schein des Geldes, der die Weltwirtschaft erleuchtet. Doch das monetäre Licht ist ein Irrlicht, eine Fata Morgana statt der lebensrettenden Oase."

ist – das sei hier nachdrücklich wiederholt – das unterstellte Paradigma von Wissenschaft durch und durch von der klassischen Physik geprägt. Ganz nebenbei wurde so ein Großthema der Geistesgeschichte, die Frage nach Gott nämlich, gleichsam ad acta gelegt. Diesen Zustand kann man mit Fug und Recht *Gottesfinsternis* nennen. Die Lebenslandschaft unserer von Wissenschaft und Technik geprägten Wohlstands-Zivilisation ist gleichsam wolkenverhangen, der Himmel ist ständig bedeckt. Man sieht die Sonne schon lange nicht mehr, viele der Jüngeren haben sie nie gesehen. Dass die Sonne die Wolken von oben beleuchtet und ihnen ihr diffuses Licht verleiht, weiß man nicht mehr und fragt auch nicht danach. Dass bei Sonnenschein alles viel schöner aussieht, hat man lange nicht mehr erlebt und kann es sich auch nicht vorstellen.

Wenn man bedenkt, welche bestimmende Bedeutung der christliche Glaube noch bis in das 19. Jahrhundert hinein für unsere Gesellschaft gehabt hat, dann drängt sich die Frage auf, ob nicht gegenwärtig vielfach beklagte gesellschaftliche Verlusterscheinungen wie Werteverlust, Sinn- und Orientierungsverlust, Vereinsamung, Verrohung im gesellschaftlichen Umgang, Gewaltbereitschaft, aber auch Depression als neue Volkskrankheit[28] damit in Zusammenhang stehen, wenn auch sicherlich nicht monokausal.

28 Unter der Überschrift „Glaube schützt vor Depression“ wird berichtet von einer Langzeitstudie eines Forscherteams aus Psychiatern und Neurowissenschaftlern um Myrna Weissmann an der Columbia University, New York, „dass die Nachkommen depressiver Eltern ein um 90% vermindertes Risiko hatten, in den nächsten 10 Jahren selbst depressiv zu werden, sofern sie sich als gläubig oder spirituell bezeichneten.“

5. Unser gewöhnliches „aufgeklärtes“ Weltbild

Die verbreitete Überzeugung, dass eigentlich wirklich nur Dinge und Sachverhalte sind, die wir den ontologischen Grundkonsens der Moderne genannt haben, ist nicht weit entfernt vom Naturalismus unserer Tage und von dem mit ihm identischen „dialektischen Materialismus“, wie er in der DDR so gut wie allen gelehrt wurde. Denn wer wäre nicht der Überzeugung, dass *alles,* was geschieht, verursacht ist? Besonders, wenn etwas unangenehm ist, fragt man doch zu erst nach der Ursache. Wenn sie nicht schon offensichtlich ist, meint man, dass sie mit wissenschaftlichen Methoden doch immer zu finden sei und dass sie die Kausalketten von Naturgesetzlichkeiten rekonstruieren kann. Das gilt besonders für Krankheiten. Dazu sei die Wissenschaft ja da, wie man meint, und sie genießt mit Recht größtes Vertrauen. Schließlich hat sie ja immer mehr von dem *erklären* können, wofür man in früheren Zeiten Gottheiten um Hilfe anrief. Nun können "wir" uns mehr und mehr selber helfen. Schließlich hat sie uns die moderne Technik beschert, die funktioniert und uns so vielfältig zu Hilfe kommt.

Das heißt doch auch: Nicht Gott bestimmt, was geschieht, sondern die Naturgesetze, wie fast alle Zeitgenossen meinen. Deshalb gilt es, die Naturgesetze immer besser zu erforschen und technisch anzuwenden. Religion hingegen helfe natürlich nicht und habe die Wissenschaft doch immer nur behindert.

Das ist der in seiner Plausibilität weit verbreitete und verinnerlichte Alltags-Naturalismus der von Wissenschaft und Technik geprägten Wohlstandsgesellschaft, an den sich nahtlos anschließt, was man in der ehemaligen DDR schon gelernt hatte. Er ist zu einem integrierenden Teil des Zeitgeistes geworden.

Die Ideologen des Naturalismus fassen ihn griffig zusammen in den Grundsätzen:

(a) "*Alles* ist Natur", und die ist lückenlos kausal, d.h. naturgesetzlich strukturiert.

(b) Deshalb „geht *alles* mit „rechten Dingen" zu.Wunder (immer verstanden als Verletzung der Naturgesetze) "gibt es nicht".

(c) *Alle* Ursachen sind "natürliche". Die 'Natur' ist somit kausal in sich geschlossen, so dass es "übernatürliche" Einwirkungen gar nicht geben kann.

Demzufolge sind wir Menschen selbstverständlich ganz und gar 'natürliche' Wesen, die naturgesetzlich funktionieren und in diesem Sinne 'nichts als' biologische Maschinen sind, wie Ansgar Beckermann, einer der Wortführer des Naturalismus, sagt und sich damit "in Übereinstimmung mit *allen* Naturwissenschaftlern" wähnt[29].

29 So Ansgar Beckermann in einem Vortrag bei einem Symposium am 5.10. 2011 im „Turm der Sinne“.

6. Der wissenschaftliche Anspruch des Naturalismus

Die Verfechter des Naturalismus werden entschieden dagegen protestieren, Ideologen genannt zu werden, wie ich es oben getan habe. So schrieb Martin Neukamm eine Replik auf den Ideologie-Vorwurf des Philosophen C. Kummer mit dem Titel „Der ontologische Naturalismus ist keine Ideologie, sondern die Nullhypothese der Naturwissenschaften“ [30]. Auch der Physiker Bernd Vowinkel weist in seinem Buch „Wissen statt Glauben“ [31]die Kennzeichnung des Naturalismus „als kulturabhängige Weltanschauung, wie das bei Religionen der Fall ist“, zurück und behauptet vielmehr, der neue „naturalistische Humanismus“ sei „angewandte objektive Wissenschaft, die frei von Dogmen ist und offen für neue Erkenntnisse“[32]

Vowinkel nimmt den Mund noch voller, wenn er die großen Erkenntnisfortschritte der Naturwissenschaften mit den Worten: „Der wissenschaftlich fundierte Naturalismus hat der Menschheit gewaltige Fortschritte gebracht“ [31] gleich ganz dem Naturalismus gutschreibt, so als wäre er die einigende Überwissenschaft aller Naturwissenschaften.

In dieser Hinsicht ist man sich also völlig einig mit den Ideologen des Marxismus-Leninismus, die, wie gesagt, die dritte Säule ihrer Ideologie – den dialektischen Materialismus – als *die* wissenschaftliche Weltanschauung zur „philosophischen Verallgemeinerung der Naturwissenschaften“ ernannten.

---

30 Martin Neukamm, Aufklärung und Kritik 1/2009, S. 94-109

31 Bernd Vowinkel „Wissen statt Glauben“, LolaBooks GBR 2018, S 24-25

32 Artikel Vowinkels „Warum der naturalistische Humanismus keine subjektive Weltanschauung ist“ auf der Homepage gbs Köln, Juli 2018 (gbs steht für Giordano-Bruno-Stiftung).

7. Der ontologische Naturalismus

Bernd Vowinkel unterscheidet in seinem lesenswerten Buch [31] drei Varianten des Naturalismus, den ontologischen, den methodologischen und den epistemischen, bei denen es sich aber nur um verschiedene Akzentsetzungen handelt.

Uns interessiert hier vornehmlich die ontologische. Zur Ergänzung und Bestätigung der im Kap. 5 genannten Grundsätze (a), (b) und (c) zitiere ich Neukamm [30]. Er schreibt:

> „Nach der These des ontologischen Naturalismus ist der Kosmos kausal strukturiert und in sich abgeschlossen. Das heißt, alle Phänomene können *gesetzmäßig* und auf der Basis *weltimmanenter* (natürlicher) Prinzipien und Mechanismen, also ohne Zuhilfenahme von Göttern, Geistern, unspezifischen Designern, Seelen als rein geistiges Substrat, Wundern… und sonstigen transzendenten Dingen beschrieben und erklärt werden.“

Der Grundsatz (a) „Alles ist Natur“ sagt aus, dass 'Natur' als die eine und einzige ontische Grundgegebenheit angesehen wird. Deshalb ist der Naturalismus in ontologischer Hinsicht ein *Monismus*. Aber was unter 'Natur' im Sinne des Naturalismus zu verstehen ist, wird oft nicht gesagt. Vowinkel (Fußnote 31, S. 19) tut es, indem er sich auf das bekannte Diktum von Ludwig Wittgenstein

„Die Welt ist alles, was der Fall ist.“

beruft und *wie folgt* interpretiert: „Das heißt mit anderen Worten, dass unsere natürliche Welt die Summe aller Tatsachen ist.“

Das ist auch das, was man allgemein unter *Realität* versteht. Aber was sind Tatsachen? Tatsachen sind doch wohl das, was man beobachten und feststellen, also letztlich alles das, was man messen kann. Das harmoniert auch mit dem ebenfalls von Vowinkel (Fußnote 31, S. 19) zitierten Wort von Wilfried Sellars:

„Wenn es um die Beschreibung und Erklärung der Welt geht, sind die Naturwissenschaften das Maß aller Dinge.“

Also ist deren gesamter Gegenstandsbereich 'Natur' im Sinne des Naturalismus, denn diese sind per se *empirische* Wissenschaften.

In der philosophischen Tradition nennt man alles das, was der so bestimmte Begriff 'Natur' meint, auch *Immanenz,* und in der Umgangssprache haben wir dafür das Wort *Diesseits.* Und was ist mit Raum und Zeit? Unstrittig ist, dass die Realität in Raum und Zeit stattfindet, denn die Feststellung (Beobachtung) von Tatsachen findet in

Raum und Zeit statt. Sie ist gleichsam die Bühne[33] für das Realitäts-Theater, bei dem das Publikum zuschauend beobachtet, aber immer auch mehr oder weniger beteiligt ist.
Ich halte also fest: 'Natur', Realität, Immanenz, Diesseits sind mehr oder weniger gleichbedeutende Begriffe.
Der ontologische Naturalismus fügt die Grundsätze (b) und (c) hinzu:
Die 'Natur' ist kausal, d.h. naturgesetzlich strukturiert, alle (kausalen) Ursachen sind ebenfalls 'natürlich', und die 'Natur' ist kausal in sich geschlossen.

33 Einsteins Allgemeine Relativitätstheorie zeigt allerdings, dass Geschehnisse der Realität streng genommen sogar Rückwirkungen auf die Geometrie der „Bühne" Raumzeit haben, nur müssen dabei für einen erheblichen Effekt schon Massen astronomischen Ausmaßes beteiligt sein.

8. Wissen *statt* Glauben?

Im Kap. 6 habe ich dargetan, dass der heutige Naturalismus, der sich gern auch als „naturalistischer Humanismus“ darstellt, beansprucht, selbst Wissenschaft zu sein. Sein Weltbild fuße „ausschließlich auf objektiven bzw. wissenschaftlichen Erkenntnissen“. Das solle so umfassend sein, dass es „zumindest hypothetische Antworten auf die großen Fragen des Lebens … geben könne“ (Fußnote 31, S. 25-26). Damit könne er als wissenschaftlich basierter „neuer Humanismus“ die „moderne Alternative zu den großen Weltreligionen“, sein, deren Weltbildern er „weit überlegen sei, weil er auf Vernunft, Verstand, Empirie und wissenschaftlichen Methoden aufgebaut sei, während jene auf subjektiven Offenbarungen, fragwürdigen überlieferten Schriften und reinem Wunschdenken basieren“ (Fußnote 31, S.3). So könne der neue naturalistische Humanismus das religiöse Weltbild auch in ethischen Fragen überflüssig machen und endgültig „Glauben durch Wissen“ ersetzen.

Dass Glaube durch Wissen ersetzt werden könne und solle, gehört zu den beliebtesten Kampfparolen des Naturalismus, zumal des naturalistischen „neuen Humanismus“. So ist der Titel des mehrfach zitierten Buches von Bernd Vowinkel[31] „Wissen statt Glauben!“ wie ein Imperativ mit einem Ausrufungszeichen versehen. Entsprechend geht die Giordano-Bruno-Stiftung, deren Beirat der Autor des Buches angehört, mit der rhetorischen Frage „Glaubst du noch oder denkst du schon?“ in die weltanschauliche Offensive und kann dabei auf ein schon vorhandenes breites Vorverständnis bauen (s. Kap. 5) Was er mit 'Wissen' genau meint, sagt er nicht, sondern er verlässt sich auf das allgemeine Verständnis dieses Wortes, welches ja einen Wahrheitsanspruch enthält: Was man weiß, braucht man nicht mehr „nur“ zu glauben.

Zum allgemeinen Verständnis gehört es auch, dass 'Wissen' das ist, was Wissenschaft systematisch erwirbt, nämlich prüfbare Aussagen über *reproduzierbare Sachverhalte.* Reproduzierbar müssen sie sein, um geprüft werden zu können. Der Wissenschaft aber rechnet sich der Naturalismus als allgemeine Überwissenschaft zu (s. Kap. 6). Hier wirkt sich sein ontologischer Grundsatz „Alles ist Natur“ aus, weil man ja unter 'Natur' die „Summe aller Tatsachen“ (s. Kap. 7) versteht.

Wenn das wahr wäre, dann könnte 'Wissen' in der Tat immer vollständiger werden und sich der Wahrheit über die ganze Wirklichkeit immer mehr annähern und so den Glauben verdrängen und überflüssig machen.

Aber das kann schon deshalb nicht wahr sein, weil in der Realität, wie wir aus der Physik wissen, *nichts* exakt reproduzierbar ist. Es gibt also immer Einmaligkeiten, über die prüfbares Wissen nicht möglich ist. Die können belanglos sein, aber nicht so im Leben, denn das ist ein Phänomen, dessen Wesen auch durch Einmaligkeiten bestimmt ist, die man *Kontingenzen* nennt und die die Biologie nicht erfassen kann. Deshalb soll dieses so außerordentliche Phänomen Leben im Folgenden näher betrachtet werden.

8.1 Das Leben als Kommunikationsphänomen

Was unterscheidet Lebewesen von den Dingen der unbelebten Natur? Diese Frage ist so alt wie die Wissenschaft vom Leben. Die Erscheinungen des Lebens sind so verschieden von dem, was in der unbelebten Welt zu beobachten ist, dass man lange Zeit glaubte, diese seien nur durch eine besondere, gleichsam übernatürliche Kraft – *vis vitalis* genannt – oder ein eigenes zielstrebiges Prinzip – *Entelechie* genannt – zu erklären. Aber mit einer *Erklärung* durch Unerklärliches ist nichts gewonnen, so dass beide Begriffe aus der naturwissenschaftlichen Diskussion verschwunden sind.

Einigkeit besteht darin, dass das Leben durch drei Merkmale gekennzeichnet ist, nämlich durch *Stoffwechsel, Fortpflanzung* und *Variabilität der Vererbung.*

Nirgendwo im Bereich des Lebendigen hat man etwas anderes gefunden als die Gültigkeit der Gesetze der Physik und Chemie. Was liegt näher, als daraus die naturalistische Überzeugung abzuleiten, dass es möglich sein sollte, das Leben mit naturwissenschaftlichen Methoden *vollständig* zu erklären. Ist dies nicht schon dadurch geschehen, dass die genannten drei Merkmale des Lebens vollständig naturwissenschaftlich beschrieben werden konnten?

Das wäre ein fataler Kurzschluss, denn die drei genannten Merkmale des Lebens sind zwar notwendig, aber durchaus nicht hinreichend. Was ist es, das hinzukommen muss, damit Leben lebendig wird?

Wiederum besteht Einigkeit darüber, dass Leben ein Phänomen der Selbstorganisation *dissipativer Systeme* ist, auf die ich im Kap. 14.7 noch einmal zurück komme. Das sind Systeme, die ihren Ordnungszustand fernab vom thermodynamischen Gleichgewicht durch einen ständigen Zustrom geordneter, arbeitsfähiger, sogenannter freier Energie aufrecht erhalten und diese dabei zerstreuen (dissipieren), d.h. in ungeordnete (Wärme-) Energie verwandeln, also Entropie produzieren, die exportiert werden muss. Selbstorganisation dissipativer Strukturen allein bedeutet noch kein Leben, denn *lebendige* Selbstorganisation geschieht durch den Austausch von *Informationen*, während sie sonst durch bloße physikalische Wechselwirkung vonstatten geht. Informationen im vollen Sinne des Wortes kommen nur in Lebenszusammenhängen vor und stellen diese eigentlich erst her. Sie sind die Kategorie, die zur Biochemie hinzu kommen muss, um Leben lebendig zu machen. Strukturierte Materie allein aber ist noch keine Information. Ihr fehlt die *Bedeutung*, denn

Information ist codierte Bedeutung,

und letztere ist eine *immaterielle* Kategorie. Sie erst rechtfertigt das bekannte Diktum des Begründers der Kybernetik Norbert Wiener (1894-1964):

„Information ist Information, weder Materie noch Energie."

Information hat also eine Doppelstruktur aus materiellem Code und immaterieller Bedeutung, die codiert werden muss, um durch einen materiellen Prozess über ein Medium vom Sender zum Empfänger übertragen werden zu können. In der Informatik wird diese Doppelstruktur mit den Sammelbegriffen *Syntax,* der der Code und dessen Strukturierung zugehört, und *Semantik f*ür die Bedeutung der codierten Wortsymbole beschrieben. Information schlägt somit die Brücke zwischen der immateriellen Welt der Bedeutungen – wir können sie die Welt des Geistes nennen – und der materiellen Welt.

Das fatale Defizit des Naturalismus besteht darin, dass er ontologisch nur Platz für den Code, nicht aber für Bedeutungen hat. Er kann nicht anders, als sie als epiphänomenale, d.h. wirkungslose Zuschreibung zum Code zu deklarieren und muss dann auch noch erklären, warum eine Information nicht durch ihre immaterielle Bedeutung, sondern *ausschließlich* durch ihren materiellen Code wirken soll. Es kommt aber für den Naturalismus noch schlimmer, wenn man beachtet, dass ein und dieselbe Bedeutung sowohl semiotisch als auch materiell völlig verschieden codiert werden kann, so dass eine eindeutige Zuordnung zwischen Code und Bedeutung gar nicht möglich ist. Daraus folgt zwingend, dass Bedeutung eine unabhängige und irreduzible Kategorie ist und keineswegs nur ein Epiphänomen des Codes. Vielmehr geht die Bedeutung bei der Entstehung von Informationen, also bei ihrer Erstcodierung sogar logisch voraus. Daraus ergibt sich die spannende Frage, wo Bedeutungen eigentlich herkommen.

Bevor ich auf sie eingehe, soll ein kurzer Blick auf die vier Ebenen der *kommunikativen Selbstorganisation (*Autopoiese) des Lebens geworfen

werden:
- Auf der zellulären Ebene handelt es sich im wesentlichen um die Übermittlung genetischer Information zwischen Genom und Ribosom vermöge der Transfer-RNA[34],
- auf der organismischen Ebene findet die koordinierende Kommunikation zwischen den Zellen und Organen durch Botenstoffe wie Hormone, Neurotransmitter etc. statt.
- auf der Ebene einer Spezies (Fortpflanzungsgemeinschaft) sowie bei Symbiosen und Biotopen erfolgt die Kommunikation durch allerlei Zeichensprachen, und
- auf der menschlich-gesellschaftlichen Ebene ist es über nonverbale Formen der Kommunikation hinaus vor allem die abstrakte *Begriffssprache,* die den Menschen als genuin sprach-soziales und erkenntnisfähiges Wesen aus dem Tierreich heraushebt.

Bedeutungen von Informationen ergeben sich nun daraus, dass sie informationell organisierte Funktionszusammenhänge bilden, die sich zu Kreisläufen zusammenschließen derart, dass sie *sinnvoll* „aufgehen" und so Ganzheiten wie *Lebewesen, Arten, Biotope* und schließlich begriffssprachlich konstituierte *Gesellschaften* bilden.

Das einfachste, wenn auch hypothetische Beispiel ist der *Hyperzyklus*[35], den Nobelpreisträger Manfred Eigen (1927-2019) als Modell für die Urzeugung des Lebens (und damit von Information überhaupt) vorgeschlagen hat.

Ein Gen ist so etwas wie ein Wort im genetischen Text, das für ein bestimmtes Protein codiert. Ist das Protein nun die Bedeutung dieses Gens? Nein, denn für sich genommen ist es bedeutungslos wie ein aus dem Zusammenhang gerissenes Wort unserer Sprache. Es kommt viel-

---

34 Das Genom ist die genetische „Datenbank" eines Organismus, die sich im Kern jedes seiner Zellen befindet. Das Ribosom in jeder Zelle ist die .Organelle, in der die Synthese spezifischer Proteine durch Verkettung von Aminosäuren in der Reihenfolge stattfindet, die die Transfer-RNA (auch mRNA genannt) als Teilkopie aus dem Genom wie ein Brief an das Ribosom übermittelt. Dabei ist RNA die Abkürzung für Ribonukleinsäure, ein Kettenmolekül aus vier „Nukleotiden" (Adenin, Guanin,Cytosin, Thymin bzw. Uracil), die genetische Information zum Aufbau eines Proteins wie durch Buchstaben eines Textes codieren.

35 Der Hyperzyklus ist ein Ring aus Paaren von Nukleotiden und Proteinen, die sich gegenseitig katalysieren und in dem die einen für die anderen codieren bzw. deren Codierung ermöglichen.

mehr auf die *Funktion* dieses Proteins als *Enzym* im Lebenszusammenhang an: *die* ist seine Bedeutung. Generell gilt: Wortsymbole erhalten ihre Bedeutung nur in einem *Sinn*-Zusammenhang, sonst sind sie sinnlos und deshalb bedeutungslos, und das heißt:

> Information als Botschaft vom Sender zum Empfänger ist dann und nur dann Information, wenn sie *verstanden* wird.

Das ist eine erste Antwort auf die Frage, wo Bedeutungen herkommen: Bedeutungen sind Elemente von sich schließenden und darum sinnvollen Funktionszusammenhängen[36], die nicht willkürlich und nicht beliebig sind, selbst wenn es sehr viele solcher Strukturen als abstrakte Möglichkeiten *ideell* geben mag. Das Leben hat bei seiner Evolution etliche davon „entdeckt“, indem es sie *materiell* realisierte. Es wählte unter ihnen aus und vervollkommnete sie. Die Entstehung von Leben als Entstehung von Information ist zu sehen als die „Urentdeckung“ einer abstrakten, d.h. ideell „vorhandenen“ Möglichkeit der Kooperation von Gedächtnis- und Funktionselementen, die sich gegenseitig bedienen. Bei der Entstehung des Lebens geschah dies dadurch, dass Nukleinsäure- und Eiweißmoleküle sie materiell realisierten.

8.2 Die Wirklichkeit ist mehr als die 'Natur' des Naturalismus

Mit 'Natur' ist hier der Basisbegriff des Naturalismus gemeint mit seinen im Abschnitt 7 genannten Synonyma Realität, Immanenz, Diesseits. Aber was ist Wirklichkeit? Ich stütze mich hier auf die Definition:

> *Wirklichkeit* ist alles das, was 'wir' erfahren *können.*

Dabei ist mit 'wir' die Kommunikationsgemeinschaft aller Menschen gemeint. Inbegriffen sein soll auch alles das, was wir noch nicht erfahren haben, aber prinzipiell erfahren können. Das ist gewissermaßen die *epistemische* Perspektive auf die Wirklichkeit: Erfahrung machen wir auf zwei deutlich unterscheidbare Weisen, nämlich durch Beobachtung und durch Beteiligung.

Beobachtung erschließt uns die *Faktenwirklichkeit, d.h.* die Realität bzw. die 'Natur'. Das ist insbesondere die Erkenntnishaltung der empirischen

---

36 Ich verwende die Begriffe‘ Bedeutung‘ und ‚Sinn‘ nicht wie sie der Logiker Gottlob Frege (1848-1925) problematisiert hat, sondern so wie üblich: Bedeutung hat ein einzelnes Wort oder Symbol, Sinn kann ein größerer Zusammenhang von Worten haben wie z.B. eine Aussage.

Wissenschaft.
Beteiligung hingegen ist immer Beteiligung an *Kommunikation,* d.h. am Austausch von *Information* zwischen Sender und Empfänger. Sie erschließt uns die *Beziehungswirklichkeit.* Dabei hat Information, wie schon gesagt, eine Doppelstruktur aus materiellem *Code* und immaterieller *Bedeutung,* und die Bedeutung ist es, die die Beziehung zwischen Sender und Empfänger stiftet , wenn sie von beiden *verstanden,* d.h. in Sinn-Zusammenhänge eingeordnet werden kann.
Die Wirklichkeit hat somit eine Doppelstruktur aus Fakten- und Beziehungswirklichkeit, auf die wir im Kontext der Quanten-Ontologie (Kap. 11) noch einmal zu sprechen kommen.

Weil nur der Code materiell ist, somit der Faktenwirklichkeit alias Realität bzw. 'Natur' angehört, die Bedeutung aber nicht, geht die Beziehungswirklichkeit über die 'Natur' hinaus. Somit ist Wirklichkeit als Beziehungswirklichkeit *mehr* als 'Natur'.
Es ist evident, dass sich das Leben, wie beschrieben, auf dieser Erde auf allen vier Ebenen seiner Autopoiese – der zellulären, der organismischen, der innerartlichen und der biotopischen – durch Informationsaustausch organisiert. Deshalb ist es die Beziehungswirklichkeit, die das Leben lebendig macht und von der unbelebten Natur *prinzipiell* unterscheidet.
Weil der immaterielle Begriff 'Bedeutung' im Begriffssystem des Naturalismus keinen Platz hat, aber Beziehungen überhaupt erst stiftet, passt auch das biologische Leben nicht wirklich in dessen Begriffssystem hinein, so dass schon die biologische Natur über die 'Natur' des Naturalismus hinaus reicht.
Das werden Naturalisten niemals zugestehen und deshalb der 'Bedeutung', also der semantischen Ebene der Kommunikation, Wirklichkeit im Sinne von wirken absprechen, denn solche Wirkung würde ja dem Geschlossenheits-Dogma (c) widersprechen, aus dem aber für konsequente Naturalisten allen Ernstes folgt, dass eine Nachricht nicht durch ihre Bedeutung, sondern nur durch ihren Code auf den Empfänger wirkt.
Aber welche Rolle spielt der Begriff 'Bedeutung' im Naturalismus dann? In seinem monistischen Begriffssystem gibt es keine andere Möglichkeit als die, 'Bedeutung' als epiphänomenale Begleiterscheinung (Zuschreibung) ihres allein wirksamen, weil *materiellen* Codes anzusehen. Damit kommt man aber aus dem Dilemma nicht heraus, weil es keine eindeutige Zuordnung zwischen Code und Bedeutung gibt. weil ein und dieselbe Bedeutung, wie wir im Kap. 8.1 bereits festgestellt haben, semiotisch und physikalisch völlig verschieden codiert werden kann: eine Nachricht kann

in verschiedenen Sprachen, mündlich oder schriftlich, digital oder anlog mitgeteilt werden. Code und Bedeutung sind also *kategorial* unabhängig und verschieden, so dass im monistischen System des Naturalismus zwar der Code, nicht aber 'Bedeutung' Platz hat.
Im Kapitel 11 wird gezeigt, dass dieser *fatale* Mangel der naturalistischen Ontologie, auf die aber ihre Verfechter wegen ihrer „Sparsamkeit“ stolz sind, in der Quanten-Ontologie behoben ist.

9. Die drei Welten nach Popper und Eccles

Auch für den Philosophen Karl Popper (1902-1994) und den Neurobiologen John C. Eccles (1903-1997) ist Wirklichkeit mehr als 'Natur' im Sinne des Naturalismus. In ihrem Dialogbuch „Das Ich und sein Gehirn“[37] spannen sie mit ihrer 3-Welten-Lehre, die viel Zustimmung, aber auch Kritik gefunden hat, einen sehr viel weiteren ontologischen Bogen. Demnach stellt sich uns die Wirklichkeit in drei Welten dar. Dabei ist Welt 1 die Welt der beobachtbaren Fakten und Sachverhalte, Welt 2 die Welt des subjektiven Geistes, die sich im menschlichen Gehirn manifestiert, und Welt 3 die Welt des objektiven, in Strukturen der Welt 1 codierten Geistes von Kunst, Kultur und Wissenschaft.
Welt 1 ist identisch mit dem, was der Naturalismus als 'Natur' bezeichnet und mit dem gängigen Begriff Realität übereinstimmt. Im Kap. 8.1 haben wir sie Faktenwirklichkeit genannt. Bei Descartes ist sie die *res extensa*.
Welt 2 ist das Ich-Bewusstsein bzw. das, was in der Tradition die *Seele* genannt wird. Bei Descartes ist es die *res cogitans*. Im Naturalismus spricht man von „mentalen Phänomenen“ und bringt schon damit zum Ausdruck, dass man sie als passive Begleiterscheinung bzw. als *Epiphänomen* der neurologischen Prozesse im Gehirn auffasst und damit der Welt 1 zurechnet.
Für Popper und Eccles gilt das nicht. In dem genannten Buch vertreten sie die Auffassung, dass „jedem Menschen ein besonderes Ich-Bewusstsein eigen sei, das nicht allein auf die materiellen Hirnvorgänge zurückzuführen ist, sondern umgekehrt diese steuere und beeinflusse“[38].
Welt 3 ist die Gesamtheit der aus Welt 2 hervorgegangenen *Artefakte* des Menschen und damit Gegenstand der Kulturwissenschaft, ein Begriff, der neuerdings zunehmend an Stelle des älteren Begriffs Geisteswissenschaften verwendet wird. Da Artefakte materielle Codierungen immaterieller Ideen sind, haben sie den ontologischen Status von Informationen. Der Naturalismus muss sie daher ebenfalls als epiphänomenal ansehen und so der für ihn allein existenten Welt 1 zurechnen.

---

37 Karl.R. Popper, John C. Eccles: „The Self and its Brain – An Argument for Interactionism“, Springer International 1981

38 Zitiert nach Ulrich Schnabel, „Wanderer zwischen drei Welten“,DIE ZEIT 21, 1997. In diesem Artikel aus Anlass des Todes von John C. Eccles liest man: „Mit ihm „starb der letzte Neurophysiologe, der noch an die Seele glaubte.“ Das besagt, dass seine Zunft außer ihm wohl vollständig dem Naturalismus zuneigt.

Natürlich sehen Popper und Eccles die drei Welten in enger Beziehung zu einander. Die ontologischen Konsequenzen der Quantentheorie aber sind in der 3-Welten-Lehre noch nicht gezogen worden.

TEIL II NEUE ERKENNTNIS

10. Die Quantentheorie und ihr ontologischer Gehalt

Die Quantentheorie kann als die wohl größte geistige Errungenschaft des 20. Jahrhunderts angesehen werden. Den Aufschlag zu ihrer Entstehung gab Max Planck (1858-1947) mit seiner kühnen Annahme, dass die Energie des Lichtes (allgemein elektromagnetischer Wellen) in diskreten Quanten $E=h\nu$ emittiert und absorbiert wird, wobei ν die Frequenz (Farbe) des Lichtes und h eine nach ihm benannte fundamentale Naturkonstante ist, mit der er im Jahre 1900 seine berühmte Strahlungsformel ableiten konnte, die die zu seiner Zeit sehr genau gemessene Energieverteilung der Hohlraumstrahlung über die Frequenzen exakt wiedergab.

10.1 Der Weg zur Quantentheorie

Die eigentliche Entwicklung zur Entstehung der Quantentheorie begann mit Streuversuchen unter der Leitung von Ernest Rutherford (1871-1937) im Jahre 1910, bei denen er α-Teilchen – das sind die doppelt positiv geladenen Atomkerne des Heliums – auf Gold-Folien schoss, die durch sie hindurch gingen, als wären sie gar nicht da. Nur hin und wieder wurden sie z.T. erheblich abgelenkt. Daraus leitete er 1911 sein Atommodell ab, wonach Atome wie ein Miniatur-Sonnensystem aussehen, weil sie im Zentrum einen kleinen, ebenfalls positiv geladenen Kern haben, der von eben soviel negativ geladenen, aber viel kleineren und leichteren Elektronen umkreist und neutralisiert wird.
Dass ein solches Atom jedoch nicht stabil sein kann, weil kreisende Elektronen nach dem, was man aus der *klassischen* Physik wusste, Licht abstrahlen, dadurch Energie verlieren und in den Kern stürzen müssten, veranlasste Niels Bohr (1882-1962), sein Atommodell aufzustellen, das als erster Schritt in die Quanten-*Theorie* angesehen werden kann. Dazu griff er die von Louis de Broglie (1892-1987) aufgestellte Hypothese auf, dass auch materielle Teilchen wie die Elektronen Wellencharakter und eine Wellenlänge $\lambda=h/p$ haben, wobei h die Plancksche Konstante und $p = mv$ der Impuls des Teilchens mit der Masse m und der Geschwindigkeit v ist. Daraus folgerte er, dass im Atom nicht beliebige Elektronenbahnen um den Kern möglich sind, sondern nur solche, bei denen eine ganze Zahl n von Wellenlängen auf den Umfang $2\pi r_n$ einer Bahn mit dem Radius r_n

passt. Das ist Bohrs Quantenbedingung. Indem er *Teilchen*-Bahnen mit ihrem Umfang $2\pi r_n = n\lambda$ kurzerhand in Beziehung zu *Wellen*-Längen $\lambda = h/p$ setzte, brachte er die rätselhafte Doppelnatur von Quantenobjekten ins Spiel, sowohl Teilchen als auch Welle zu sein. Diese Beziehung kann auch gelesen werden als Quantisierung des Bahn-Drehimpulses $mvr_n = n\hbar$, wobei $\hbar = h/2\pi$ eine häufig vorkommende Kombination ist. Kontinuierliche Energieverluste von solchen Bahnen sind in seinem Modell nicht möglich, weil es nur diskrete Bahnen gibt, zwischen denen nur diskrete Quantensprünge von einer Bahn zur anderen möglich sind. Von der energetisch niedrigsten Bahn mit nur *einer* Wellenlänge – man nennt sie den Grundzustand des Atoms – ist deshalb Energieverlust nicht mehr möglich, so dass das Atom im Grundzustand stabil ist. So erklärte Bohr sowohl die Stabilität der Atome als auch, dass sie ein diskretes Linienspektrum und kein kontinuierliches Spektrum bei der Emission und Absorption von Licht zeigen. Darüber hinaus konnte er aus der Quantenbedingung für die Elektronenbahnen auch die Frequenzen des Linienspektrums des Wasserstoffs ableiten, die mit den gemessenen verblüffend gut übereinstimmten. Dieser überzeugende Erfolg ließ aufhorchen.

Aber ein erfolgreiches Modell ist noch keine Theorie. Damit erhob sich die Frage, ob ein in der Anschauung so widersprüchliches Modell mit Elektronen, die Welle und Teilchen zugleich sind, aus einer mathematisch widerspruchsfreien Theorie abgeleitet werden kann. Dieses Rätsel wurde in den 20er Jahren des vergangenen Jahrhunderts in einer beispiellos fruchtbaren internationalen Zusammenarbeit gelöst. Beteiligt waren Bohr, Heisenberg, Schrödinger, Pauli, Born, de Broglie, Dirac, Jordan, von Neumann, Fock, um nur die Namhaftesten zu nennen[39].

Im Jahre 1926 lag die Theorie in zweifacher Form vor, der (damals) so genannten Matrizen- und der Wellen-Mechanik, deren Äquivalenz bald nachgewiesen wurde. Die erstere wurde von Werner Heisenberg (1901-

39 Es war dies ein leuchtendes Beispiel dafür, wie die gemeinsame Suche nach Wahrheit den Vorrang hatte vor dem Wettbewerb um Prioritätsansprüche, denn es gab keinerlei Geheimhaltung. Besonders die alle drei Jahre in Brüssel stattfindenden Solvay-Konferenzen waren das Forum, auf dem die neuesten Erkenntnisse im relativ kleinen Kreis von 25 Wissenschaftlern ausgetauscht und diskutiert wurden. Für die Quantentheorie war wohl die 5. Solvay-Konferenz 1927 die wichtigste. Einstein, regelmäßiger Teilnehmer der damaligen Solvay-Konferenzen, war ihr wohl schärfster Kritiker, der sie aber gerade durch seine Kritik wesentlich vorangebracht und geklärt hat.

1976), die zweite von Erwin Schrödinger (1887-1961) formuliert. Heisenberg ging aus von den die Teilchen charakterisierenden mechanischen Grundgrößen Ort q und Impuls p, postulierte aber, dass diese nicht einfach durch ihre messbaren Eigenschaften q und p darzustellen seien, bei denen egal ist, in welcher Reihenfolge sie gemessen wurden. Dann gilt natürlich wie für alle reellen Zahlen, dass q und p *kommutieren, d.h.*dass qp = pq ist. Tatsächlich *ändert* aber im atomaren Bereich jede Messung das Objekt so, dass die Reihenfolge der Messungen nicht mehr egal ist. Deshalb und auch aus anderen formalen Gründen postulierte Heisenberg, dass die Grundgrößen Ort und Impuls durch Operatoren $\mathbb{q}$ und $\mathbb{p}$ darzustellen sind. Das sind sind mathematische Operationen, die auf Wellenfunktionen wirken, wobei es nun aber auf die Reihenfolge ihrer Anwendung ankommt, die also nicht vertauschbar sind, nicht kommutieren, wie man sagt, so dass in definierter Weise $\mathbb{qp} \neq \mathbb{pq}$, ist, nämlich

$$\mathbb{qp} - \mathbb{pq} = i\hbar\mathbb{1}$$ [40],

Operatoren lassen sich durch Matrizen darstellen, weshalb man ursprünglich von Matrizenmechanik sprach. Geleitet von Grundstrukturen der klassischen Mechanik, den sog. Poisson-Klammern, machte er diese sog. Vertauschungsrelation zur Basis der neuen, der Quantenmechanik. Das Auftreten der „imaginären“ Einheit *i* zeigt an, dass man in der Quantentheorie nicht ohne *komplexe* Zahlen auskommt[41] . Die Operatoren $\mathbb{p}$ und $\mathbb{q}$,die man auch *Observable* nennt, weil sie messbare Größen sind, sind also nicht vertauschbar, und können deshalb nicht zugleich genau bestimmt sein, sie sind *inkommensurabel.* Das kommt in der Heisenbergschen Unbestimmtheitsrelation

$$\Delta p \Delta q \geq \hbar/2$$

zum Ausdruck. Dabei sind Δp und Δq die Unschärfen von Impuls und Ort. Sie besagt bspw., dass man immer höhere Energien aufwenden muss, wenn man experimentell in immer kleinere Raumbereiche vordringen und Δq immer kleiner machen will.

Nicht vertauschbare Observable nennt man zu einander *komplementär.*

---

40 Dabei ist i die imaginäre Einheit, für die man *definitorisch* $i^2 = -1$ setzt; ħ ist dabei die die häufig vorkommende Kombination h/2π und $\mathbb{1}$ der „Einheitsoperator“, für den $\mathbb{1}\,\mathbb{O} = \mathbb{O}\,\mathbb{1} = \mathbb{O}$ für beliebige Operatoren $\mathbb{O}$ ist.

41 Eine komplexe Zahl $z = a+ib$ setzt sich zusammen aus dem Realteil *a* und dem Imaginärteil *ib*, wobei *a* und *b* reelle Zahlen sind. $z^* = a - ib$ nennt man zu z konjugiert, und $zz^* = (a+ib)(a-ib) = a^2+b^2 = |z|^2$ ist das reellwertige Betragsquadrat von z.

Schrödinger hingegen stellte eine Wellengleichung auf, die nach ihm Schrödinger-Gleichung genannt wird, der die sog. *Wellenfunktion* ψ eines Teilchens genügt, die man auch seinen *Zustand* nennt. So wie Messungen physikalischer Größen wie Ort, Impuls, Drehimpuls, Energie etc. immer Einwrkungen auf deren Zustände (Wellenfunktionen) sind, stellte man diese *Observablen* genannten Größen durch selbstadjungierte Operatoren[42] $\mathbb{O}$ dar, die auf die Wellenfunktionen anzuwenden sind:
$\psi' = \mathbb{O}\psi$.
Die Schrödinger-Gleichung

(*) $$i\hbar\partial\psi/\partial t = \mathbb{H}\psi$$

wird durch die Observable der Energie $\mathbb{H} = \mathbb{p}^2/2m+\mathbb{V}$ gegeben, wobei der erste Term wie in der klassischen Mechanik die kinetische und der zweite die potentielle Energie ist, nur dass es sich hier um Operatoren im Hilbert-Raum[43] handelt. $\partial\psi/\partial t$ ist dabei die partielle Ableitung von $\psi(\boldsymbol{r},t)$ nach der Zeit *t*. Wenn der Energie-Operator, der durchweg Hamilton-Operator genannt wird, nicht explizit von der Zeit t abhängt, kann man

$$\psi(\boldsymbol{r},t) = \psi(\boldsymbol{r},0)e^{-iEt/\hbar}$$

ansetzen, wobei e^x die Exponentialfunktion von x mit $d\, e^x/dx = e^x$ ist, und erhält durch Einsetzen in (*) – weil $i\hbar\partial(e^{-iEt/\hbar})/\partial t = E\, e^{-iEt/\hbar}$ ist – die zeitunabhängige („stationäre“) Schrödinger-Gleichung

$$\mathbb{H}\psi = E\psi,$$

welche die Eigenwert-Gleichung[43] des Hamilton-Operators $\mathbb{H}$ mit dem

42 Sei O_{mn} eine Matrixdarstellung von $\mathbb{O}$, dann ist O^*_{nm} die Matrixdarstellung des adjungierten Operators $\mathbb{O}^+$. Für selbstadjungierte Operatoren gilt: $\mathbb{O} = \mathbb{O}^+$.Die Eigenwerte selbst-adjungierter Operatoren sind reell.

43 Eigenfunktionen u_n von $\mathbb{O}$ sind solche, die der Operator $\mathbb{O}$ bis auf einen Zahlenfaktor ω reproduziert: $\mathbb{O}u_n = \omega_n u_n$. Diese reellen, mit dem Index n nummerierten Zahlenwerte nennt man die Eigenwerte von $\mathbb{O}$. Sie sind die möglichen Messwerte der Observablen $\mathbb{O}$. Die Eigenfunktionen u_n bilden ein, wie man sagt, vollständiges Orthonormalsystem, d.h. man kann eine beliebige Funktion darstellen – man nennt das auch „entwickeln“ als eine lineare Kombination $\psi(r)= \Sigma_n c_n u_n(r)$ der Eigenfunktionen u_n ganz so, wie man einen beliebigen Vektor im 3-dim.Raum unserer Anschauung durch 3 Koordinaten x,y,z bezüglich eines Koordinatensystems von Einheitsvektoren in Richtung der x-, y-, und z-Achse darstellen kann, nur dass es sich hier nicht nur um drei, sondern um unendlich viele Basis-“Vektoren“ u_n handelt. Einen solchen Funktionen-“Raum“ nennt man einen *Hilbert-Raum*. Die Wahrscheinlichkeit dafür, ω_n zu messen, ergibt sich nach der Formel (#) aus den Koeffizienten c_n obiger Darstellung von ψ zu $|c_n|^2$.

(Energie-) Eigenwert[43] E ist.
In der Schrödinger-Gleichung tritt ψ *linear* auf, und das bedeutet: Sind ψ_1 und ψ_2 Lösungen von (*), dann ist auch die lineare Kombination $\psi = c_1\psi_1+c_2\psi_2$ eine Lösung von (*), wie man durch Einsetzen sofort sieht. Dies ist das fundamentale *Superpositionsprinzip* der Quantenphysik.
Es hat für zusammengesetzte Systeme eine signifikante Bedeutung. So ist etwa der Quantenzustand zweier *unabhängiger* Teilchen mit den Zuständen ψ_1 und ψ_2 gegeben durch das Produkt $\psi_1\psi_2$. Die *Superposition* zweier 2-Teilchenzustände z.B. als Summe aber *kann* gar nicht als Produkt faktorisieren, so dass die durch einen solchen Superpositionszustand gekennzeichneten Teilchen immer verbunden bleiben, egal wie weit sie von einander entfernt sind, so weit, dass eine Wechselwirkung zwischen ihnen gar nicht mehr möglich ist. Man sagt mit Erwin Schrödinger, der als erster darauf aufmerksam machte, die Teilchen seien *verschränkt.* Macht man eine Messung an nur einem der verschränkten Teilchen, so ist der Zustand des anderen *instantan* davon betroffen, ohne dass ein Signal zwischen beiden ausgetauscht wird. Beide Teilchen nehmen vielmehr einen gemeinsamen unteilbaren Quantenzustand ein. Das heißt auch, dass sich verschränkte Zustände *nicht* zu einer instantanen Signalübertragung nutzen lassen. Sie geraten also nicht in Widerspruch zur speziellen Relativitätstheorie Einsteins, die Signalausbreitung mit Überlichtgeschwindigkeit verbietet. Man spricht in diesem Zusammenhang von der *Nichtlokalität* der Quantentheorie.
Die Frage, wie sich aus diesen Größen, also den Observablen und Wellenfunktionen, Messwerte ergeben, die mit entsprechenden Experimenten verglichen werden können, wird durch die auf Max Born und John v. Neumann zurückgehende Relation

$$(\#) \qquad M(\mathbb{O}) = \int \psi^* \mathbb{O}\, \psi\, d^3r,$$

im sog. einfachen Fall beantwortet. Sie drückt den Mittelwert M der Messwerte ω_n der Observablen $\mathbb{O}$ als Integral über den 3-dim. Raum aus. ψ^* ist dabei die zu ψ komplex konjugierte Wellenfunktion. Entwickelt man die Wellenfunktion $\psi(r)$ nach den sog. Eigenfunktionen des Operators $\mathbb{O}$ (Fußnote 43) , so ergibt sich aus dieser Relation auch die Wahrscheinlichkeit $|c_n|^2$, einen der sog. Eigenwerte ω_n von $\mathbb{O}$ zu messen, wobei die c_n die Koeffizienten der besagten Entwicklung (s. Fußnote 43) sind. Die so bestimmten Messwerte und ihre Wahrscheinlichkeiten sind durch entsprechende Experimente hervorragend bestätigt worden, so dass man sagen kann, dass die Quantentheorie die am besten bestätigte Theorie ist, die wir je hatten. Die Relation (#) beschreibt mathematisch den sog. Messprozess[44]. Die Wellenfunktion ψ eines Objekts beschreibt alles, was man vor der Messung über das Objekt weiß. Nach der Messung aber weiß man mehr, nämlich dass sich das Objekt in einem dem Messwert entsprechenden Zustand befindet, der in der Regel ein anderer ist als der vor der Messung. Diese abrupte Änderung der Wellenfunktion nennt man *Kollaps*. Das hat zu vielen Diskussionen geführt. Man wendete ein, Objekt und Messapparat zusammen bildeten doch auch ein Quantenobjekt, für die eine Schrödinger-Gleichung gilt, und die beschreibe doch solche unstetigen Änderungen nicht. Die Lösung dieses Dilemmas fand man durch pauschale Einbeziehung der Umgebung eines zu messenden Objekts in die Quantenmechanik des Gesamtobjekts, die zum Phänomen der *Dekohärenz* und zu einer Deduktion der zuvor nur *postulierten* Born-v.-Neumann-Relation (#) führte. Der Abschnitt 10.3 geht noch einmal näher darauf ein.

10.2 Die weitere Entwicklung zur Quanten-Feldtheorie und darüber hinaus

Was ich hier skizziert habe, ist die nicht-relativistische Einteilchen-Quantenmechanik, die nur für einzelne Teilchen gilt die sich mit Geschwindigkeiten bewegen, die klein gegen die Lichtgeschwindigkeit

44 Der Messprozess ist ein physikalischer Vorgang der Wechselwirkung eines Quantenobjekts mit einem Messgerät, das der Observablen $\mathbb{O}$ zugeordnet ist und in dem durch *Dekohärenz* (s. Kap. 10.3) eine als Messergebnis ablesbare makroskopische Spur erzeugt wird. Sie ist nun Teil der Realität geworden. Wie in Fußnote 43 festgestellt, sind die möglichen Messwerte die Eigenwerte ω_n von $\mathbb{O}$. Wenn der Zustand ψ eines Objekts in (#) nach dem, was man *vor* der Messung von ihm *weiß*, eine Linearkombination $\psi(r) = \Sigma_n c_n u_n(r)$ war, und dann der Eigenwert ω_m mit der Wahrscheinlichkeit Ic_mI^2 gemessen wurde, so *weiß* man durch die Messung *mehr*, nämlich dass, er sich nun im zugehörigen Eigenzustand $\psi(r) = u_m(r)$ befindet. Man nennt dies missverständlich den *Kollaps* der Wellenfunktion. Eigentlich handelt es sich nur um eine „Kollaps" genannte Änderung des *Wissens* über das Objekt durch die Messung.
Es kommt oft vor, dass zu einem Messwert, d.h, Eigenwert ω_m von $\mathbb{O}$ mehr als nur eine Eigenfunktion u_m gehört. Man sagt dann, er sei *entartet*. Um einen Zustand nach der Messung eindeutig zu charakterisieren, braucht man dann weitere mit $\mathbb{O}$ vertauschbare (kommensurable) Observable, die zusammen einen vollständigen Satz vertauschbarer Observablen bilden.

sind. So wie die klassische Mechanik das erste Kapitel in der Entwicklung der klassischen Physik war, so war diese nicht-relativistische Einteilchen-Quantenmechanik der erste Schritt auf dem weiteren Weg der Quantenphysik.

Nachdem es P.A.M. Dirac 1928 gelungen war, die Quantenmechanik in Einklang mit der speziellen Relativitätstheorie Einsteins zu bringen, war der Weg frei, auch die Maxwellsche Elektrodynamik in die Quantentheorie einzubeziehen. Es entstand die Quanten-Elektrodynamik (QED) als das Muster- und Paradebeispiel einer Quantenfeldtheorie. In ihr werden die Masse, Ladung und Spin tragenden elementaren Teilchen (Elektronen und Positronen) sowie das elektromagnetische Feld (Photonen) durch Feldoperatoren dargestellt, wobei erstere der Dirac-Gleichung und letztere der aus der Maxwell-Theorie folgenden Wellengleichung genügen.

Indem ihnen spezifische Vertauschungsrelationen auferlegt werden, die sich für Teilchen mit halbzahligem Spin (sog. Fermionen) bzw. ganzzahligem Spin (sog. Bosonen) in einem Vorzeichen unterscheiden, werden daraus Erzeugungs- und Vernichtungsoperatoren, die auf den sog. Vakuumzustand[45] anzuwenden sind, der keine Teilchen enthält. So stellen sie mathematisch dar, dass etwas ist bzw. nicht mehr ist. Diese 1932 gefundene elegante Formulierung der Quantenfeldtheorie ist das Verdienst des Leningrader Physikers Wladimir Fock (1898-1974).

---

45 Vakuum nennt man allgemein und treffend den Grundzustand niedrigster Energie eines physikalischen Systems. Treffend ist dieser Begriff, weil das Vakuum nichts Unterscheidbares enthält. Andererseits stimmt es nicht überein mit dem üblichen unqualifizierten Begriff des Nichts: Es kann nämlich „fluktuieren“. Was fluktuiert da? Ist da nicht doch etwas? Der Grundzustand niedrigster Energie muss sich im Minimum der potentiellen Energie des Systems befinden, das i. a. einen *bestimmten* Ort q im Phasenraum hat. Dort kann das System aber nach der Unbestimmtheitsrelation eben nicht *genau* fixiert sein, es muss minimal bewegt sein, es hat eine *Nullpunktsenergie*. Das gilt auch für das allgegenwärtige und raumerfüllende elektromagnetische (Maxwell-) Feld, also für das Vakuum. Es enthält die fluktuierende Nullpunktsenergie, aus der im Einklang mit der Energie-Zeit-Unbestimmtheitsrelation kurzzeitig virtuelle Teilchen-Antiteilchen-Paare entstehen, die sich wieder gegenseitig annihilieren und dabei ihre Energie an das Feld zurückgeben. Sie machen das Vakuum polarisierbar: Eine „Wolke“ virtueller Elektron-Positron-Paare schirmt die „nackten“ elektrischen Ladungen ab, so dass nur deren effektive („renormierte“) Ladung physikalisch wirksam ist.

Die „Teilchen" der Quantenfelder sind ununterscheidbar identisch. Das bedeutet, dass die Wellenfunktion $\psi(1,2)$ zweier identischer Teilchen von einer Vertauschung (Permutation P) der beiden Teilchen, also $P\psi(1,2) = \psi(2,1) = \pm\psi(1,2)$ – außer am Vorzeichen – nichts „merkt". Dabei stehen die Ziffern 1 und 2 für die kennzeichnenden Quantenzahl-Sätze der Teilchen, wobei das + Zeichen für *Bosonen* und das – Zeichen für *Fermionen* gilt[46]. Stimmen alle Quantenzahlen für beide Teilchen überein, so folgt für Fermionen, dass $\psi(1,1) = -\psi(1,1)$ ist, und das bedeutet, dass $\psi(1,1) = 0$ ist. Dieses Ergebnis hat eine enorme und weitreichende Bedeutung:

In einer Mehrteilchen-Wellenfunktion können nicht zwei Fermionen in allen Quantenzahlen übereinstimmen.

Das ist das sog. Pauli-Verbot. Es erklärt den atomaren Aufbau der Materie im Periodensystem der chemischen Elemente bis hin zur Festigkeit der zu Festkörpern kondensierten Materie. Es besagt umgekehrt auch, dass sich Bosonen in beliebiger, auch makroskopischer Zahl alle im selben Zustand befinden können. Tritt dies ein, so spricht man von *Bose-Einstein-Kondensation:* In einem Bose-Einstein-Kondensat befinden sich alle bosonischen Teilchen im selben Quantenzustand und bilden so eine *makroskopische Wellenfunktion,* und es kommt zu einem makroskopischen Quantenphänomen. Um so etwas zu erreichen, braucht man sehr tiefe Temperaturen wie etwa bei der Supraleitung in Metallen und der Suprafluidität des Heliums.

Ein anderer Weg, viele Bosonen im selben Quantenzustand zu versammeln, ist die *stimulierte Emission,* die keine tiefen Temperaturen erfordert. Sie findet statt in aktiven Medien, die zwei elektronische Energieniveaus enthalten, bei denen man durch Energiezufuhr („Pumpen") dafür sorgt, dass sich mehr Elektronen im höheren als im

---

46 Sei P der Operator, der die Vertauschung zweier Teilchen in der gemeinsamen Wellenfunktion ψ bewirkt: $P\psi(1,2) \rightarrow \psi(2,1)$. Wegen der Identität beider Teilchen darf sich $\psi(2,1)$ von $\psi(1,2)$ höchstens um einen „Phasenfaktor" $e^{i\varphi}$ unterscheiden, denn der würde sich bei „Messungen" gemäß (#) in Kap. 10.1 zu $e^{i\varphi} e^{-i\varphi} = 1$ neutralisieren (s. Fußnote 53). Dann wäre also $P\,\psi(1,2) = e^{i\varphi}\psi(2,1)$. Erneute Anwendung von P macht die Vertauschung rückgängig, d.h. $P\,P\,\psi(1,2) = e^{2i\varphi}\psi(1,2)$. Es muss also $e^{2i\varphi} = 1$ sein, und das bedeutet, dass φ ein ganzzahliges Vielfaches von π sein muss. Ist es ein geradzahliges, so ist $e^{i\varphi} = +1$, ist es ungeradzahlig, so ist $e^{i\varphi} = -1$. Das sind die beiden Vorzeichen, die bei der Vertauschung zweier identischer Teilchen in der Wellenfunktion auftreten. Das + Zeichen gilt für Bosonen, das – Zeichen für Fermionen.

unteren Zustand befinden, aus denen die Emission von Licht- (Photonen) oder Schallquanten (Phononen) die Emission *gleichartiger* Quanten stimuliert, die so ein kohärentes Feld wie beim Laser, Maser oder Saser[47] bilden. Dass die Bezeichnung *makroskopische Wellenfunktion* berechtigt ist, erhellt z.B. daraus, dass makroskopische, mechanisch schwingende Resonatoren verschränkt (s. Kap.10.1) werden konnten, wobei sogar die Verletzung der Bellschen Ungleichung (Kap.11.4) nachgewiesen wurde[48] oder auch daraus, dass es in einem sog. SQUID[49] gelungen ist, gegenläufige makroskopische Ströme zu verschränken.
Es kann also keine Rede davon sein, dass die Quantentheorie, wie man oft liest, nur in der submikroskopischen Unterwelt gelte und – von der chemischen Bindung abgesehen – in unserer mesoskopischen Lebenswelt nicht in Betracht gezogen werden müsse. Das gilt bspw. für die für das Leben auf unserer Erde so fundamentale Photosynthese[50], und es gilt für das so rätselhafte Bewusstseins-Phänomen unserer eigenen menschlichen Existenz, auf die ich im Kap. 13 zu sprechen komme.
Die Quanten-Elektrodynamik wurde auch als Prototyp einer sog. Eichfeldtheorie zum Wegweiser für die Weiterentwicklung zur Quantenfeldtheorie des heutigen sog. Standardmodells, das neben der elektromagnetischen auch die schwache und die starke Wechselwirkung der Quantenfelder erfolgreich beschreibt.
Die *starke* Wechselwirkung herrscht im Atomkern. Sie bestimmt die Bindung von je drei Quarks zu den Nukleonen Proton und Neutron und sorgt darüber darüber hinaus für deren Zusammenhalt in den Atomkernen, die sich in der Zahl der in ihnen gebundenen positiv geladenen Protonen und elektrisch neutralen Neutronen unterscheiden.
Die *schwache* Wechselwirkung sorgt im Zusammenspiel mit der starken

---

47 Saser ist ein Akronym für *Sound Amplification by Stimulated Emission of Radiation.* Beim Laser steht das L für Light, beim Maser das M für Microwaves und beim Saser das S für Sound.

48 Die Schwingungszustände zweier mechanischer Resonatoren aus 10 µm langen Siliziumstreifen im Abstand von 20 cm in beiden Armen eines optischen Interferometers konnten verschränkt werden, was interferometrisch nachgewiesen wurde. (Gröblacher et al. Phys. Rev. Lett. 116,147202,2016).

49 Ein SQUID (Superconducting Quantum Interference Device) ist ein ringförmiger Supraleiter mit Josephson-Kontakt, Claus Kiefer, Quantentheorie, Fischer Taschenbuch 2002, S. 18.

50 Jim Al-Khalili, JohnJoe McFadden, Sebastian Vogel, „Der Quanten Beat des Lebens – Wie die Quantenbiologie die Welt neu erklärt“, Ullstein 2015

und der elektromagnetischen Wechselwirkung durch radioaktiven Zerfall schwerer Kerne dafür, dass Atomkerne nicht beliebig groß werden.
Die *elektromagnetische* Wechselwirkung bestimmt direkt und indirekt die chemische Bindung zwischen Atomen zu Molekülen.
Eine Eichfeldtheorie wird bestimmt durch eine an jedem Raumzeitpunkt bestehende (lokale) Symmetrie, d.h. die Feldgleichungen sind invariant unter den Transformationen einer sog. Eichgruppe[51]. Was das bedeutet, steht in vielen Lehrbüchern, wird aber kurz und bündig am Beispiel der Elektrodynamik im Anhang 3 meines Buches „Die Wahrheit und das Leben“ (s. Fußnote 6) erläutert. Die Wechselwirkung zwischen den Fermionen, die Masse, Ladung und halbzahligen Spin tragen, wird vermittelt durch die (ursprünglich) masselosen sog. Eichfelder, die einen ganzzahligen Spin tragen, also Bosonen sind.
Die in Rede stehenden Symmetrie-Transformationen werden dargestellt durch *unitäre* Matrizen U [52], denen man in Klammern die Dimension des komplexen Vektorraumes, in dem sie operieren, hinzufügt. Wie im Anhang 3 meines Buches (Fußnote 6) gezeigt wird, wird die Eichgruppe U(1) der Elektrodynamik gebildet durch die die sog. Phasenfaktoren, das sind die komplexen Zahlen (s. Fußnote 41) auf dem Einheitskreis in der komplexen Zahlenebene[53].
Nachdem Chen Ning Yang und Robert L. Mills 1954 gezeigt hatten, dass sich das Konzept der Eichsymmetrie auch auf Eichgruppen in mehr als einer Dimension erweitern lässt, gelang es, auch die beiden anderen Wechselwirkungen als Eichtheorien mit den Eichgruppen SU(2) für die

---

51 Eine Gruppe ist eine Menge von mit einander multiplikativ verknüpften Elementen derart, dass das Produkt zweier Elemente wieder ein Element der Gruppe ist. Bei Transformationsgruppen lassen sich die Elemente der Gruppe durch Matrizen darstellen, und das Produkt zweier Matrizen stellt die Aufeinanderfolge zweier Transformationen dar.

52 Unitäre Matrizen U sind solche, deren Produkt mit ihrer adjungierten Matrix U^+ gleich der Einheitsmatrix I ist: $UU^+ = U^+U = I$. Seien U_{ij} die Elemente der Matrix U, dann sind die Elemente der adjungierten Matrix gegeben durch $U^+_{ij} = U_{ji}^*$. Mit SU bezeichnet man spezielle unitäre Matrizen mit der Determinante =1.

53 Die komplexen Zahlen auf dem Einheitskreis in der komplexen Zahlenebene lassen sich darstellen als
$e^{i\varphi} = cos\varphi + isin\varphi$. Dabei ist φ der Winkel zwischen der reellen Achse und der Geraden, die durch den Mittelpunkt und den betreffenden Punkt des Einheitskreises geht.

schwache und SU(3) für die starke Wechselwirkung zu formulieren. Bei letzterer treten drei „Ladungen" auf, die man – so zu sagen aus Spaß – mit drei Farben bezeichnet. Deshalb heißt die Theorie der starken Wechselwirkung in Analogie zur Quanten*elektro*dynamik, die nur eine, nämlich die elektrische Ladung kennt, auch Quanten*chromo*dynamik mit drei sog. Farbladungen.
Die drei Eichgruppen U(1), SU(2) und SU(3) und die sich aus ihnen ergebenden Yang-Mills-Eichfelder bilden das Rückgrat des sog. Standardmodells für die drei fundamentalen Wechselwirkungen, das durch alle Experimente der Hochenergiephysik, namentlich durch die des CERN bestätigt worden ist. Trotzdem ist man mit dem Standardmodell aus prinzipiellen und aus ästhetischen Gründen nicht zufrieden.
Es gibt gute Gründe für die Vermutung, dass sich die bei niedrigen Energien sehr unterschiedlich starken Wechselwirkungen bei hohen Energien, (wie sie beim Urknall herrschten) einander so sehr annähern, dass sie aus einer einheitlichen Urkraft, die vielleicht sogar die Gravitation mit umfasste, hervorgegangen sind. Daraus ergab sich die Frage, ob es vielleicht eine große Eichgruppe gibt, aus der sich alle fundamentalen Wechselwirkungen ableiten lassen.
Die Suche nach einer großen Vereinigung, einer „Grand Unified Theory" (GUT) treibt die theoretische Physik an, seit es Abdus Salam, Steven Weinberg und Sheldon Glashow 1979 gelang, die elektromagnetische und die schwache Wechselwirkung zur sog. „elektroschwachen" Theorie mit der Eichgruppe SU(2)xU(1) zu vereinigen.
Die große offene Frage der theoretischen Physik ist die Einbeziehung der zwar schwächsten, aber dennoch das Weltall im Großen beherrschenden Kraft, der Gravitation, d.h der Geometrie der Raumzeit, in die große Vereinigung zu einer umfassenden Theorie. Dass dies eine Quanten-Feldtheorie sein muss, ergibt sich schon daraus, dass nur eine Quantentheorie die ansonsten hervorragend bestätigte Allgemeine Relativitätstheorie Einsteins von ihren sonst unvermeidlichen Kollaps-Unendlichkeiten (Singularitäten), wie sie beim Urknall selbst, aber auch bei „Schwarzen Löchern" aufgetreten sein müssten, durch so etwas wie eine Quantisierung der Raumzeit heilen kann.

Es wäre dies die erträumte Weltformel („Theory of Everything" TOE), die im Prinzip den objektivierbaren Aspekt der Wirklichkeit im Ganzen –

und nur diesen – erschöpfend beschreiben[54] könnte. Die Quantentheorie erweist sich als universelle Rahmentheorie, die über die Grenzen physikalischen Denkens hinaus den Anspruch erheben kann, für menschliches Denken überhaupt von grundlegender Bedeutung zu sein. So sieht es jedenfalls der französische Physiker und Wissenschaftsphilosoph Bernard d'Espagnat (1921-2015), wenn er schreibt:

> „Jeder, der sich eine Vorstellung von der Welt zu machen sucht – und von der Stellung des Menschen in der Welt – muss die Errungenschaften und die Problematik der Quantentheorie einbeziehen. Mehr noch, er muss sie in den Mittelpunkt seines Fragens stellen." [55]

10.3 Die Quanten-Ontologie

Wir folgen dieser Empfehlung von d'Espagnat. Nachdem wir im Kap. 8.1 die *epistemische* Perspektive auf die Wirklichkeit eingenommen haben, fragen wir nun nach der *ontologischen*, wie sie die Quantentheorie in ganz neuer Weise bietet und nennen dies die Quanten-Ontologie.
Dazu gehen wir aus von der Ontologie des Naturalismus mit ihrem im Kapitel 7 genannten und erläuterten ontologischen Grundsatz „Alles ist Natur", wobei unter 'Natur' nach Vowinkel (Fußnote 31, S.43) „die Summe aller Tatsachen" zu verstehen ist. Der Naturalist Franz-Josef Wetz ergänzt: „Diese sinnfreie Natur ist alles, was es gibt". Alle Vorgänge in der Wirklichkeit laufen nach Naturgesetzen ab, Es geht in der Natur mit rechten Dingen zu" (Fußnote 31, S. 43). Das heißt auch, dass die 'Natur' kausal in sich geschlossen ist (s. Kap. 7). Die „Summe aller Tatsachen" ist das, was wir in Kap. 8.1 Faktenwirklichkeit genannt haben, die sich durch *Beobachtung* erschließt und nach allgemeinem Verständnis mit 'Realität' identisch ist.
Die *ontologische Revolution*, die die Quantentheorie mit sich brachte, bahnte sich schon beim Bohrschen Atommodell an: Wesentliche Tatsachen (Fakten) der 'Natur' (alias Realität), nämlich die Stabilität der Atome und ihr Linienspektrum, ließen sich *nicht* durch naturgesetzliche (kausale) Relationen zwischen anderen Fakten, d.h. *innerhalb* der

54 Objektiv sind intersubjektiv bestätigte Beobachtungen im Großen und reproduzierbare Experimente im Labor. Reproduzierbarkeit ist das Wesen des Experiments, obwohl streng genommen nichts exakt reproduzierbar ist.

55 Zitiert bei Claus Kiefer „Quantentheorie", Fischer Taschenbuch, 2002 S..3.

angeblich in sich geschlossenen 'Natur' erklären. Man musste nicht-faktische Größen von *außerhalb* der 'Natur' hinzunehmen, um die genannten Fakten erfolgreich erklären zu können. Die Rede ist von den de-Broglie-Wellen, deren Wellenlängen ganzzahlig auf die *erlaubten* Elektronenbahnen passen müssen. Im Zuge der im Abschnitt 10.1 geschilderten Entwicklung wurde erkannt, dass die besagten de-Broglie-Wellen einer Wellengleichung, der *Schrödinger-Gleichung* (*) genügen. Man nennt die Wellenfunktion – Lösung der Schrödinger-Gleichung eines Objekts – auch dessen *Zustand,* weil es durch sie vollständig charakterisiert wird.
Was aber sind das für Wellen? Was „wellt" da? Was ist das Wesen dieser Materiewellen? Die in 10.1 beschriebene Entwicklung brachte die grundstürzende Antwort:

Die „Materie-Wellen" sind gar nicht materiell, sie sind *immateriell!*
Sie sind so etwas wie Wahrscheinlichkeitswellen[56],
die als solche *nicht messbar* sind.

Das konstatiert Roger Penrose in seinem Buch „Computerdenken" mit dem Satz[57]: „Der Zustandsvektor eines Systems ist tatsächlich nicht messbar", und Sabine Hossenfelder, Professorin für Theoretische Physik, schreibt in ihrem Buch „Das hässliche Universum – Warum unsere Suche nach Schönheit die Physik in die Sackgasse führt" [58]:

> "Seit den Anfängen der Quantentheorie wissen wir, dass es falsch ist, zu fordern, alle mathematischen Strukturen einer Theorie müssten direkt mit Beobachtbarem korrespondieren. Zum Beispiel sind Wellenfunktionen an sich nicht messbar ...".

Messbar sind nur *Observablen,* die deshalb auch so heißen, und das sind

56 D.h. Wellenfunktionen stellen nicht selbst Wahrscheinlichkeiten dar, denn dann müssten sie reellwertig und positiv sein. Sie bestimmen aber eindeutig Wahrscheinlichkeiten für den Ausgang von Experimenten, wie es in Fußnote 44 beschrieben wurde. Deshalb nennt man sie auch Wahrscheinlichkeitsamplitude. Sie sind selbst nicht messbar. Das zeigt sich auch daran, dass sie komplexwertig sind (s.Fußnote 41) und daran, dass sie keine Maßeinheit, keine"Dimension" haben. In der Physik nennt man nämlich Maßeinheiten auch „Dimension", obwohl sie mit geometrischen Dimensionen nichts zu tun haben.

57 Roger Penrose, „Computerdenken" Spektrum Akademischer Verlag Heidelberg, Berlin 2002, S.261.

58 Sabine Hossenfelder „Das hässliche Universum – Warum unsere Suche nach Schönheit die Physik in die Sackgasse führt", S. Fischer 2018, S.136.

die den physikalischen Messgrößen wie etwa Ort, Impuls, Drehimpuls, Energie etc. der Teilchen zugeordneten selbstadjungierten[42] *Operatoren* $\mathbb{O}$, die im mathematischen Raum der Wellenfunktionen, dem Hilbert-Raum [43] des fraglichen Objekts operieren. Die möglichen Messwerte sind die Eigenwerte ω_n von $\mathbb{O}$. Man findet sie mit der Wahrscheinlichkeit $|c_n|^2$, wobei die c_n die Entwicklungskoeffizienten der Wellenfunktion $\psi(\boldsymbol{r},t)$ sind, wie es in der Fußnote 44 erklärt ist. Indem die Wellenfunktion auf diese Weise bestimmt, was mit welcher Wahrscheinlichkeit gemessen werden kann, stellt sie *die Potentialität* ihres Objekts dar.

Im Kap. 7 über den ontologischen Naturalismus wurde der Zentralbegriff 'Natur' mit den Worten von Vowinkel [31] definiert als „Summe aller Tatsachen" und gesagt, dass dies gleichbedeutend ist mit dem, was man allgemein unter *Realität* versteht, denn Tatsachen sind das, was man beobachten und feststellen, also letztlich alles das, was man messen kann. Somit umgrenzt – *definiert* – Messbarkeit den Bedeutungsbereich des Begriffs Realität.

Weil Potentialität als solche *nicht* messbar, *nicht* beobachtbar ist, gehört sie nicht dem Bestimmungsbereich der Realität an und ist folglich nicht *real,* aber trotzdem *wirklich,* weil sie bestimmt, welcher Messwert mit welcher Wahrscheinlichkeit *real* wird.

Das bedeutet nicht mehr und nicht weniger, als dass

Wirklichkeit *mehr* ist als Realität,
sie hat eine *duale* Struktur aus
Potentialität <u>und</u> *Realität,*

wobei Potentialität der Realität logisch vorausgeht. Das ist der Kernsatz der *Quanten-Ontologie.* Sie enthält *zwei* Grundkategorien und nicht nur eine, nämlich Realität *und* Potentialität, Deshalb ist sie nicht monistisch wie die in Kap. 7 beschriebene Ontologie des Naturalismus, sondern *dual,* wenn auch nicht dualistisch, denn sie besteht nichtsdestoweniger auf der Einheit der Wirklichkeit: Es gibt nur *eine* Wirklichkeit und nicht zwei. Potentialität und Realität brauchen sich gegenseitig, um wirklich zu sein: Realität braucht Potentialität, weil alles Reale möglich sein muss, und Potentialität ist nur wirklich, *weil* aus ihr Realität hervorgeht.

Die naturalistische Ontologie mit ihrem Realitäts-Monismus ist gleichsam verflacht. Sie kennt nur die Kausalität des Netzwerks naturgesetzlicher Kausalketten, wie sie die klassische Physik darstellt, und die dem Geschlossenheits-Axiom des Naturalismus zugrunde liegt. Die Tiefendimension des Seins – in der philosophischen Tradition mit 'Geist' bezeichnet – geht damit verloren, und der Naturalismus ist daher mit Notwendigkeit ein 'nichts-als'-Reduktionismus: „Geistige“ Entitäten wie Ideen, Empfindungen, Gefühle, Stimmungen etc. – letztere oft unter dem Begriff 'Qualia' zusammengefasst – werden „naturalisiert“ und sind dann 'nichts als' Begleiterscheinungen (Epiphänomene) neuroelektrischer Hirnvorgänge. Diese Engführung des Denkens – angeblich diktiert durch *die* Wissenschaft – gemeint ist aber das von der klassischen Physik geprägte und heute überholte Paradigma, wie es in Kap. 4 beschrieben ist – wird revidiert durch die Ontologie der Quantenphysik, die nun aber den Geltungsanspruch *moderner* Wissenschaft erheben kann.

Mit der Einführung der Grundkategorie *Potentialität wird* die verlorene Tiefendimension des Seins zurückgewonnen nicht zuletzt durch das, was ich die *ontologische Umkehr* nenne:

> Primär ist nicht die messbare 'Realität', auf die man bisher *alles* zurückführen wollte (Reduktionismus), sondern die nicht messbare 'Potentialität', aus der Realität erst hervorgeht, weil *sie* bestimmt, was real werden kann.

Wie das geschieht, wird im Folgenden beschrieben:

Aus Potentialität wird Realität durch sog. *Dekohärenz*, die sich ereignet, wenn ein Quantenobjekt in regellose Wechselwirkung mit seiner Umgebung U kommt, die die Phasenbeziehungen seiner Wellenfunktion zerstört. Das können Photonen der allgegenwärtigen Wärmestrahlung, Stöße mit restlichen Atomen oder Molekülen (die auch im Hochvakuum immer noch vorhanden sind) oder andere thermische Fluktuationen bewirken. So geschieht die *Faktifizierung* bzw. *Realisierung* von *Potentialität.*

Es ist erstaunlich und wichtig, dass es dabei nicht auf Besonderheiten der Umgebung U ankommt, sondern nur darauf, dass sie sich im thermischen Gleichgewicht befindet. Das verleiht ihr schon die nötige Universalität, und das ist auch alles, was man über U wissen muss, um die „Messprozess“ genannte Born- v. Neumann-Relation (#) *aus* Kap. 10.1 (näher erläutert in Fußnote 44) im Rahmen der Quantenmechanik mathematisch abzuleiten. Das gelang erst 2019 meinem Studienfreund Hermann Schulz[59] und später anderen, obwohl diese Relation schon seit 93 Jahren zu den Grundpfeilern der Quantentheorie gehört und sich

---

59 Hermann Schulz hat diese Deduktion in der 10. Auflage seines überaus erfolgreichen Lehrbuchs „Physik mit Bleistift“, Verlag Europa-Lehrmittel, Haan-Gruiten (Germany) 2019, publiziert.

unzählige Male bestens bewährt hat. Max Born hatte sie 1926 in seiner Arbeit „Quantenmechanik der Stoßvorgänge“[60] postuliert, und John v. Neumann gab ihr 1932 eine verallgemeinerte Form in seinem Buch „Mathematische Grundlagen der Quantenmechanik“.
Bis dahin galt sie als ein zusätzliches Postulat, heute weiß man, dass sie bereits in der Quantenmechanik enthalten ist. Das ist so wichtig, weil erst diese Relation die Quantentheorie zu einer *physikalischen* Theorie macht, indem sie die Beziehung ihrer Grundgröße ψ, die die Potentialität beschreibt, zur *Realität* herstellt.
Faktifizierung durch Dekohärenz geschieht immer und überall. Aber in besonderen, für die Physik als messende Wissenschaft entscheidenden Fällen ist die „dekohärierende“ Umgebung ein Messinstrument, in dem eine als Messergebnis ablesbare *makroskopische Spur* erzeugt wird .
Nicht minder wichtig ist es, dass mit der zweiten Grundkategorie *Potentialität* auch die *Zukünftigkeit* der Wirklichkeit zur Geltung kommt, indem überhaupt Neues, noch nie Dagewesenes, in sie eintreten kann. Für die naturalistische Ontologie mit ihrem Grundsatz der kausalen Bestimmtheit allen Geschehens, zu dem es ja gehört, dass Ursachen *zeitlich vor* ihren Folgen liegen und diese naturgesetzlich bestimmen, ist die gegenwärtige und zukünftige Wirklichkeit *allein* durch die Vergangenheit bestimmt, und es könnte – naturalistisch gesehen – nichts wirklich Neues unter der Sonne geschehen.
Geht man nun aus von dem kaum bezweifelbaren Satz, dass das und nur das in Raum und Zeit *ist*, was man dort finden, d. h. messen kann, dann kommt man zu dem Schluss, dass Potentialität *als solche* – unbeschadet ihrer etwaigen parametrischen Abhängigkeit von Zeit- und Ortskoordinaten – *nicht* in Raum und Zeit *ist*, also Raum und Zeit gleichsam übergreift. Dies hat die raum-zeitliche *Nichtlokalität* der Quantenphysik zur Folge. Erst durch Faktifizierung, d. h. durch Messung bzw. Dekohärenz, die an einem bestimmten Ort zu bestimmter Zeit stattfindet, „gerinnt“ Potentialität zu Realität und wird so gleichsam in Raum und Zeit hineingeholt.

10.4 Die „jenseitige“ Potentialität hat „diesseitige“ Konsequenzen

Potentialität ist also – das sei hier wiederholt – *wirklich*, aber nicht ‚real‘ und folglich *transzendent* bzw. in strengem Sinne *übernatürlich*, weil sie nicht messbar ist und deshalb, *jenseits von Raum und Zeit* besteht. Sie ist

60 Max Born „Quantenmechanik der Stoßvorgänge“, Z. Physik 38, 803-827

nichtsdestoweniger wirklich, weil sie messbare Wirkungen hat, die freilich zuweilen mit unserer Alltagserfahrung nicht ohne weiteres vereinbar sind. Das zeigen besonders

- die Experimente, die das EPR-Gedanken-Experiment realisiert haben, und
- die Experimente zur „verzögerten Wahl“ (delayed choice).

Im Jahre 1935 wollte Einstein zusammen mit Podolski und Rosen (deshalb EPR) mit einem Gedankenexperiment die Unvollständigkeit der Quantentheorie aufzeigen: Zwei Teilchen, die sich in einem gemeinsamen, d.h. „verschränkten“ Quantenzustand (s. Kap. 10.1) befinden, sich dann aber beliebig weit von einander entfernen, bleiben abhängig von einander derart, dass eine Messung an dem einen Teilchen auch das andere instantan in den zugeordneten Zustand versetzt. Diese von Einstein so genannte „spukhafte Fernwirkung“ verstoße, wie er meinte, gegen das Lokalitäts- und Realitäts-Prinzip der Physik, und die Quantentheorie sei folglich unvollständig.

Nachdem John Bell 1964 seine berühmte Ungleichung abgeleitet hatte, die einen Vergleich der klassischen mit der quantenmechanischen Voraussage für ein EPR-analoges Experiment gestattet, konnte dieses Gedankenexperiment realiter durchgeführt werden. Es bestätigte – gegen Einsteins Überzeugung – die Richtigkeit der Quantentheorie einschließlich eben dieser Nichtlokalität .

Die von John A. Wheeler (1911-2008) angeregten Experimente zur verzögerten Wahl (delayed choice)[61] beziehen sich auf die *Möglichkeit*, festzustellen, welchen Weg eventuell interferierende Teilchen bei einem Experiment vom Typ des Doppelspalt-Versuchs genommen haben. Kann man diesen Weg *nicht* feststellen, erscheinen Interferenzstreifen auf dem Schirm, wenn doch, verschwinden sie.

Dabei muss man wissen: Interferenz bedeutet, dass sich die Teilchen in einem „verschränkten“ Zustand (s. Kap. 10.1) befinden, in dem sie gleichsam beide Wege zugleich nehmen und „mit sich selbst“ interferieren.

Bei ausgeklügelten Varianten dieses Experiments, kann man wählen ob man diese Möglichkeit der Feststellung nutzen will oder nicht. Man kann diese Wahl sogar so lange verzögern bis die Teilchen schon ihren Weg genommen haben. Trotzdem funktioniert sie quasi rückwirkend. Es sieht also so aus, als könne man mit einer „spukhaften Rückwirkung“ nachträg-

---

61 „Kausalität auf den Kopf gestellt“, Spektrum der Wissenschaft, 12, 2018, S.15

lich beeinflussen, was „zuvor" schon „geschehen" ist. Die beiden Worte „zuvor" und „geschehen" habe ich in Anführungszeichen gesetzt, weil dies so unserer *unzutreffenden* Anschauung entspricht, was aber gerade kein faktisches *Geschehen* in der Zeit ist, so dass auch von „zuvor" nicht wirklich gesprochen werden kann. Dies wird im folgenden Abschnitt 10.5 genauer erörtert.

Unter der Überschrift „Zukunft beeinflusst Vergangenheit" berichten Wiener Forscher um Anton Zeilinger von einem weiteren delayed-choice-Experiment, bei dem rückwirkend darüber entschieden werden konnte, ob Teilchen verschränkt oder separiert in Erscheinung treten.

Man sieht hier deutlich, dass die Vorstellung, es handele sich um an sich existierende Teilchen, die in Raum und Zeit Bahnen durchlaufen, in die Irre geht. Es handelt sich vielmehr um deren Potentialität, die als solche eben *nicht in Raum und Zeit ist*, so dass von einem hier oder dort, vorher oder nachher gar nicht die Rede sein kann. Erst das scheinbare Auftreffen des *als solches* gar nicht vorhandenen Teilchens auf dem Schirm, das in Wirklichkeit ein Messprozess an einem bestimmten Ort zu einer bestimmten Zeit ist, lässt das Teilchen gemäß seiner Potentialität in der raumzeitlichen Realität erscheinen. Der „Spuk" – sei es als scheinbare Fernwirkung im Raum oder als scheinbare Rückwirkung in der Zeit – über den Einstein den Kopf schüttelte – ist offenbar die jenseits von Raum und Zeit bestehende und nicht-kausal in Raum und Zeit hinein wirkende Potentialität.

Was ich hier der Einfachheit halber anhand der ursprünglichen nicht-relativistischen Einteilchen-Quantenmechanik (Kap. 10.1) dargestellt habe, gilt auch für die Quanten-Feldtheorie (Kap. 10.2), denn auch dort haben wir die grundlegende Zweiheit von nicht messbarem *Zustand* und messbarer *Observable*, nur dass beide im Fock-Raum[62] und nicht im einfachen Hilbert-Raum (Fußnote 43) definiert sind[63].

Die quanten-ontologisch erhellte Wirklichkeit lässt sich zusammen-

---

62 Der Fock-Raum ist ein für beliebige Anzahlen identischer Teilchen eines Quantenfeldes definierter Hilbert-Raum.

63 Zuweilen wird behauptet, dass der im Kontext der ursprünglichen Einteilchen-Quantenmechanik geprägte Begriff des Welle-Teilchen-Dualismus durch die Quanten-Feldtheorie obsolet geworden und der Dualität der Fermionen und Bosonen in einer einheitlichen Feldtheorie gewichen sei. Das ist ein Missverständnis. Der „ Welle-Teilchen-Dualismus" ist Ausdruck der allgemein gültigen Erkenntnis der Quanten-Ontologie der Dualität der Wirklichkeit aus Realität und Potentialität-.

fassend und bildhaft vorstellen wie ein Schauspiel auf einer Bühne: Die Bühne ist die Raumzeit. Zu sehen ist die Realität wie die Kulissen des Vordergrunds. Nicht zu sehen ist der Hintergrund der Potentialität, von dem aber wesentlich ausgeht, was sich als Schauspiel der Akteure vor und zwischen den Kulissen abspielt.

10.5 Die duale Zeitstruktur der Quantentheorie

Die duale Struktur der Wirklichkeit hat auch eine duale Struktur ihrer Zeitlichkeit zur Folge. Da ist einmal die parametrische „unitäre" Zeitabhängigkeit der Potentialität, wie sie durch die Schrödinger-Gleichung (*) (s. Abschnitt 10.1) gegeben ist. Ihre formale Lösung ist gegeben durch

$$\psi(t) = \mathbb{U}(t)\,\psi_0, \text{ wobei } \psi_0 = \psi(t{=}0) \text{ und } \mathbb{U}(t) = e^{-i\mathbb{H}t/\hbar}\,,$$

wobei $\mathbb{U}(t)$ der unitäre Zeitentwicklungsoperator ist. Sie beschreibt lediglich eine unitäre Drehung des Zustands ψ im Hilbert-Raum[43] wie in einer Warteschleife, in der so lange nichts passiert, bis es gleichsam zu einer „Landung" in der Realität durch eine faktifizierende Dekohärenz (s. 10.3) kommt. Dabei wird die Potentialität *reduziert*, so dass sie von nun an bedingte Wahrscheinlichkeiten ergibt. Das sind Wahrscheinlichkeiten unter der Bedingung, dass bestimmte Fakten eingetreten sind. Sie enthalten also so etwas wie ein Gedächtnis daran, was passiert ist. Die Fakten sind *geschehen* und bilden eine *Geschichte*. Dabei müssen gewisse Konsistenz-Bedingungen erhalten bleiben, die sichern, dass die Wahrscheinlichkeiten positiv sind und ihre Summe gleich 1 ist. Deshalb spricht man von „konsistenten Geschichten" (consistent histories). Die gemäß 'vorher und nachher' geordnete Abfolge der Fakten ist es, die die andere, die *reale, vergehende, geschichtliche* Zeit, in der eins nach dem anderen *geschieht*, überhaupt erst konstituiert und ihr die *temporale* Struktur aus Vergangenheit, Gegenwart und Zukunft verleiht: Die Fakten sind die jeweilige Vergangenheit, die Faktifizierung selbst ist die Gegenwart, und die dabei neu präparierte (bedingte) Potentialität eröffnet die Zukunft.

Faktifizierungen von Potentialität durch Dekohärenz geschehen all überall und immerfort. Somit erklärt die Quantentheorie eine fundamentale Gegebenheit der *realen* Zeit, nämlich ihre *Irreversibilität* und *Temporalität*. Die klassische Physik vermag das nicht, denn deren Zeitabhängigkeit ist reversibel und überhaupt nicht temporal: Sie kennt keinen

Unterschied zwischen Vergangenheit und Zukunft, da alle Bewegungsgleichungen der klassischen Physik (klassische Mechanik und Elektrodynamik) invariant sind gegen Zeitumkehr, d.h. sie ändern sich nicht, wenn man darin den Zeitparameter t in –t substituiert. Deshalb kann man einfach vor- und zurück rechnen so wie man einen Film vorwärts und rückwärts abspulen kann. Als Gegenwart kann man allenfalls einen willkürlich herausgegriffenen Zeitpunkt $t=t_0$ interpretieren. [64]

Dies ist ein weiteres, geradezu zwingendes Argument dafür, dass die Quantentheorie *keineswegs* nur in der submikroskopischen Unterwelt von Belang ist.

10.6 Die Quantentheorie ist nicht ‚realistisch', aber wahr

Es ist nicht verwunderlich, dass mit der Quanten-Ontologie auch eine einschneidende Änderung im epistemischen Verständnis der Naturwissenschaft verbunden ist.
Die neuzeitliche Naturwissenschaft machte sich auf den Weg, die 'Realität', bzw. die 'Natur' wie eine terra incognita systematisch zu erkunden und gleichsam zu kartographieren, d.h. einen Wissens-Atlas der ‚Natur' zu zeichnen, der immer genauer zu werden versprach.
Die eindrucksvollen Erfolge der mathematisch formulierten klassischen Physik führten zu der bis heute ungebrochenen Überzeugung, dass dieses Abbild sogar mathematisch gezeichnet werden kann. Das wurde die Aufgabe der theoretischen Physik. Ihre Gleichungen sollen mit deren Lösungen ein homomorphes (gleichgestaltiges) Abbild des Urbildes, nämlich der 'Realität' sein. Das ist die Forderung, dass die Theorie *realistisch* sein soll. Einstein drückte sie so aus:

---

64 Die Irreversibilität der *realen* Zeit hängt eng zusammen mit dem 2. Hauptsatz der Thermodynamik, wonach die Entropie S – ein Maß für die Unordnung – in einem abgeschlossenen System nicht abnehmen kann und das, obwohl, wie gesagt, wegen der Invarianz aller Bewegungsgleichungen der klassischen Physik gegen Zeitumkehr alle molekularen Bewegungen komplett umkehrbar sind. In scheinbarem Widerspruch dazu konnte Ludwig Boltzmann 1872 mit Hilfe einer Verteilungsfunktion als Lösung seiner Boltzmann-Gleichung eine Größe H definieren, die tatsächlich diese Eigenschaft hat. Das gelang aber nur, weil er in den sog. Stoßterm seiner Gleichung einen über die klassische Mechanik hinausgehenden Stoßzahlansatz hineinsteckte.

Jedes Element der 'Realität muss in einer vollständigen Theorie seine umkehrbar eindeutige Entsprechung haben.

Die Quantentheorie ist in diesem Sinne nicht realistisch, denn sie erfüllt diese Forderung nicht. Ihr primärer Gegenstand ist die Wellenfunktion, d.h. die Potentialität, die – weil nicht messbar – nicht 'real' ist und daher *gar keine* abbildhafte Entsprechung in der Realität hat. Die Realität wird ja, wie oben gezeigt, durch Mess- bzw. Dekohärenz-Prozesse überhaupt erst erzeugt, und das in nicht eindeutiger und nicht deterministischer Weise. Sie kann also gar nicht Urbild im klassischen Sinne sein.
Das ist überaus verstörend für die überkommene „abbildende, widerspiegelnde" Auffassung von Wissen und Erkenntnis, an der Einstein festhielt. Er vermutete deshalb, dass es Elemente der Realität gibt – verborgene Parameter genannt –,die die Quantentheorie nicht erfasst, so dass sie unvollständig ist und deshalb kein eindeutiges Abbild der objektiven 'Realität' abgeben kann. Wie in Abschnitt 10.4 schon dargestellt, brachte er diesen Einwand zusammen mit Podolski und Rosen in dem berühmten EPR-Gedanken-Experiment auf den Punkt. Dessen experimentelle Realisierung verletzte aber, wie schon gesagt, die Bellsche Ungleichung und gab nicht ihm, sondern der Quantentheorie recht, sodass man sagen kann:

Die Quantentheorie ist nicht realistisch, aber wahr.

Wahr ist sie, solange sie nicht im Sinne Poppers durch ihr widersprechende Experimente falsifiziert ist. Sie handelt ja ausdrücklich nicht von der *an sich seienden,* sondern von der *beobachteten* Natur. bisher stimmen alle Messungen gemäß der Born-Neumann-Relation (#) mit der Quantentheorie überein.
Seit langem weiß man, dass sich die Beobachtung aus der Quantentheorie nicht eliminieren lässt, wie es der 'Natur'-Wissenschaftler so gerne hätte. Aber hatte nicht schon Immanuel Kant lange vor der Quantentheorie erhellt, dass wir das 'Ding an sich' gar nicht erkennen können?

11. Die epistemische und die ontologische Doppelstruktur der Wirklichkeit

Die Quanten-Ontologie lehrt uns, wie gesagt, dass die Wirklichkeit eine Doppelstruktur aus Realität und Potentialität hat. Im Kap. 8.1 hatten wir, ausgehend von der Definition, die Wirklichkeit sei alles, was wir *erfahren* können, auf eher epistemischem Wege ebenfalls erkannt, dass die Wirklichkeit eine Doppelstruktur hat, nämlich eine aus Fakten- und Beziehungswirklichkeit. Damit erhebt sich die Frage, was die beiden Perspektiven auf ein und dieselbe Wirklichkeit mit einander zu tun haben.
Zunächst ist klar, dass Faktenwirklichkeit und Realität begrifflich sogar identisch sind, wie in Kap. 7 gezeigt wurde. Wäre die Wirklichkeit eine *Menge* von Elementen mit zwei Teilmengen im mathematischen Sinne, dann müssten wegen der begrifflichen Identität von Realität und Faktenwirklichkeit auch Potentialität und Beziehungswirklichkeit identisch sein. Aber das ist so nicht der Fall, eben weil die Wirklichkeit natürlich nicht als eine Menge von Elementen im mathematischen Sinne angesehen werden kann. Dennoch haben quantenphysikalische Potentialität und Beziehungswirklichkeit viel miteinander zu tun, denn erstere ist eine notwendige Bedingung für die Möglichkeit von letzterer.
In Kapitel 8.1 hatten wir gesehen, dass sich Beziehungswirklichkeit ereignet, wenn *Informationen* zwischen 'Sender' und 'Empfänger' ausgetauscht werden, was im Leben ständig auf allen vier Ebenen seiner Autopoiese geschieht, solange Leben lebt. Dabei ist es wichtig, dass Information codierte *Bedeutung* ist und daher ebenfalls eine Doppelstruktur hat, eine Doppelstruktur aus materiellem Code und immaterieller Bedeutung. Beziehung wird dabei durch die Bedeutung gestiftet, wenn sie von Sender und Empfänger *verstanden*, d.h. in Sinnzusammenhänge eingeordnet wird. Bedeutung kann nicht gemessen werden und ist nicht faktisch. Sie muss *verstanden* werden, um zu wirken, d.h. wirklich zu werden. In der *Realität* kommt nur der messbare Code vor, nicht aber die unbeobachtbare Bedeutung. Sie hat dort keinen Platz, wohl aber in der nicht messbaren, aber dennoch wirklichen Potentialität, denn Bedeutung ist *potentielle* Information. Bedeutung wird Information, wenn sie faktifiziert, d.h. codiert wird. Weil Beziehungswirklichkeit Lebenswirklichkeit ist, findet die *erstmalige* Codierung von *neuen* Bedeutungen als Informationen im Leben und nur im Leben statt. Wie das geschieht, ist durchaus geheimnisvoll, denn es geschieht an der Grenze der 'Realität', zu der zwar der Code, nicht aber die Bedeutung gehört, die

deshalb nicht Gegenstand von Naturwissenschaft sein kann. In Frage kommt nur der „Messprozess“ (Fußnote 44), der die Brücke zwischen Potentialität und Realität schlägt . Wie er das tun kann, liegt noch im Dunkel. So ist noch nicht einmal die Frage gelöst , wie der genetische Code überhaupt entstanden ist. Sind Informationen erst einmal codiert, dann können sie durch *Daten*-Verarbeitung in Lebensprozessen mannigfach umcodiert werden. Bislang wird mit dem Begriff Information im Gefolge der der Shannonschen Informatik meist unsorgfältig umgegangen, indem man deren semantischen Aspekt, d.h. ihre *Bedeutung,* weitgehend ignoriert. Man spricht dann von *Informations*-Verarbeitung, wo eigentlich nur geistlose Daten-Verarbeitung geschieht. Dazu gehört auch Mustererkennung durch neuronale Netze. Weil diese sich nach dem Muster von „Versuch und Irrtum“ (trial and error) *algorithmisch* adaptieren und optimieren lassen, nennt man das „Lernen“ und suggestiv auch gleich „intelligent“, ein Attribut, mit dem man auch sonst freigebig und werbewirksam umgeht, und schon hat man „künstliche Intelligenz“ (KI).

Die Verwendung der Worte 'Lernen' und 'Intelligenz' in diesem Zusammenhang ist fragwürdig, weil sie im menschlichen Zusammenleben entstanden sind und – höchstens auf Haustiere erweitert – angewendet wurden, wenn und weil es sich um mit *Bewusstsein* begabte Wesen in lebendiger Beziehung handelte. Bei der üblich gewordenen Übertragung dieser Worte auf technische Systeme wird missachtet, dass eine wirkliche *Beziehung* zwischen Sender und Empfänger von Information erst dann entsteht, wenn deren Bedeutung von beiden *verstanden* wird. Verstehen aber ist kein geistloser Prozess, wie er etwa durch künstliche Intelligenz (KI) geleistet werden könnte. Verst*ehen* ist zuerst decodieren der Information und dann Einordnen in Sinnzusammenhänge. welches ein *geistiger* Vorgang ist, den KI <u>nicht</u> leisten kann, weil dazu Bewusstsein erforderlich ist[65].

Das lässt sich nachvollziehen, wenn man an das Lesen eines Textes denkt: Decodieren heißt hier, den optisch wahrgenommenen Buchstaben – dem Code – im „Geiste“ Worte einer Sprache zuzuordnen. Versteht man die Sprache, dann kann man deren *Bedeutung* durch Assoziation mit

65 Welche Begriffsverwirrung durch diese Übertragung entstehen kann, zeigt eine repräsentative Umfrage des Allensbach-Institutes Dez. 2019 im Auftrag der Gesellschaft für Informatik im Rahmen des Förderprojekts #KI50 des BMBF. Danach gaben 20% der Befragten an, dass sie sich eine Liebesbeziehung zwischen einer KI und einem Menschen vorstellen können.

Gedächtnisinhalten erkennen. Wirklich *verstanden* hat man den Text aber erst, wenn sich die erkannten Bedeutungen in einen ebenfalls ins Bewusstsein gerufenen möglichen *Sinnzusammenhang* einordnen lassen. *Verstehen* ist somit ein *transempirischer* Vorgang, der sich weder extern beobachten noch algorithmisieren lässt. Weil das Einordnen in lebensweltliche Sinnzusammenhänge nicht algorithmisierbar ist, kann eine automatische (geistlose) Übersetzung von einer natürlichen Sprache in eine andere – eine der ersten Versprechen der KI – nur höchst unvollkommen in beschränktem Sprachschatz gelingen.
Dass algorithmische Zuordnungsvorgänge keinerlei *Verstehen* erfordern und auch nicht bewirken können, illustrierte der US-amerikanische Philosoph John Searle (geb. 1932)mit seinem viel zitierten Gedankenexperiment des „chinesischen Zimmers“[66].
Ich habe das Verstehen beschrieben aus meiner ersten-Person-Perspektive als Leser oder Hörer von Texten. Kommunikation geschieht aber in der Beziehungswirklichkeit des Lebens auf viele andere und unermesslich vielfältige Weisen auf allen vier Ebenen seiner Autopoiese (s. Kap. 8.1), ohne vollständig objektivierbar zu sein. Beispielsweise kann kein Mensch wissen, „wie es ist, eine Fledermaus zu sein“, um den Titel eines bekannten Artikels des Philosophen Thomas Nagel (geb. 1937) zu zitieren[67].
Sowohl die *erstmalige* Codierung einer Bedeutung als Information als auch deren Decodierung zum Zweck des *Verstehens* sind Grenzüberschreitungen zwischen Potentialität und Realität und umgekehrt im Wege messprozess-artiger Vorgänge.
Die quanten-ontologische Doppelstruktur der Wirklichkeit aus Potentialität und Realität gibt dem uralten und immer währenden Thema der Philosophie, nämlich dem des Verhältnisses von Materie und Geist,

---

66 Ein Mensch, der als bewusstes Wesen grundsätzlich *verstehen,* aber auch syntaktische Anweisungen zur Zuordnung von chinesischen Schriftzeichen zu Worten zu seiner Sprache befolgen kann, selbst aber kein Wort chinesisch versteht, kann in einem bis auf Schlitze abgeschlossenen Zimmer Zettel mit chinesischen Schriftzeichen, die ihm durch einen der Schlitze gereicht werden, nach den syntaktischen Anweisungen ordnen und durch den anderen Schlitz wieder herausgeben. Ein äußerer chinesisch-kundiger Beobachter, der die geordneten Zettel liest, schließt fälschlich, dass der innere Akteur den Text *verstanden* hat.

67 Thomas Nagel, geb. 1937, *„What is it like to be a bat?“ Philosophical Review. LXXXIII (4): 435–450. Oct 1974.*

Leib und Seele, Körper und Geist ein neues Gesicht:
Realität als die „Summe aller Tatsachen“, Fakten und naturgesetzlichen Sachverhalte, also das, was im Naturalismus 'Natur' heißt, korrespondiert mit der Materie-Kategorie in der philosophischen Tradition seit Leukipp und Demokrit im 5. Jahrhundert. v. Chr.
Potentialität hingegen korrespondiert mit der philosophischen Kategorie 'Geist'. In Abgrenzung zum philosophischen Substanz-Begriff erscheint in der Quanten-Ontologie Potentialität als die Wirklichkeitsform des Geistes, gewissermaßen als das „Medium“ [68] des Geistes derart, dass Geist als semantisch strukturierte Potentialität anzusehen ist. So kann man definieren:

'Geist' ist der Inbegriff aller Bedeutungen.

Die Immaterialität der Potentialität, die ja kein materielles Korrelat hat, zeigt sich auch darin, dass sie prinzipiell nur mathematisch gegeben ist und nur so erfasst werden kann: Es gibt sie nur mathematisch! So zeigt sich die Doppelstruktur der Wirklichkeit auch in der Doppelgestalt der Physik als theoretische und experimentelle Wirklichkeits-Wissenschaft.

---

68 In Ermangelung eines besseren wurde das Wort “Medium” gewählt, obwohl es eine Substanzvorstellung suggeriert, die weder auf ‚Geist’ noch auf ‚Potentialität’ zutrifft.

12. Die Quanten-Ontologie widerspricht der naturalistischen Ontologie

Die naturalistische Ontologie wurde in den Kap. 5 und 7 dargestellt und zusammengefasst in den Grundsätzen
(a) *Alles* ist 'Natur',
und darin geht
(b) *alles* mit rechten Dingen, d.h. naturgesetzlich zu,
so dass
(c) die 'Natur' kausal in sich *geschlossen* ist.

Dabei ist, das sei hier wiederholt, 'Natur' *alles*, was man feststellen, beobachten, messen kann, kurz „die Summe *aller* Tatsachen“ (Fakten), also das, was man unter Realität versteht, denn 'Realität' kommt von lat. *res*, die Sache, das Ding. Wir fassen die Ontologie des Naturalismus hier noch einmal so zusammen:

(+) Die 'Natur' – gleichbedeutend mit 'Realität' – ist die ganze Wirklichkeit alles in allem. Darüber hinaus gibt es nichts, keine wirkenden „übernatürlichen“ Kräfte.

Wie wir in Kap. 10.1 gesehen haben, konnte die Physik zu Beginn des 20. Jh. so fundamentale Fakten der 'Natur' wie die Stabilität der Atome durch elementare Fakten und naturgesetzliche Sachverhalte allein *nicht* erklären. Sie musste nicht messbare, also nach dem Sprachgebrauch des Naturalismus „übernatürliche“ Faktoren wie Wellenfunktionen als *Potentialitäten* zusätzlich einführen. So kam die Physik zur Quanten-Ontologie, die generell feststellt, dass die Realität der messbaren Fakten eben <u>nicht</u> die ganze Wirklichkeit ist, sondern dass die Wirklichkeit eine *duale* Struktur aus Realität und Potentialität hat. Damit *widerspricht* sie der naturalistischen Ontologie, die die Wirklichkeit auf die 'Realität' reduziert und so gleichsam *halbiert.*
Die *logische* Konsequenz aus (+) ist insbesondere der naturalistische *Atheismus,* weil Gott schon begrifflich kein Element der Realität sein kann, denn er ist ja kein Fak*tum* dieser Welt, sondern ihr Fak*tor* (s. Joh. 1,1-3), ist also in der Realität der feststellbaren Dinge nicht vorhanden (s. Joh. 1,18) und nicht zu finden. Da nun aber (+) durch die Quanten-Ontologie gefallen ist, kann man konstatieren:

Das *logische* Fundament des naturalistischen Atheismus ist hinfällig, und der Glaube an Gott erhält wieder den ihm zukommenden logischen

Raum, der ihm zuvor im Namen der (Natur-) Wissenschaft bestritten worden ist.

Es gibt freilich noch ganz andere gewichtige Motive für den Atheismus, die alles andere als hinfällig sind und gegen die hiermit nichts gesagt ist. Ebenso ist die Falsifikation von (+) *kein Beweis* für den Theismus. Es bleibt dabei: Gott kann man nicht „beweisen“, schon deshalb nicht, weil jeder Gottes-“Beweis“ begrifflich inkonsistent wäre. Er wäre inkonsistent, weil es keinen Beweis ohne Voraussetzung gibt. Gott aber ist denknotwendig Voraussetzung für alles. Man müsste also voraussetzen, was man beweisen will.

Einzuräumen ist jedoch, dass Bernd Vowinkel[31], Verfechter und Vordenker des Naturalismus, als Physiker sehr wohl erkennt: „Die Quantentheorie zeigt allerdings, dass die *materielle* Welt bei kleinen Dimensionen als aus Wahrscheinlichkeitswellen zusammengesetzt *gedacht* werden muss“ (Fußnote 31, S. 89, Hervorhebungen von mir). Er inkorporiert damit die *immaterielle* Potentialität mir nichts dir nichts in die *materielle* Welt der Realität, obwohl er auf Seite 99 des in Fußnote 31 genannten Buches anerkennen muss:

> „Den in der mathematischen Formulierung verwendeten Wahrscheinlichkeitswellen wird keine unmittelbare Realität zugeordnet, sie haben lediglich Vorhersagecharakter in Bezug auf Messergebnisse. Bei der Messung bricht sozusagen die Wahrscheinlichkeitswelle zusammen, und es erscheint ein *realer* Messwert.“

Das ist das, was in Fußnote 44 genauer dargestellt wird: Die Wahrscheinlichkeits-Welle (Potentialität) ist dann nicht etwa „weg“, wie man denken könnte, sondern sie wird auf Grund des durch die Messung gewonnenen neuen *Wissens* geändert, gleichsam präzisiert. Hier zeigt sich, was in Kapitel 10.6 schon gesagt wurde, nämlich dass sich die Rolle des Beobachters mit seinem *Wissen* nicht eliminieren lässt und dass die Quantentheorie nicht die *an sich seiende* 'Natur' beschreibt, sondern die *beobachtete.*

Wenn Vowinkel (Fußnote 31, S. 98) schreibt: „Man könnte auch sagen, dass erst durch die Messung aus Wahrscheinlichkeiten Realität wird“, dann erkennt er ganz im Sinne des vorliegenden Buches an, dass Wahrscheinlichkeiten, d.h. Potentialitäten, wirklich, aber als solche nicht real sind, denn sie werden ja erst zu Realität so, wie es in Fußnote 44 beschrieben ist. Die Materialität der 'Realität' ist, so kann man sagen, die durch *Dekohärenz* aus immaterieller Potentialität entstehende, beobachtbare Dinglichkeit derselben. Hans-Peter Dürr hat dies anschaulich so ausgedrückt[69]: „Materie erscheint erst sekundär gewissermaßen als geronnene Potentialität, als geronnene Gestalt".

12.1 Der Albtraum des Jean Paul verliert seinen Grund

Als Jean Paul Ende des 18. Jahrhunderts, wie er selbst schreibt (s. Zitat Kap. 2), „zum ersten mal das atheistische Lehrgebäude" betrat", empfand er „erstickenden …giftigen Dampf", der ihn zu jenem Albtraum veranlasst haben mag, den er im „ersten Blumenstück" seines Romans „Siebenkäs" berichtet (s. Kap. 2). Aber nun ist, wie ich dargestellt habe, das logische Fundament dieses Lehrgebäudes durch die Quanten-Ontologie hinfällig geworden. Als hätte er dies vorhergesehen, schreibt er am Ende seiner Albtraumvision:

> „Ein unermesslich ausgedehnter Glockenhammer sollte die letzte Stunde der Zeit schlagen und das Weltgebäude zersplittern...als ich erwachte. Meine Seele weinte vor Freude, dass sie wieder Gott anbeten konnte – und die Freude und das Weinen und der Glaube an ihn waren das Gebet."

Im Folgenden möchte ich in nüchterneren Worten darstellen, wieso im Lichte der Quanten-Ontologie Anbetung Gottes wieder möglich ist. Das heißt zuerst, der naturalistischen These Ansgar Beckermanns [29]:

„Der Mensch ist eine biologische Maschine,
eine Seele ist da nicht",

zu widersprechen, weil eine seelenlose „Maschine" Gott natürlich nicht anbeten kann.

69 Hans-Peter Dürr: Unbelebte und belebte Materie: Ordnungsstrukturen immaterieller Beziehungen - Physikalische Wurzeln des Lebens, Global Challenges Network 2003 S.4

13. Die Doppelgestalt des Menschen als Leib und Seele

Wohl jeder Mensch versteht sich als Subjekt, das 'ich' sagt und einen freien Willen hat, mit dem er oder sie über *seinen* bzw. *ihren* Körper verfügen kann, um dies oder das zu tun. So wird der *Körper* dann zum Objekt des 'Ich', obwohl es doch zugleich dieses Objekt selbst ist, das sagt: ich *habe* einen Körper, ich *habe* ihn mehr als alles andere. Diese *Einheit in Zweiheit* aus Subjekt und Selbst-Objekt ist das, was wir unter der Person bzw. dem Selbst des Menschen verstehen, dem nach Artikel 1 des Grundgesetzes eine unveräußerliche Würde zukommt im Unterschied zu allen Sachen.

Die primäre Erfahrung des Ich aber ist es, Instanz, auch Subjekt genannt, des sich seiner selbst bewussten, reflektierenden Denkens und selbstbestimmten Handelns zu sein. Für Descartes war dies die unmittelbare und einzig unbezweifelbare Gewissheit des *cogito ergo sum*, auf die er seine Philosophie gründete, indem er, wie jeder weiß, daraus die *dualistische* Ontologie der *res cogitans* und der *res extensa*, also die von Geist und Materie ableitete.

In der Geistesgeschichte, sowohl in der religiösen als auch der philosophischen, hatte und hat man für diese Ich-Instanz der *res cogitans* den heute umstrittenen – um nicht zusagen verpönten – Begriff *Seele.*

13.1 Zum Begriff der Seele und Vorstellungen von ihr

Ein Lexikon[70] definiert 'Seele' als

> „Inbegriff der unkörperlichen Wesensform und der Verhaltensweisen des Menschen," und im übertragenen Sinne als „Quelle der Innerlichkeit."

Man hielt die Seele – so heißt es dort weiter –

> „offenbar für ein im Körper wohnendes Lebewesen aus einer Art dünner Materie, das den Leib verlassen und in einen anderen Leib hineingehen kann (Seelenwanderung)".

Bei einigen griechischen Denkern (Plato) habe sich die Auffassung durchgesetzt,

> „dass die vernunftbegabte Seele des Menschen (anima rationalis) eine unstoffliche, unvergängliche Substanz von göttlicher Herkunft sei und das Wesen des Menschen ausmache."

Die heutige, meist naturalistisch geprägte Kritik am Seelenbegriff kommt zum Ausdruck in dem Buch „Seele oder Programm" der Neurobiologen

70 Bertelsmann-Lexikon Band 20, Stuttgart 1997

Gerald Wolf und Jörg Hess[71], wo es heißt:

> „Der Begriff ‚Seele', ein Produkt menschlichen Geistes, eignete sich so recht zur Vernebelung desselben. In dieser Nebelhaftigkeit hat der Seelenbegriff in manchen Hirnen noch heute seine Altäre. Aber auch mit seiner wissenschaftlichen Definition liegt es im Argen. Im allgemeinsten Sinne wurde die Seele zumeist als eine Art unstoffliches Bindemittel verstanden, das die Teile eines Organismus zu einem lebensfähigen Ganzen vereinheitlicht. Stirbt der Organismus, so schien es naheliegend, dass dies eben der Seele zuzuschreiben ist, die aus ihm entschwindet."

Und an anderer Stelle in diesem Zusammenhang heißt es in diesem Buch:

> „So sehr man diese Seele suchte und so oft man sich Betrachtungen über ihre Natur hingab, nie konnte man ihrer wirklich habhaft werden."

Nicht zuletzt deshalb wird die mit dem Wort 'Seele' gemeinte Wirklichkeit als eine eigene Wirklichkeit heute bestritten. So beginnt Francis Crick, Nobelpreisträger und Mitentdecker der Doppelhelix-Struktur des Erbmoleküls DNA, sein Buch „Was die Seele wirklich ist" [72] mit der von ihm so genannten „erstaunlichen Hypothese":

> „Bei unserem Sinn für Identität und Willensfreiheit …handelt es sich in Wirklichkeit nur um das Verhalten einer riesigen Ansammlung von Nervenzellen und dazugehörigen Molekülen."

Auch der Bremer Hirnforscher Gerhard Roth vertritt diesen Standpunkt, der schon im Titel seines Buches „Wie das Gehirn die Seele macht" zum Ausdruck kommt[73].

Demnach käme der Seele eine eigene Wirklichkeit nicht zu. Sie sei lediglich Begleiterscheinung (Epihänomen) der neuroelektrischen Vorgänge im Neuronennetzwerk der Großhirnrinde. Das ist ganz und gar die Position des Naturalismus, wie sie in dem in Kap. 7 angeführten Zitat von Martin Neukamm [30] zum Ausdruck kommt. Noch direkter sagt es der bereits zitierte Naturalist Ansgar Beckermann [29] mit seinem Maschinen-Diktum.

Wäre es so, dann wäre die Frage: <u>was</u> ist die Seele?, die Francis Crick zu beantworten verspricht, angemessen und ausreichend. Nun ist aber die Seele nach allgemeinem Verständnis der Kern der *personalen* Existenz des Menschen, und in unserer Sprache fragt man nach Personen: <u>wer</u> ist dieser

---

71 Gerald Wolf, Jörg Hess, Seele oder Programm, Urania-Verlag Leipzig 1983

72 Francis Crick, Was die Seele wirklich ist - die naturwissenschaftliche Erforschung des Bewusstseins, rororo Sachbuch 1997

73 Gerhard Roth, Nicole Strüber Wie das Gehirn die Seele macht, Klett-Cotta, 2. Aufl. 2019

oder jener? Angemessen ist daher für die Wirklichkeit der Seele nur die Doppelfrage

wer *und* was ist die Seele?

Es liegt auf der Hand, dass diese Doppelfrage nunmehr im Rahmen der Doppelstruktur der Wirklichkeit, wie sie die Quanten-Ontologie lehrt, neu zu beantworten ist.

13.2 Die Wirklichkeit der Seele im Licht der Quanten-Ontologie

Wie schon bemerkt, wird in wohl allen Sprachen der Welt ein fundamentaler Unterschied zwischen den Fragewörtern wer und was gemacht. Oft ist dies schon der Unterschied zwischen belebt und unbelebt oder zwischen beseelt und seelenlos, immer aber der zwischen personal und dinglich. Darin zeigt sich, dass die Sprachen schon etwas wissen von einer Doppelstruktur der Wirklichkeit, die in der Philosophie von Platon bis Descartes als Dualität von Materie und Geist beschrieben und im besonderen in der menschlichen Existenz als Dualität von Leib und Seele erfahren wird.

Das große Erfolgsrezept der Naturwissenschaften aber war und ist die Zurückführung (Reduktion) von Erscheinungen der Wirklichkeit auf beobachtbare Dinge (Objekte) und Sachverhalte (Naturgesetze). Das ist das, was man „erklären“ nennt. Es entstand der Eindruck, dass auf diese Weise letztlich letztlich *alles* „erklärt“ werden kann, dass also die ganze Wirklichkeit die *Realität* der Dinge und Sachverhalte ist und keine *Doppel*struktur hat, sondern *einfach* nur aus Dingen und Sachverhalten besteht, nach denen mit was? zu fragen ist. Das entspricht ganz und gar der Ontologie des Naturalismus, wie sie in den Kapiteln 6 und 7 dargestellt ist.

Nach herkömmlichem Verständnis ist die Seele nun aber weder ein Ding noch ein Sachverhalt, weshalb viele Zeitgenossen, besonders Biologen und Neurobiologen im Sinne des Naturalismus geneigt sind, der Seele eine *eigene* Wirklichkeit abzusprechen und mit Francis Crick, wie schon gesagt, zu behaupten: Die Seele ist *nichts weiter als* die (introspektive) Begleiterscheinung neuronaler Prozesse.

Die unterschiedlichen Auffassungen über die Wirklichkeit der Seele kann man in zwei anscheinend nicht sehr, tatsächlich aber doch wesentlich verschiedene Aussagen kleiden. Sie lauten:

- Die Seele eines Menschen wird repräsentiert durch sein Gehirn.
- Die Seele eines Menschen stellt sich dar durch ein Gehirn.

Der erste Satz gesteht in seiner passiven Verbform der Seele keine eigene Wirklichkeit zu, wie es die monistische Ontologie des Naturalismus vorsieht. Er betrachtet die Seele als passive Begleiterscheinung (Epiphänomen) der Hirntätigkeit etwa so wie die Musik, die von einer sie „repräsentierenden" Schallplatte im Plattenspieler erzeugt wird.
Der zweite Satz aber hat eine aktive Verbform und billigt der Seele damit eine eigene Wirklichkeit zu, in der sie aber angewiesen ist auf das ihr zugehörige Gehirn, um darin zu codieren, was sie sagen und tun will. Er setzt somit eine doppelt strukturierte Wirklichkeit voraus, in der es zu einer *ontologischen Umkehr* kommt, die ich im Kap. 10.3 konstatiert habe: Die Abhängigkeit ist nun umgekehrt, wenn man *annimmt:*

(##) Die Seele eines Menschen ist die in seinem Gehirn wirkende kohärente Potentialität.

Dann ist die Seele gleichsam die Pianistin, das Gehirn ihr Piano.
Der allererste kopfschüttelnde Einwand gegen diese These ist, das Gehirn sei doch beileibe kein Quantenobjekt, sondern mit all seinen 10^{11} Neuronen dinglich dekohärent und entsprechend beobachtbar, also ganz und gar ein Objekt klassischer Physik.
Für das materielle Gebilde des Gehirns ist das zweifellos richtig, gilt aber nicht für seinen *bewussten Zustand.*

13.21 Die Quanten-Hypothese (QH) für das Bewusstsein

Die These (##) beruht auf der Annahme, dass das so außerordentliche Bewusstseinsphänomen, das sich bislang jeder Erklärung im o. g. Sinne entzieht, mit einem ebenso außerordentlichen Zustand verbunden sein müsse, wie es nur ein makroskopischer Quantenzustand sein kann. Diese Annahme wird von einer anscheinend zunehmenden Zahl von Wissenschaftlern geteilt, während sie von den Neurobiologen mehrheitlich abgelehnt wird.
Die Präferenz für die Quantentheorie beginnt schon mit der unbestreitbaren Tatsache, dass diese – anders als die klassische Physik – nur mit Bezug auf einen *Beobachter* formuliert werden kann, denn sie handelt von der *beobachteten*, nicht von der *an sich seienden* Natur, wie es schon in dem Zitat von Heisenberg zum Ausdruck kommt, das ich diesem Buch vorangestellt habe. Beispielsweise entscheidet *mögliches* Wissen, wie man es in einem Experiment gewinnen *könnte*, darüber, ob Kohärenz und damit Interferenz auftritt oder nicht. Darüber hinaus kommen durch das Superpositionsprinzip (s. Kap. 10.1), das die sog. *Verschränkung* von Tei-

len eines Ganzen zur Folge hat, ganz andere und stärkere Teile-Ganzes-Beziehungen zum Tragen, als sie in der klassischen Physik möglich sind. So werden *Kohärenzen* und *Nichtlokalitäten* erklärbar, die bei der Hirntätigkeit beobachtet werden.

Zunächst möchte ich ein ganz allgemeines Argument für die Relevanz der Quantentheorie bzw. der in ihr enthaltenen Quanten-Ontologie für Bewusstsein und Seele anführen:

So schwer es ist zu sagen, was Bewusstsein überhaupt ist, das eine aber wird man sagen können:

Bewusstsein ist ein Sein, dass *weiß,* dass es ist.

Ähnlich sagt es der Neurowissenschaftler Antonio Damasio (geb. 1944):

„Bewusstsein ist ein Geisteszustand, in dem man Kenntnis von der eigenen Existenz und der Existenz einer Umgebung hat."

Das heißt allgemein: Bewusstsein *kann wissen,* auch, dass es gestern schon war, morgen noch sein wird und sterben muss.

Wissen, dass ... aber ist eine *zwei*stellige Angelegenheit. Die eine Stelle, das 'dass', bezeichnet einen Sachverhalt, also ein Element der Realität. Die andere Stelle, das Wissen, aber ist propositional, d.h. sie hat den kategorialen Status einer *Information,* also einer codierten immateriellen *Bedeutung,* die – wie wir in Kap. 8.1 schon gesehen haben – *nicht* mit einem bestimmten materiellen Code identifiziert werden kann.

Zur Bestimmung dessen, was Bewusstsein ist, gehört aber auch, dass Bewusstsein überhaupt autonom etwas *kann und etwas will,* im Gegensatz zu einem Computer[74].

Weiter kann man sagen, dass Bewusstsein ein *Verhältnis* ist, nämlich eine reflexive *Beziehung zu sich selbst.* Seine Wirklichkeit ist also auch Beziehungswirklichkeit, von der wir in Kap. 11 gezeigt haben, dass Quanten Potentialität notwendige Bedingung für die Möglichkeit von Beziehungen überhaupt ist. Nur im Rahmen der *dualen* Quanten-Ontologie ist also Reflexivität denkbar.

Was Bewusstsein ist, kann also in der „flachen" Ontologie des

74 Die naturalistisch gesonnene Neurobiologie aber kann nicht anders, als das Bewusstsein auf ein *neuronales Korrelat* kausal zurückführen (reduzieren) zu wollen. Es ist klar, dass sich dazu die Computer-Analogie geradezu anbietet. Hier aber klafft eine *Erklärungslücke,* die von dem australischen Philosophen David Chalmers (geb. 1966) „the hard problem of the philosophy of mind" genannt wurde: Es lautet in meinen Worten: Wie kann aus materiellen (d.h.'natürlichen') Prozessen im Gehirn Immaterielles wie Empfindungen (die sog. Qualia) oder gar Bedeutungen „emergieren"?

Naturalismus nicht einmal zureichend gedacht werden, wohl aber in der *dualen* Quanten-Ontologie, wie es die These (##) ausdrückt, die auch besagt, dass das Bewusstsein als *Potentialität* mit ihrer zeitübergreifenden Wirklichkeit (s. Ende von Kap. 10.3) überhaupt autonom *Intentionen* haben und für die Zukunft etwas *wollen* kann.
Somit gibt es gute Gründe, zum Verständnis des Bewusstseinsphänomens sich nicht auf Konzepte im Rahmen der klassischen Physik zu beschränken, wie es die konventionelle Neurobiologie mehrheitlich tut.
Für die lebhaft diskutierte Quantenhypothese (QH) gibt es zumindest vier Konzepte, die mit den Namen Henry Stapp (1), mit Roger Penrose und Stuart Hameroff (2), mit Friedrich Beck und John C, Eccles (3) sowie mit Hiroomi Umezawa, Herbert Fröhlich. Giuseppe Vitiello et al. (4) verbunden sind. Das zweite dieser Konzepte haben die Autoren „OrchOr"-Hypothese (für Orchestrated Objective Reduction) genannt, während das vierte Quantum Brain Dynamics (QBD) genannt wird.
Eine fünfte, sehr interessante Idee kommt hinzu, die aber noch nicht Konzept genannt werden kann. Sie wurde von Matthew Fisher geäußert und betrifft den Kernspin von Phosphor-Atomen als Kandidaten für Quantenbits[75] (Qubits) und deren mögliche *Verschränkung*, die stabil gegen Dekohärenz sein könnte. Diese Konzepte seien nun kurz dargestellt:

13.21.1 Henry Stapp,

(geb. 1928) ist ein US-amerikanischer Physiker, der nach seiner Promotion ab 1958 als Post-Doktorand bei Wolfgang Pauli in Zürich und dann bei Werner Heisenberg in München gearbeitet hat. Er machte sich die Interpretation Heisenbergs zu eigen, wonach die Quantenmechanik mehr ist als lediglich ein Satz von Rechenvorschriften, sondern eine tiefe *ontologische* Bedeutung hat so, wie es im Kap. 10.3 dargestellt wurde. Dazu verweise ich noch einmal auf das Heisenberg-Zitat, das ich diesem Buch als Leitwort vorangestellt habe. Angeregt durch die weitergehende Interpretationsfrage, welche Rolle der *bewussten* Wahrnehmung eines Beobachters bei der experimentellen Faktifizierung von Potentialität zukommt, befasste und befasst sich Stapp mit der hier in Rede stehenden Bedeutung der Quantentheorie für das Verständnis des Bewusstseins-Phänomens.
Er sieht das Weltgeschehen einschließlich dessen, was in unseren Köpfen vorgeht, als ein Ineinander dreier Prozesse, die er Schrödinger-, Dirac-

75 Qubits (Quantenbits) sind ‚Zustände' (d.h. 2-komponentige Vektoren) in einem 2-dim. komplexen Vektorraum.

und Heisenberg-Prozess nennt. Der erste ist die (reversible) unitäre Zeitabhängigkeit des Zustandsvektors ψ, wie sie die Schrödinger-Gleichung (*) beschreibt. Der zweite ereignet sich bei „Messprozessen" als sog. „Kollaps" der jeweiligen Wellenfunktion, bei dem ψ auf die Komponente projiziert wird, die zu dem gemessenen Eigenwert der betreffenden Observablen gehört (Fußnote 44). Die beiden ersten, der Schrödinger- und der Dirac- Prozess wurden bereits im Kap. 10.5 als die duale Zeitabhängigkeit in der Quantentheorie betrachtet.
Im Weltgeschehen, von dem die Naturalisten *glauben*, es sei vollständig naturgesetzlich determiniert, ereignen sich aber drittens in der belebten Natur dennoch unentwegt freie Entscheidungen *bewusster* Lebewesen in ihrem jeweiligen „brain-mind"-System (sehr besonders dann, wenn Experimentatoren *entscheiden*, *welche* Observablen sie messen wollen). Die nennt er „Heisenberg-Prozesse". Sie ereignen sich nach Stapp bei bewussten Akten im Gehirn. Sie kommen zustande in einem sich selbst organisierenden System, das eine gewisse Hierarchie von Entscheidungsebenen ausbildet, unter denen es eine Art Abwärts-Verursachung („top-down-causation") gibt. Der von ihm so genannte „top-level-code" kann dabei identifiziert werden mit dem, was die These (##) sagen will. Auf diese Weise entgeht Stapp der Kritik, die an dem frühen Versuch Pascual Jordans (1902-1980) geübt worden ist, den freien Willen des Menschen auf die Unvorhersagbarkeit mikroskopischer Quantenprozesse mit Hilfe seiner hypothetischen „Verstärkertheorie" zurückzuführen, weil er dann der willkürlichen Zufälligkeit solcher Prozesse ausgeliefert wäre.
Stapp nimmt aber kaum Bezug zu konkreten anatomischen Gegebenheiten des Gehirns. Das ist anders bei den Überlegungen von Roger Penrose und Stuart Hameroff [76]:

13.21.2 Die „Orch-Or"-Hypothese

Der Mathematiker, Physiker und Nobelpreisträger Roger Penrose (geb. 1931) schloss aus den von Kurt Gödel 1931 bewiesenen Unvollständigkeitssätzen, die besagen, dass „nicht jeder Satz eines mathematischen Systems aus seinen Axiomen formal (d.h. algorithmisch) abgeleitet oder widerlegt werden kann" (Wikipedia), während menschliches – informelles – Denken bereits diesen Satz über *formal*

76 Stuart Hameroff, Roger Penrose, „Consciousness in the Universe – A Review of the 'OrchOR' theory", Physics of Life Reviews 11 (2014), 39-78

Unbeweisbares *un*formal, d.h. *intelligent,* doch beweisen konnte. Daraus ist zu schließen, dass eben dieses menschliche Denken nicht algorithmisch *funktioniert,* also nicht *berechenbar ist,* so dass man von 'funktionieren' nicht sprechen könnte, sondern anders arbeitet, nämlich *genuin* begrifflich d.h. *geistig*. Gehorchte es der *klassischen* Physik, so *wäre* es berechenbar, und der „geistige" Aspekt wäre epiphänomenale (wirkungslose) Begleitmusik. Daraus leitete er ab, dass die Quantenphysik mit ihrem *nicht berechenbaren* sog. Kollaps der Wellenfunktion (Kap. 10.1 u.Fußnote 44) herangezogen werden muss, um menschliches Denken und mit ihm das so rätselhafte Bewusstseinsphänomen zu verstehen. Auch der Hirnforscher und Anästhesist Stuart Hameroff (geb. 1947) war zu diesem Schluss gekommen.

Vor etwa 30 Jahren begannen beide, intensiv zusammenzuarbeiten. Hameroff trug die Idee bei, dass die *Mikrotubuli,* feine aus Proteinmolekülen, den sog. *Tubulinen,* gebildete Nanoröhren, die das Cytoskelett (nicht nur) von Nervenzellen bilden, der Ort kohärenter Quantenprozesse sein könnte. Im Ergebnis ihrer Zusammenarbeit stellten sie die von ihnen so genannte OrchOr-Hypothese für das Zustandekommen des Bewusstseins auf, wobei das Akronym „OrchOr" für Orchestrated Objective Reduktion steht.

Mit orchestrierter objektiver Reduktion ist gemeint, dass der Bewusstseinsprozess – das Wahrnehmen und Denken also – eine durch Quantenkohärenz orchestrierte, fortlaufende Folge von messprozessartigen Faktifizierungen von Potentialitäten des Gehirns ist. Es wird vermutet, dass sich bewusstes Erleben aus einer Folge von Bewusstseins-Augenblicken zusammensetzt so, wie Filmaufnahmen aus einer hinreichend schnellen Folge von Einzelaufnahmen bestehen, die bei der Wahrnehmung zu einer scheinbar kontinuierlichen Darstellung verschmelzen[77]. Der Augenblick, die „objektive Reduktion", soll dabei durch feinste Kopplung jeden Geschehens an die Raumzeit-Struktur im Sinne der *Quanten-Gravitation* erfolgen, denn die Raumzeit – und das ist ein vermutender Vorgriff auf die noch gar nicht entwickelte Theorie der Quanten-Gravitation – verträgt quantenmechanische Überlagerungen verschiedener potentieller Raumkrümmungen nur für eine Zeit $\tau = \hbar / E_G$, wobei die Diosi-Penrose-Energie E_G die gravitative Energie potentieller

77 Die winzigen unbewussten Augenbewegungen, die wir bei bewusstem Sehen machen, um einen Gegenstand des Interesses zu fixieren, die sog. Saccaden, könnten damit zusammenhängen.

Massendifferenzen bei einer quantenmechanischen Überlagerung ist [78]. Roger Penrose bringt diese Zeit τ schließlich in Zusammenhang mit den γ-Wellen im EEG, einer 40 Hz-Frequenz, die die Neurobiologie mit bildgebenden Verfahren bei Synchronisationsleistungen des Gehirns beobachtet hat.

Während sich die OrchOr-Hypothese auf die ursprüngliche Schrödinger-Heisenberg-Quantentheorie stützt, wie ich sie in Kap. 10.1 beschrieben habe, macht die Quanten-Hirn Dynamik (QBD) von Konzepten der Quanten-Feldtheorie (s. Kap. 10.2) Gebrauch:

13.21.3 Quantum Brain Dynamics (QBD)

Dieses Konzept wurde 1967 von Hiroomi Umezawa (1924-1995) und Luigi M. Ricciardi [79] angeregt, im Gespräch mit Herbert Fröhlich (1905-1991) entwickelt und weiter ausgearbeitet von Giuseppe Vitiello, Mari Jibu, Kunio Yasue u. a.

Umezawa und Ricciardi vollzogen einen Perspektivenwechsel. Während ihr Institutskollege Caianiello (1921-1993) am "Istituto di Fisica Teorica" der Universität Neapel in seinem 1961 erschienen Artikel „Outline of a theory of thought processes and thinking machines" [80] die bis heute dominierende aufwärts-(„bottom-up")- Perspektive auf Neuronen mit ihren synaptischen Verknüpfungen einnahm, lenkten sie den Blick auf übergreifende dynamische Ordnungsprozesse, was eher einer „top-down"-Perspektive entspricht. Der genannte Artikel hatte Caianiello zu einem der Pioniere der Theorie neuronaler Netze (Wikipedia) gemacht. Lernfähige künstliche neuronale Netze (KNN) sind heute das beherrschende Paradigma der Neuroinformatik und der sog. Künstlichen Intelligenz (KI)[81].

---

78 Die Diosi-Penrose-Energie ist mit den Gravitationspotentialen ϕ und den überlagerten Massendichten ρ gegeben durch
$E_G = (1/2)\int d^3r(\rho_2(\mathbf{r})-\rho_1(\mathbf{r}))\ (\Phi_2(\mathbf{r})-\Phi_1(\mathbf{r}))$.

79 L. M. Ricciardi, H. Umezawa, Brain and Physics of Many-Body Problems, Kybernetik 4, 44-48 (1967)

80 Eduardo Caianiello, Outline of a theory of thought processes and thinking machines, Journal of Theoretical Biology 1, 209-235 (1961)

81 Künstliche neuronale Netze (KNN) werden in Rechnern implementiert. Sie bestehen aus in Schichten vernetzten Knoten – „Neuronen" genannt – die miteinander von Schicht zu Schicht verbunden sind und aus vielen gewichteten Eingabedaten wenige Ausgabedaten berechnen, die, mit einem „Bias" versehen, ihrerseits zu Eingabedaten für „Neuronen" der folgenden Schicht

Wie wichtig dieser Perspektivenwechsel ist, zeigt sich bei der Synchronität der γ-Schwingungen ganzer Areale des Cortex insbesondere derer, die für bewusste Wahrnehmung zuständig sind. Die nahezu instantane Koordination dieser Areale lässt sich nämlich *nicht* aus der „bottom-up"- Perspektive durch die nervliche Reizleitung entlang von Axonen und Dendriten[82] erklären. Deshalb zogen Umezawa und Ricciardi die *Quantenfeldtheorie* (QFT) zu Rate, wie sie sich in der Vielteilchen-Theorie fester Körper bewährt hatte, und nannten dieses Konzept Quantum Brain Dynamics (QBD).
Es geht davon aus, dass das neuronale Netzwerk in den Nanoröhren der Mikrotubuli *geordnetes* Wasser enthält in einer Ordnung, die wesentlich durch die *Dipolstruktur* des Wassermoleküls H_2O zustande kommt. Diese Dipolketten können quantisierte Schwingungen ausführen, die man sonst (z.B. in Festkörpern) *Phononen* nennt. Sie wechselwirken elektromagnetisch miteinander und bilden ein spezifisches Quantenfeld im Cortex, dessen Quanten *Corticonen* genannt werden. Corticonen sind *Bosonen* (s. Kap. 10.2). Natürlich wechselwirken sie elektromagnetisch auch mit den verschiedenen z.T. filamentartig angeordneten polarisierbaren Proteinen, darunter die Tubuline der Mikrotubuli, aber auch mit ebenfalls polaren Ionenkanälen und überhaupt mit den Dipolen entlang der Membranen der Dendriten und Axone der Neuronen und Gliazellen. Das Corticonfeld integriert sozusagen das neuroelektrische Geschehen. Somit ist dies ein „top-down"-Ansatz.
Wie jedes Quantenfeld gründet es auf einem Grundzustand, der hier als ein *makroskopischer Quantenzustand* (s. Kap. 10.2) anzusehen ist. Jedoch kann dies kein Grundzustand im thermodynamischen Gleichgewicht sein,

werden. Zwischen Eingabe- und Ausgabeschicht befinden sich „verborgene" Schichten. Eingabegewichte und Bias können variiert werden. KNN müssen „trainiert" werden, d.h. sie werden mit Eingaben gefüttert, die zu einem schon bekannten Ergebnis gehören. Gewichte und Bias werden so variiert, dass sie möglichst schnell und möglichst genau zu dem bekannten Ergebnis führen. Man nennt das „Lernen". Je mehr Schichten vorhanden sind, umso mehr spricht man von „deep learning". Auf diese Weise lassen sich in einer beliebigen Datenmenge verborgene *Muster* „erkennen" (z.B. Sprach-, Schrift-, Gesichtserkennung).

82 Axone und Dendriten sind Fortsätze von Nervenzellen, die der Vernetzung mit anderen Neuronen dienen. Dendriten verbinden benachbarte Neuronen und empfangen deren Impulse (Input), während Axone ihre Output-Impulse entfernteren Neuronen zusenden.

der hinreichend tiefe Temperaturen voraussetzen würde. Das Gehirn aber ist – wie alle lebenden Systeme – weit entfernt vom thermodynamischen Gleichgewicht, das ja den Tod bedeuten würde. Es stellt vielmehr ein sog. *dissipatives System* dar (s. Kap. 8.1 und 14.71), das seine Ordnung und Funktion nur erhalten kann durch die ständige Zufuhr von Nahrung und *geordneter* Energie (summarisch *Syntropie* genannt), die zur Gestaltung und Aufrechterhaltung der Ordnung *dissipiert* (zerstreut) werden. Dazu müssen die dabei entstehenden Stoffwechsel-Abprodukte und die Abwärme (summarisch *Entropie* genannt) laufend abgeführt werden.

Dass und wie das geschehen kann, hat Herbert Fröhlich 1968 in einer grundlegenden Arbeit „Long Range Coherence and Energy Storage in Biological Systems" gezeigt [83]. Er schrieb, dass in biologischen Systemen longitudinale Dipol-Schwingungszweige im Frequenzbereich von 10^{11} bis 10^{12} Hz existieren und

> „dass, wenn Energie mit mehr als einer gewissen Durchschnittsrate einem solchen Zweig zugeführt wird, ein stationärer Zustand erreicht wird, in welchem eine einzige Schwingung dieses Zweigs sehr stark angeregt ist. Die zugeführte Energie ist also nicht vollständig thermalisiert, sondern wird in einer höchst geordneten Weise gespeichert. Diese Ordnung zeigt sich in Phasenkorrelationen mit langer Reichweite. Das Phänomen hat beträchtliche Ähnlichkeit mit der Kondensation eines Bose-Gases bei tiefen Temperaturen."

Man nennt dieses von Fröhlich vorhergesagte Phänomen auch Fröhlich-Kondensation.

Die dafür notwendige Energiezufuhr könnte von der im Organismus überall wirksamen Hydrolyse des ATP[84] stammen, das vom Blut transportiert und geliefert wird. Der bewusste Zustand des Gehirns ist ja besonders energieintensiv, d.h. er ist, wie jeder weiß, von guter Durchblutung abhängig.

Das ursprüngliche QBD-Konzept von Umezawa und Ricciardello war

---

83 H. Fröhlich Long Range Coherence and Energy Storage in Biological Systems, Int. Journal of Quantum Chemistry Vol. 11, 1968, S. 641-649

84 ATP bedeutet Adenosintriphosphat. Bei der Hydrolyse zu ADP (Adenosindiphosphat) wird ein Phosphat-Rest abgetrennt, wobei die Bindungsenergie von 0.335 eV zu weiterer Verwendung frei wird. Als Beispiel sei bemerkt, dass so etwa die „Knickschwingung des Wassermoleküls angeregt werden kann, die zu ihrer Anregung 0,243 eV benötigt. ATP wird aus ADP im Zuge der Zellatmung in den Mitochondrien wiederhergestellt.

nicht ausreichend, denn es zog die in der Festkörperphysik übliche QFT heran, die auf dem thermodynamischen Gleichgewicht aufbaut und dessen Anregungen nur als „lineare" Störungen behandelt. Deshalb haben Walter J. Freeman ((1927-2016) und Giuseppe Vitiello die fundamentale Gegebenheit des Nichtgleichgewichts in Betracht gezogen[85] und ihr „dissipatives Vielteilchen-Modell" entwickelt, das nicht nur einen, den Gleichgewichts-Grundzustand kennt, sondern viele verschiedene, die durch „spontane Symmetrie-Brechung" [86] aus einem „Fröhlich-Kondensat" im Gehirn hervorgehen. Es ist durchaus plausibel, den Übergang vom bewusstlosen zum bewussten Zustand des Gehirns als eine Art Nichtgleichgewichts-*Phasenübergang*[87] anzusehen.

---

85 W. J. Freeman and Giuseppe Vitiello, The dissipative brain and non-equilibrium thermodynamics, Journal of Cosmology 14, 2011

86 Von Symmetriebrechung spricht man, wenn ein System eine geringere (gebrochene) Symmetrie aufweist als die der das System konstituierenden Feldgleichungen. Bricht diese Symmetrie nicht durch eine äußere Störung, sondern dadurch, dass der Grund- oder „Vakuum"-Zustand eines Systems eine geringere Symmetrie hat, nennt man die Symmetriebrechung „spontan". Die sog. „Phase" eines Systems (z.B. sein Aggregatzustand) ist durch ihre Symmetrie gekennzeichnet. Deshalb sind Übergänge zwischen verschiedenen Phasen eines Systems immer mit Symmetriebrechungen verbunden.
Ein Theorem der QFT besagt, dass bei Brechung einer kontinuierlichen Symmetrie im Anregungsspektrum masselose Teilchen, die sog. Nambu-Goldstone-Bosonen auftreten, die kondensieren und die gebrochene Symmetrie gleichsam herbeiführen können.

87 Bei Phasenübergängen, so viel sei hier gesagt, ändert sich abrupt der Ordnungszustand eines Systems, und zwar unweigerlich, wenn damit ein Energiegewinn des Systems verbunden ist. Die Änderung des Ordnungszustandes – die Brechung der zuvor bestehenden Symmetrie - erfolgt durch einen kooperativen Prozess, an dem sich nach und nach und immer mehr alle Elemente des Systems beteiligen.
Das immer wieder bemühte, wohl einfachste Paradebeispiel eines symmetriebrechenden Phasenübergangs ist der ferromagnetische des Eisens. Vor dem Übergang, bei höherer Temperatur und höherer Symmetrie, sind alle Richtungen der Elementarmagnete der Eisenatome gleich wahrscheinlich und heben sich im Mittel gegenseitig auf, so dass die Magnetisierung ist im Mittel – 0 ist. Unterhalb des Übergangs bei der sog. Curie-Temperatur richten sie sich aneinander aus und zeigen alle in dieselbe Richtung. Die Magnetisierung ist der, wie man sagt, *Ordnungsparameter* des Phasenübergangs. *Welche* Richtung das ist, ist *unbestimmt*. Eine der vielen möglichen Zufallskonfigurationen – Fluktuationen genannt – setzt sich mit ihrer Richtung durch und wird

Wie jeder von sich selbst weiß, lebt das eigene Bewusstsein bei allem, was es ist und tut von und in seinem Gedächtnis. Deshalb vermuten Freeman und Vitiello, dass der jeweils aktuelle Grundzustand mit dem psychologisch bestimmten Ultrakurzzeit- bzw. Arbeits-Gedächtnis identisch ist. Da es strukturiert ist, ist seine Symmetrie *gebrochen.* Dabei treten wie immer bei der Brechung einer kontinuierlichen Symmetrie im Anregungsspektrum sog. Goldstone-Bosonen auf, die ein Bose-Einstein-Kondensat (s. Kap. 10.2) bilden und so für eine weit reichende Ordnung sorgen können.

13.21.4 Beck&Eccles: synaptische Exocytose als Quantenprozess

In Zusammenarbeit mit dem Neurobiologen und Nobelpreisträger John C. Eccles (1902-1992, (Fußnote 37) zeigte der Physiker Friedrich Beck (1927-2008), dass die Exocytose synaptischer Bläschen, bei der Neurotransmitter[88] aus einem Dendriten[89] eines präsynaptischen Neurons in den synaptischen Spalt entleert werden, um so das postsynaptische Neuron anzuregen oder zu hemmen. Sie wirkt wie ein digitaler „Quantenschalter" zwischen den beiden Möglichkeiten Exocytose ja oder nein, weil sie durch einen quantenmechanischen Tunnelvorgang ausgelöst werden kann, den ein ankommender Nervenimpuls bewirkt[90]. Man kann ihn als Verwirklichung eines Qubits[75] ansehen.

---

so zum Nukleus (gleichsam zum „Kristallisations-Keim") eines kooperativen Ordnungsprozesses. Jetzt ist die Symmetrie *gebrochen,* weil eine Richtung, die der Magnetisierung, ausgezeichnet ist. Die Goldstone-Bosonen dieses Phasenübergangs sind wellenartige Schwingungen der Spins der Eisenatome, die man Magnonen nennt.

88 Neurotransmitter sind Proteine, die als funktions- und stimmungsspezifische Botenstoffe der Kommunikation zwischen den ca.10 [11] Neuronen des Gehirns und des Nervensystems dienen. Beispiele sind Acetylcholin, Glutamat, Adrenalin, Dopamin, Serotonin , Oxytocin etc.

89 Dendriten (Fußnote 82) enden in einem Knopf, der sog. Synapse, die den Kontakt zum anderen Neuron herstellt, aber von ihm durch den schmalen synaptischen Spalt getrennt ist. Der Kontakt wird wie durch einen Schalter hergestellt, indem der Inhalt kleiner Bläschen in den Spalt hinein entleert wird. Diesen Vorgang nennt man Exocytose.

90 Friedrich Beck: „Quantenprozesse im Gehirn, ein Tor zum Verständnis von Bewusstsein. Ein physikalischer Beitrag zur Steuerung neuronaler Prozesse". In: „Der entthronte Mensch? - Anfragen der Neurowissenschaften an unser Menschenbild" Hrsg. Jan C. Schmidt/Lars Schuster, mentis Verlag 2003, S. 138-162.

Synapsen sind somit die mit einem Quantenschalter ausgestatteten Knotenpunkte des neuronalen Netzwerks.
Natürlich ist Friedrich Beck klar, dass es auf eine „Orchestrierung“ dieser Quantenschalter ankommt, wenn man Bewusstseinsvorgänge verstehen will. So wie Henry Stapp vermutet er, dass dies im Rahmen nichtlinearer Erregungsvorgänge im Neuronennetzwerk durch eine Art Selbstorganisation geschieht.
Die interessante Frage, ob und wie solche synaptischen Quantenschalter *verschränkt* und in einem solchen Zustand hinreichend vor Dekohärenz geschützt sein können, ist anscheinend noch nicht gestellt worden. Das aber ist die leitende Frage für

13.21.5 Matthew Fisher: Qubits im Gehirn?

Um Qubits[75] geht es auch bei der Idee des Physikers Matthew Fisher (PhD 1986)[91]. Er ging aus von der Tatsache, dass das bei der Psychotherapie des manisch-depressiven Syndroms häufig eingesetzte Lithium-Medikament bei Versuchen mit Ratten sehr verschiedene neurologische Wirkungen zeitigte, wenn man statt der natürlich vorkommenden Mischung der beiden Isotope Lithium 6 und Lithium 7 *reine* Präparate aus dem einen oder anderen Isotop verwendete, obwohl beide *chemisch* identisch sind und sich nur im Kernspin[92] unterscheiden. Er stellte sich die Frage, wieso der Kernspin eine neurologische Bedeutung haben kann.
Er identifizierte dann den Kernspin des Phosphors als geeignetes Qubit, das in allen Organismen in Form von Phosphat-Ionen PO_4 sehr häufig vorkommt. Insbesondere das „Posner-Molekül“ des Calciumphosphats $Ca_9(PO_4)_6$ ist geeignet, das Qubit lange Zeit unverändert zu transportieren und auch zu speichern. Eine enzym-katalysierte hydrolytische Spaltung des Posner-Moleküls kann zu *verschränkten* Paaren von Qubits (s. Kap. 10.1) führen, die über große Distanzen verbunden bleiben, ohne der Dekohärenz anheim zu fallen, was sie für Quantenberechnungen besonders interessant macht. Gelangt nämlich ein solches Calcium-

91 Matthew Fisher: „Are we quantum computers or merely clever robots?“ Vortrag bei der Konferenz 90 Jahre Quantenmechanik, Singapur 2017, Internatiioal Journal of Modern Physics B Vol. 31 (2017)

92 Spin heißt der der Eigendrehimpuls eines Teilchens. Der Spin $s = (n/2)\hbar$ ist quantisiert in Einheiten von $\hbar$. Die beiden Isotope des Lithiumkerns bestehen aus 3 Protonen sowie 3 bzw. 4 Neutronen. Sie unterscheiden sich also außer im Atomgewicht im Kernspin, den das zusätzliche Neutron im Kern des Lithium 7 zum Kernspin beiträgt.

phosphat-Molekül durch Exocytose in den synaptischen Spalt zwischen zwei Neuronen, kann das Calcium-Ion einen Nervenimpuls im postsynaptischen Neuron auslösen. Dies wirkt wie ein quantenmechanischer Messprozess[44] (s. 10.3), der das Kernspin-Qubit festlegt und instantan das mit ihm verschränkte Qubit auch.
Das sind hochinteressante Möglichkeiten, aber es bleibt wieder die Frage, wie es zu einer Muster bildenden Integration und Kooperation kommen kann. Ideen dazu sind bereits von Nicole Yunger Halpern und Elizabeth Crosson vorgetragen worden[93].

Mit diesen Konzepten und Ideen ist zur Quanten-Hypothese (QH) für das Bewusstsein sicher noch lange nicht das letzte Wort gesprochen. Sie wird mit immer neuen Beiträgen lebhaft diskutiert. Besonders wichtig, aber auch besonders schwierig ist es, experimentelle Befunde und Belege für die QH zu erbringen.
Durch ihren integrativen Gehalt vermag sie aber
(a) eine Abwärtsverursachung („top-down"), wie sie bei allen willentlichen Handlungen auftritt,
(b) die Nichtlokalität des Gedächtnisses, die sich zeigt, wenn auch größere Verletzungen des Gehirns nicht zu entsprechenden Gedächtnisverlusten führen, und
(c) die sog. Bindungsfähigkeit des Gehirns, die es ermöglicht, verschiedene sensorische Inputs zu einer einheitliche Wahrnehmung zu verbinden, verständlich zu machen.
Das sind gute Gründe, der QH den Vorzug zu geben. Die hier beschriebenen Beiträge zur QH schließen sich nicht gegenseitig aus, sondern ergänzen sich in geeigneter Kombination. Das heißt nun allgemein, dass für das Gehirn die Quanten-Ontologie (s. Kap 12) von ausschlaggebender Bedeutung ist und deshalb These (##)

– Die Seele eines Menschen ist die in seinem Gehirn wirkende kohärente Potentialität –

tragfähig ist. Sie ist vereinbar mit der von Benjamin Libet vorgeschlagenen *Theorie des bewussten mentalen Feldes"* (BMF)[94]. Dazu schreibt Libet:

---

93 Nicole Yunger Halpern, Elizabeth Crosson: „Quantum information in the Posner model of quantum cognition", Annals of Physics 407, 92-147 (2019)

94 Benjamin Libet „Mind Time – wie das Gehirn Bewusstsein produziert", Suhrkamp 2005, S. 212 ff.

> „Das mutmaßliche BMF würde keiner Kategorie bekannter physikalischer Felder, wie elektromagnetische, Schwerkraftfelder etc. angehören. Das BMF wäre eine phänomenologisch unabhängige Kategorie; es ist nicht in Begriffen irgendwelcher beobachtbarer physikalischer Ereignisse oder irgendeiner bekannten gegenwärtigen physikalischen Theorie beschreibbar. So wie bei allen subjektiven Ereignissen würde das BMF nur durch subjektive Erfahrung feststellbar sein und nur der Person zugänglich, die die Erfahrung hat. In dieser Hinsicht würde das BMF sich von allen bekannten physikalischen Feldern unterscheiden, deren Existenz und Eigenschaften der physikalischen Beobachtung zugänglich sind.“

Diese Beschreibung trifft auf die im Gehirn wirkende kohärente Potentialität zu, von der die These (##) spricht und mit der Seele identifiziert: Als Potentialität ist sie nicht messbar (s. Kap. 10.3) und kann *nur* durch das Gehirn als Wille oder Wahrnehmung faktifiziert werden, dessen Potentialität sie ist.

Es ist somit plausibel, dass die Quantentheorie und mit ihr die Quanten-Ontologie gemäß der QH eine grundlegende Rolle für das Verständnis des *Bewusstseins* und seiner Wirklichkeit im Gehirn spielt. Die *duale* Wirklichkeitsstruktur aus messbarer *Realität* und nicht messbarer *Potentialität,* die sie ganz allgemein lehrt, gilt also auch im Gehirn und entspricht damit unserer fundamentalen Selbsterfahrung als Menschen,

duale Wesen aus Leib und Seele, Körper und Geist

zu sein, was uns der Naturalismus aber ausreden will.

Wie ich einleitend zu diesem Kap. 13 schon sagte, wissen wir und sagen es: ich *habe* einen Körper, und nicht: ich *bin* mein Körper. Wer ist dieses Ich? Ist es nicht das, was wir unsere *Seele* nennen? Sie ist es doch, die uns zur *Person* in qualitativem Unterschied zu allen *Sachen* macht und die uns unveräußerliche *Würde* nach Art. 1 des Grundgesetzes verleiht.

Wenn die These (##) zutrifft, dann ist die Seele als Potentialität, wie gesagt, nicht messbar und deshalb *als solche* nicht in Raum und Zeit, sondern sie existiert, wie wir im Kap. 10.4 festgestellt haben, über-räumlich und über-zeitlich, wie es schon im 5. Jahrhundert v. Chr. von Platon gelehrt worden ist.

13.22 Das Falkenburg-Trilemma

Sehr hilfreich für die Klärung des philosophisch-weltanschaulichen Diskurses um das Verhältnis von Geist und Materie, mit dem es die sog.

Philosophie des Geistes zu tun hat, ist das von Brigitte Falkenburg konstatierte Trilemma. Sie stellt es in In ihrem in Fußnote 16 zitierten Buch „Mythos Determinismus – Wieviel erklärt uns die Hirnforschung?“ dar. Es besteht aus folgenden drei Thesen:

1. die Verschiedenheits-These
(V): Psychische Phänomene (Ψ) – Geist und Seele – sind grundsätzlich verschieden von den biochemisch-neuro-elektrischen Vorgängen (Φ) der Hirnphysiologie ,
2. die kausale Geschlossenheits-These
(K): Die Realität, zu der (Φ) gehört, ist kausal geschlossen,
3. die Wirksamkeits-These
(W) Die Psyche (Ψ) kann einwirken auf die physische Realität (Φ).

Dabei ist die These (K) natürlich das für den Naturalismus konstitutive Geschlossenheits-Axiom (c), wie es in Kap. 5 dargestellt wurde.
Das Trilemma besteht nun darin, dass je zwei dieser Thesen die dritte ausschließen:
Wenn (V) und (K) gelten, ist (W) nicht möglich, wenn (V) und (W) gelten, gilt (K) nicht, wenn (W) und (K) gelten, kann (V) nicht stimmen.

Für den Naturalismus gelten (K) und (W), nicht aber (V), d.h. (Ψ) muss auf (Φ) reduzierbar sein, so dass der „freie Wille“ illusionär wäre.

Genau das aber ist die Beweislast der naturalistisch gesonnenen Neurobiologie. Sie muss das „neuronale Korrelat“ des Bewusstseins „dingfest“ machen und zeigen, wie das Bewusstsein kausal daraus hervorgeht. Dies kritisch zu beleuchten, ist das Hauptanliegen des genannten Buches von Brigitte Falkenburg. Dabei spielt ihre Kritik des Kausalitätsbegriffs[95] auf die ich im Kap.4 bereits zu sprechen gekommen

95 Im Kap. 6 „Ursachen und was sie erklären“ ihres in Fußnote 16 genannten Buches „Mythos Determinismus“ schreibt Brigitte Falkenburg, dass in der Philosophie drei verschiedene Kausalitäts-Begriffe erwogen werden:
1. ein empiristischer, wonach Kausalität vorliegt, wenn bestimmte Ursachen *regelmäßig* bestimmte Folgen haben,
2. ein *rationalistischer*, wonach bestimmte Ursachen *gesetzmäßig determinierte* Wirkungen haben, und
3.ein allgemein epistemischer, der auf Kant zurückgeht, wonach Kausalität notwendige Bedingung für Erfahrung überhaupt ist.
In der (klassischen) Physik drückt sich Kausalität *gesetzmäßig* durch die sog. Bewegungsgleichungen aus, die zeitliche Veränderungen beschreiben. Diese sind durchweg *zeit-symmetrisch* d.h. invariant unter Zeitumkehr, .wenn man die Zeit t in den Gleichungen durch –t substituiert. Im Widerspruch dazu aber

bin, eine wesentliche Rolle.
In der Perspektive der Quanten-Ontologie, die das vorliegende Buch einnimmt, gilt (V), weil Realität und Potentialität kategorial verschieden sind und schon deshalb (K) nicht gilt, weil Realität nicht die ganze Wirklichkeit ist. (W) aber kann gelten, sofern der bewusste Zustand des Gehirns auf Quantenkohärenz beruht, wie es die Quantenhypothese QH und mit ihr die These (##) vermuten. In diesem Falle sind „freier Wille" und (W) möglich, weil das sog.
Interaktionsproblem
gelöst ist. Schon Descartes hatte erkannt, dass es innerhalb des von ihm vertretenen Leib-Seele-Dualismus eine Interaktion zwischen der immateriellen geistigen und der materiellen neuronalen Sphäre geben muss. Da die Zirbeldrüse der einzige unpaarige Teil des Gehirns ist, nahm er an, dass sie der Ort dieser Interaktion ist. Weil dies aber im Rahmen der klassis*chen* Physik schlechterdings nicht darstellbar ist und mit dem Geschlossenheitsaxiom (Kap. 5 Grundsatz (c) – hier ist es These (K) – des Naturalismus unvereinbar wäre, wird jegliche geistige Wirklichkeit als „übernatürlich" abgelehnt, wie Ansgar Beckermann eingehend erörtert[96].
Aus eben diesem Grunde lehnt die Neurobiologie mehrheitlich auch den von John Eccles und Karl Popper vertretenen „interaktionistischen Dualismus" ab und zieht die monistisch-naturalistische Ontologie vor, in der (V) nicht gilt, damit (K) gelten kann.
Das hat gravierende Konsequenzen, denn damit wird, wie schon gesagt, der Seele eine eigene immaterielle Wirklichkeit mit einem „freien Willen", in der materiellen Wirklichkeit etwas tun zu können, abgesprochen. Der „freie Wille" als der Kern der Menschenwürde, dieses Eckpfeilers der Ethik, wird somit in Frage gestellt, um nicht zu sagen abgestritten. Man meint aber im Sinne von Kap. 6, dies sei nun eben, ob man wolle oder

---

ist die Kausalität *zeit-a-symmetrisch:* Ursache und Wirkung sind nicht vertauschbar, erstere *muss* zeitlich *vor* letzterer liegen.
Dazu kommt, dass in der Quantentheorie der Zusammenhang aufeinander folgender Ereignisse in „konsistenten Geschichten" (s. Kap. 10.5) gar *nicht deterministisch* ist. Neuerdings ist sogar theoretisch und empirisch gezeigt worden, dass die Unterscheidung zwischen Ursache und Wirkung in Quantenprozessen unbestimmt sein kann. Davon handelt der Titelartikel „Kausalität in der Quantenwelt – Wenn Ursache und Wirkung verschwimmen" von Spektrum der Wissenschaft, Heft 4 2019.

96 Ansgar Beckermann, Das Leib-Seele-Problem, Verlag Wilhelm Fink, UTB, 2. Aufl. 2008, S. 45

nicht, naturwissenschaftlich geboten und beruft sich hauptsächlich auf Experimente, die Benjamin Libet 1979 gemacht hat, die gezeigt haben, dass schon 500 ms vor dem Willensentschluss eines Probanden, einen seiner Finger zu krümmen, das sog. Bereitschaftspotential für diese Handlung im EEG zu sehen ist. Um den Zeitpunkt des Willensaktes zu bestimmen, ist man allerdings auf die *subjektive* Wahrnehmung des Probanden angewiesen, der die Stelle des Zeigers einer umlaufenden Uhr beim Willensakt erkennen und sich merken muss.

In naturalistischer Voreingenommenheit wurde dieses Experiment interpretiert als *Beweis* dafür, dass das Gefühl, frei entscheiden zu können, eine Illusion sei. In 'Wirklichkeit' habe das Gehirn bereits entschieden, was der Proband eine halbe Sekunde später meint, erst durch seinen Willensakt veranlasst zu haben. Hier ist aber mit 'Wirklichkeit' wie üblich ‚Realität' gemeint, denn von deren quanten-ontologischer Dualität weiß man nichts. Der Psychologe Wolfgang Prinz (geb. 1942) kleidete diese naturalistische Interpretation in den einprägsamen Satz:

„Wir tun nicht, was wir wollen, sondern
wir wollen, was wir tun".

Der prominente Hirnforscher Wolf Singer forderte 2004 sogar; „Wir sollten aufhören, von Freiheit zu sprechen". So hat die naturalistische Interpretation der Libet-Experimente in der sog. Philosophie des Geistes einen enormen Einfluss gehabt und sogar zu der Forderung einer grundlegenden Revision des Schuldprinzips in der Rechtsprechung geführt : Kann man beispielsweise einen Täter, der wie beim Libet-Experiment seinen Finger krümmt, nun aber um eine Schusswaffe zu betätigen, überhaupt noch verantwortlich machen?

Zwei naturalistische Vorurteile prägen diese Interpretation:

- Zum ersten wird unterstellt, dass der Wille ein verursachender Click im Sinne klassisch-naturgesetzlicher Kausalität sein müsse. Dem ist aber nicht so, sondern Wille ist anzusehen als intentionale *Potentialität*, denn ohne Potentialität gäbe es erst gar nichts zu wollen, weil alles determiniert wäre. So aber kann man sagen:

Wille ist die intentionale Potentialität des Bewusstseins.

- Zum zweiten wird die interne Zeit des Bewusstseins ohne weiteres mit der realen externen Zeit des Experiments gleichgesetzt und synchronisiert, obwohl für den Willen als intentionale Potentialität die in Kap. 10.5 beschriebene *duale* Zeitlichkeit gilt, die der Naturalismus gar nicht kennt.

Die mechanistisch-naturalistische Interpretation des Libet-Experiments sieht das Auftreten des Bereitschaftspotentials[97] an als *Ursache* für das 300 ms später erfolgende Krümmen des Fingers. Schon Libet hatte darauf hingewiesen, dass der bewusste Wille zwischen dem Auftreten des Potentials und dem Willensakt durchaus noch Zeit hatte zu einem „Veto“, die Handlung *nicht* auszuführen. Zu dem Schluss, dass beides *nicht* gleichzusetzen sei, kommt auch Günter Ewald [8] in seiner sorgfältigen Analyse des Libet-Experiments.

Wie voreilig diese mechanistisch-naturalistische Interpretation war, zeigen die weiterführenden Experimente des deutsch-britischen Hirnforschers John-Dylan Haynes, die er 2014 am Bernstein Center for Computational Neuroscience der Charité Berlin durchführte.[98]

Einerseits bestätigen sie den zeitlich sogar noch wesentlich länger vorlaufenden Aufbau eines Bereitschaftspotentials[97] für eine Handlung, andererseits zeigen sie, dass dies keineswegs mit einem *Entschluss* zur Ausführung dieser Handlung gleichgesetzt werden kann, denn in 30-40% der Fälle auftretenden Bereitschaftspotentials wurde die entsprechende Handlung *gar nicht* ausgeführt. Das Bereitschaftspotential wird vermutlich aufgebaut, weil der Proband *erwartet*, dass er den Finger demnächst zu einem von ihm bestimmten Zeitpunkt krümmen soll. Dass dies kein Entschluss ist, wurde noch deutlicher bei Haynes' Experiment, bei dem der Proband im Magnetresonanz-Tomographen (MRT), mit dem seine Hirnaktivität beobachtet wurde, bei grünem Licht einen Schalter drücken sollte, bei rotem aber nicht. Eine Mustererkennungs-Software – oft künstliche Intelligenz (KI) genannt – identifizierte am MRT-Muster, ob das Bereitschaftspotential beim Probanden entstand und damit 'grün' nahelegte. Trotzdem gab sie das gegenteilige Signal 'rot'. In 40% der Fälle handelte der Proband wie er sollte, d.h. *anders* als es dem Bereitschaftspotential entsprach. Als Fazit stellt Haynes fest, „dass dieses klassische Libet-Experiment seine Relevanz verloren hat für die Frage der Willensfreiheit“.

Trotzdem glaubt auch er nicht an den freien Willen, weil er meint, dass alle mentalen Regungen, also auch Beschlüsse, ihre physische Entsprechung in Hirnvorgängen haben müssen, derart, dass *sie* die Ursache für die mentalen Regungen sind. Das aber entspräche dem sog. Einstein-Rea-

---

97 Das Wort Bereitschafts*potential* meint eine messbare elektrische Spannungsdifferenz wie in der Physik üblich und darf nicht verwechselt werden mit der nicht messbaren quantenmechanischen *Potentialität.*

98 Matthias Eckoldt „Neue Erkenntnisse zur Willensfreiheit: Wie das Gehirn entscheidet“,Sendung am 20.11.2016, Deutschlandfunk Kultur /Zeit-Fragen

lismus, von dem durch die Experimente zum EPR-Paradoxon gezeigt wurde, dass er für die Quantenphysik nicht gilt (s. Kap. 10.4 und 10.6). Das lässt vermuten, dass er von der quanten-ontologischen Umkehr (Kap. 10.3) nichts weiß, wonach Potentialität primär ist und Realität im Sinne des „Messprozesses" daraus folgt.

In seinem Aufsatz „Freiheit oder Wissenschaft" hält Wolfgang Prinz, der offenbar ebenfalls von der quanten-ontologischen Dualität aus immaterieller Potentialität und materieller Realität nichts weiß, den freien Willen, wie ich ihn oben als intentionale Potentialität beschrieben habe, für eine dreifache metaphysische Zumutung, weil er darin

- 1. einen „grundsätzlichen Graben zwischen Psychischem und Physischem" sieht, wobei „das Psychische außerhalb der physischen Welt eine Art von „Cartesianischem Eigenleben führt" und
- 2. „sogar in der Lage ist, „auf den Bereich des Physischen kausal einzuwirken",was
- 3. bedeutet„einen prinzipiellen lokalen Indeterminismus" anzunehmen.

Das aber ist genau *die* Zumutung, die die Quanten-Ontologie für diejenigen darstellt, die in der naturalistischen Ontologie (s. Kap. 7) befangen sind.

Als unzumutbar gilt in erster Linie, dass immaterieller Wille auf materielle Dinge wie etwa Muskeln wirken kann, denn das widerspricht dem naturalistischen Axiom (K) der kausalen Geschlossenheit der materiellen Welt. Wenn man nun aber die hier vertretene Quanten-Hypothese QH in Betracht zieht, dann liegt die gesuchte

Lösung des Interaktionsproblems

in dem, was man in der Quantentheorie den *Messprozess* nennt (s. Kap. 10.3 und Fußnote 44). Der sog. Messprozess faktifiziert ja Potentialität und macht daraus Realität. Er schlägt somit die gesuchte Brücke zwischen der quasi-geistigen Sphäre der Potentialität, d.h. der Seele gemäß (##), und der materiellen des Gehirns.

Auch der freie Wille des Menschen ist dadurch rehabilitiert, wobei daran zu denken ist, dass der Wille als Potentialität, wie ich oben gezeigt habe, die Zeit übergreift, d.h. er bleibt bei seiner Absicht, bis sie erfüllt ist oder ihre Unmöglichkeit sich gezeigt hat.

Was geschieht nun bei diesem Übergang von der geistigen Sphäre der Potentialität zur materiellen des Gehirns? Der Schauplatz des Geschehens ist

das Neuronen-Netzwerk, das zugleich das semantisch strukturierte Gedächtnis, weit verteilt über die Großhirnrinde in sich birgt. Deshalb ist die Potentialität des bewussten Zustands, also des Bewusstseins, per se semantisch strukturiert. Messprozess-artige Faktifizierungen dieser semantisch strukturierten Potentialität codieren nun das, was wir Gedanken nennen, die auch Wille und Verhalten bestimmen, in Erregungsmustern des Netzwerks[99]. Das fortlaufende, codierende Faktifizierungs*geschehen erleben* wir begleitend als den Strom der *vergehenden* Zeit im Sinne von Kap. 10.5. Da wir das nur *bewusst erleben*, können wir dies als Indiz dafür werten, dass es eben dieses codierende Faktifizierungsgeschehen ist, welches die eigentliche Bewusstwerdung darstellt. Wie man sich das im Rahmen der Quantum Brain Dynamics (QBD) vorstellen kann, ist in dem Abschnitt 13.213 in der Nichtgleichgewichts-Version von Freeman und Vitiello beschrieben.
Die Codierungen präparieren den bewusstseinstragenden Quantenzustand ständig neu durch Engramme in das Gedächtnis, aber doch so, dass die personale Identität durch eben dieses Gedächtnis bestehen bleibt. So bezeichnet das deutsche Wort ‚Gedächtnis' etwas Lebendiges. Es ist gewissermaßen der „Raum", in dem wir denken, in dem die Seele lebt. Es ist die je und je aktuelle Wirklichkeit der Seele. Das Gedächtnis ist somit etwas völlig anderes und viel Höheres als ein Datenspeicher, als der es häufig missverstanden und herabgewürdigt wird, denn es ist nicht wie jener nach Adressen für Daten sortiert, sondern nach Sinnzusammenhängen, also semantisch organisiert, und es reorganisiert sich mit jedem Gedanken neu. Man leistet dem naturalistischen Selbstmissverständnis des Menschen Vorschub, wenn man gedankenlos und technizistisch von seiner „Festplatte" und von „abspeichern" redet, wenn man sich etwas merken will. Die Worte ‚sich etwas merken' und ‚sich erinnern' bezeichnen in ihrer reflexiven Form immer sinnbestimmte und personenbezogene, also seelische Denkvorgänge ganz im Gegensatz zu ‚abspeichern' und ‚abrufen' oder gar ‚runterladen' von Daten.
Wir fassen diese Folgerungen aus der Quantenhypothese QH zusammen in der Aussage:

---

99 Denkbar wäre, dass Ionenkanäle in den Zellmembranen als „Messgeräte" funktionieren, die entsprechende Aktionspotentiale auslösen können. Das ist nicht abwegig, wenn man bedenkt, dass auch ein Silberbromid-Korn in einer Photoplatte, das sich beim Auftreffen eines Quantenteilchens schwärzt, dessen Ort wie ein „Messgerät" im Sinne von Fußnote 44 misst.

Das Gehirn eines Menschen ist gleichsam der *Protokollant seiner Seele*.

Gemäß der Feststellungen im Kap. 10.4 über die Nichtlokalität der quantenmechanischen Potentialität hat die These (##) nun die am Schluss von Kap. 13.21 gezogene Konsequenz: Die Seele ist *außerhalb (jenseits) von Raum und Zeit*. Und das heißt: Stirbt der Mensch und mit ihm sein Gehirn, dann stirbt der Protokollant, seine Seele aber bleibt: sie persistiert jenseits der mess- und beobachtbaren Realität.

Wenn die Seele eines Menschen gemäß der These (##) die kohärente Potentialität seines Gehirns ist, dann kann sie nach den Feststellungen in Kap. 10.1) verschränkt sein mit der Seele einer anderen Person. Ist nicht (manchmal wortloses) Verstehen zwischen Menschen solche Kohärenz ihrer seelischen Potentialitäten? Ist das nicht das, was wir Liebe nennen? Die seelischen Potentialitäten zweier Menschen, die sich kennen und Mitgefühl für einander empfinden, sind nicht unabhängig von einander, selbst wenn sie weit voneinander entfernt sind. Deshalb kann man vermuten, dass sie miteinander „verschränkt“ sind.

Aus der psychologischen und psychotherapeutischen Praxis werden nicht selten Fälle berichtet, wo Menschen gespürt haben, dass anderen Menschen, die ihnen nahe stehen, aber weit entfernt sind, in eben diesem Augenblick etwas zustößt. C.G. Jung nennt so etwas *Synchronizität*, und es liegt nahe, dies als ein Phänomen der Nichtlokalität verschränkter, bewusstseinstragender Quantenzustände anzusehen.[100]

---

100 Ein Beispiel dieser Art wird berichtet in der von SPIEGEL TV produzierten DVD “Nahtod – Einblicke ins Jenseits“ (www. Spiegel.tv/Blick ins Jenseits)

TEIL III BEKENNTNIS IM NEUEN LICHT

14. Die Quanten-Ontologie rehabilitiert religiöses Denken

14.1. Warum und Wozu?, Woher und Wohin? – religiöse und a-religiöse Antworten auf Grundfragen

Seit es Menschen gibt, stellen sie diese Fragen in Bezug auf die Welt, in der sie leben, und vor diesem Hintergrund auch in Bezug auf ihre eigene Existenz. Die Warum- und die Woher-Frage hängen offensichtlich zusammen wie auch die Wozu- und die Wohin-Frage. Letztlich sind dies religiöse Fragen, und seit Jahrtausenden suchen Menschen in Religionen Antwort darauf, denn *religio* heißt ja Rückbindung, Rückbindung an das Ganze der Wirklichkeit, für die zwei philosophische Grundsätze gelten, nämlich das Kausalprinzip:

Alles, was geschieht, hat eine Ursache,

und der „Satz vom zureichenden Grunde", den Schopenhauer so formuliert,

„dass nichts ohne Grund ist, warum es sei", oder auch,
„dass immer und überall Jegliches nur vermöge eines Anderen ist."

Sie führen die Woher- und die Warum- Frage zu einem unabschließbaren *Regress* innerhalb dessen, was in diesen Sätzen mit ‚alles' gemeint ist, also zu keiner abschließenden Antwort.

Die Wozu- und mit ihr die Wohin-Frage führt zu einem unabschließbaren *Progress,* denn jeder Zweck ordnet sich ein in einen größeren, wobei aus Zwecken Ziele werden. Ziele erreichen zu wollen, *macht Sinn.*

Viele Religionen fangen diesen Ursachen- und Gründe-Regress auf in dem Einen Allumfassenden, dem sowieso das Attribut Unendlichkeit zukommt. In den monotheistischen Religionen ist Gott dieser Allumfassende. Polytheistische Religionen erkennen aber auch über allen Gottheiten den einen höchsten Gott an, von dem sich die anderen Gottheiten ableiten. Gott geschieht nicht. Er lässt geschehen, braucht also keine Ursache, er ist der „unbewegte Beweger" des Aristoteles. Gott, der Grund allen Seins, ist sein eigener Grund und bedarf keines anderen Grundes. So etwa wird der sonst unendliche Regress religiös abgeschlossen.

Auch der sonst nicht abschließbare Zwecke- und Ziele-Progress findet in Religionen ihren Abschluss in Gott, dem Urgrund allen Seins, der auch das Ziel allen Werdens als den *Sinn* des Seins bestimmt. Somit kommt die Sinnfrage letztlich an der Gottesfrage nicht vorbei:

Gottlosigkeit und Sinnlosigkeit sind
zwei Seiten einer Medaille,

und Sinnlosigkeit bringt Hoffnungslosigkeit und schließlich Trostlosigkeit mit sich.
So ist es auch beim Naturalismus, für den Gott nicht existiert. Er konstatiert:

Die ‚Natur' hat keinen ihr innewohnenden Sinn.

Das heißt insbesondere: Dass es Leben im Kosmos gibt, ist Zufall und dass der vernunftbegabte und erkenntnisfähige Mensch im Laufe der Evolution entstanden ist, ist ebenfalls blinder Zufall im Spiel von Mutation und Selektion.
Damit ist selbstverständlich nicht ausgeschlossen, dass sich Menschen sinnhafte Ziele setzen und so selbst Sinn *machen* können. Als „evolutionärer Humanismus", der er sein will, legt der Naturalismus sogar großen Wert darauf.
Für den Glauben „an Gott, den Schöpfer des Himmels und der Erde" – wie es im christlichen Glaubensbekenntnis heißt – bedeutet das, dass die Evolution, sowohl die kosmische als auch die biologische, ein zielgerichteter, also Sinn erfüllender Prozess ist.

In der Aufklärung wollte man den Wahrheitsanspruch kirchlicher Lehren nicht mehr anerkennen, soweit sie sich lediglich auf Autoritäten und religiöse Traditionen gründeten. Mit Recht berief man sich nun auf die Autonomie der menschlichen Vernunft und wollte als wahr nur noch gelten lassen, was sich beobachten und beweisen lässt.
Damit geriet sogar die Existenz Gottes in Zweifel, denn Gott lässt sich weder beobachten noch beweisen, eine Feststellung, auf die ich im Kap. 15.1 noch eingehend zurückkommen werde. Auch die religiöse Antwort auf die obigen vier Fragen verlor dadurch an Glaubwürdigkeit.
Hingegen schien sich eine a-religiöse Antwort aufzutun mit dem Paradigma eines unendlichen und ewigen Weltalls, in dem alles, was geschieht, durch Naturgesetze bestimmt ist. Ein solches Weltall bleibt sich trotz ständiger Bewegung im Kleinen im Großen und Ganzen immer gleich, und seine materiellen Gegebenheiten sind im Wesentlichen im unendlichen Raum überall gleich verteilt (Homogenität und Isotropie). Die Fragen woher? und wohin? erübrigen sich. Auch von einem ewigen und unendlichen Weltall kann man sagen, dass es sein eigener Grund ist, dass es existiert,

weil es existiert. Der unendliche Ursachen-Regress aber läuft zurück in die ohnehin unendliche Vergangenheit.
Dieses Paradigma geht zurück auf Giordano Bruno (1548-1600), der es in der Konsequenz der Kopernikanischen Wende entwickelte. Ewigkeit und Unendlichkeit – Attribute Gottes – schrieb er nun dem Kosmos zu. Folgerichtig nahm er eine pantheistische Sicht von allem in allem ein und verschmolz Gott und Welt. Gott verlor in seinen Augen jede Vor- und Überordnung. In einem ewigen Kosmos gibt es keinen Anfang und kein Ende. Die Schöpfung Gottes und sein Endgericht haben logisch keinen Platz mehr. Das war mit den kirchlichen Lehren unvereinbar. Weil er sich tapfer weigerte zu widerrufen, wurde er in einem der letzten Exzesse römisch-katholischer Inquisition im Jahre 1600 in Rom auf dem Scheiterhaufen verbrannt. So wurde er gewissermaßen zum Märtyrer der Aufklärung.
Die Kirche hätte wissen müssen, dass man einer unliebsamen Lehre kaum besser Geltung verschaffen kann, als sie in dieser Weise zu unterdrücken, anstatt sich mit ihr in einem herrschaftsfreien Diskurs auseinanderzusetzen.
So wurde das Brunosche Paradigma eines ewigen und unendlichen Kosmos zum Konsens aufgeklärten Denkens[101] und gehört, wie ich schon in Kap. 4.1 dargestellt habe, zum Bestand des dialektischen Materialismus. Seine Überzeugungskraft beruhte wohl nicht zuletzt darauf, dass es befriedigende a-religiöse Antworten auf die vier genannten Fragen in Bezug auf den Kosmos zu geben schien. Sie war so groß, dass fundamentale Beobachtungstatsachen, die das Brunosche Paradigma geradezu falsifizieren, im 19. Jahrhundert bis in das 20. hinein kaum beachtet wurden. Was ich im Kap. 4.1 bereits erwähnt habe, wiederhole ich hier um des Zusammenhangs willen. Es handelt sich um die Tatsache,

- dass der Nachthimmel schwarz ist und
- dass sich das Universum nicht im thermodynamischen Gleichgewicht befindet.

---

101 Dieser Konsens war so stark, dass er Einstein veranlasste, nach seinen eigenen Worten „die größte Eselei" seines Lebens zu begehen, indem er in seine so schönen Feldgleichungen künstlich ein sog. kosmologisches Glied einführte, um zu erreichen, dass sie einen sich im Großen und Ganzen gleich bleibenden Kosmos beschreiben können. Ohne dieses Glied beschreiben sie nämlich einen expandierenden oder einen kollabierenden Kosmos. Gut 10 Jahre nach der Veröffentlichung seiner Gleichungen entdeckte man nun, dass sich der Kosmos tatsächlich ausdehnt.

Schon 1826 hatte der Astronom Heinrich Wilhelm Olbers darauf hingewiesen, dass der Himmel in einem unendlichen und ewigen Kosmos mit im Mittel gleich-förmiger Verteilung der Gestirne sonnen-hell sein müsste, da die Zahl der Sonnen in einem Volumen mit dem Radius r proportional zu r^3 zunimmt, während die Lichtintensität einer Sonne mit dem Abstand r nur proportional zu r^{-2} abnimmt.
Die Thermodynamik lehrt, dass alle abgeschlossenen Systeme mit der Zeit in das thermodynamische Gleichgewicht übergehen. Ein ewig existierendes System muss sich also im Gleichgewicht des sog. Wärmetodes befinden, oder, anders ausgedrückt, nur im Gleichgewicht kann ein abgeschlossenes System ewig existieren. Dazu gehört die Bemerkung, dass selbst die Zeit im thermodynamischen Gleichgewicht erlischt, wenn man sich an den bewährten Grundsatz hält, dass Zeit nur da ist, wo sie messbar ist, d.h. wo Uhren möglich sind. Im thermodynamischen Gleichgewicht aber bleiben alle ablesbaren Uhren stehen, wenn also keinerlei beobachtbare Veränderungen mehr geschehen.
Daher stellen sich die vier Fragen auch in Bezug auf das Universum wieder neu. Neues Licht auf diese Fragen wird die bis heute noch nicht oder nur in Ansätzen existierende Theorie der Quantengravitation und die sich daraus ergebende Quantenkosmologie werfen.
Zu bezweifeln ist, dass die Fragen warum? und wozu? überhaupt von den Naturwissenschaften beantwortet werden können, weil sie deren Rahmen sprengen. Somit sind es doch wieder Religionen, die zu befragen sind, wenn man Antworten auf die genannten Fragen sowohl in Bezug auf den Kosmos als auch in Bezug auf den Menschen erhalten will. Glaubwürdig aber können sie nur sein, wenn sie mit gesicherten naturwissenschaftlichen Erkenntnissen *vereinbar* sind.

Im Gefolge der Aufklärung, und anscheinend bestätigt durch den überwältigenden Erfolg der Naturwissenschaften, hat sich in der dadurch zum Modernismus verfestigten Moderne die monistische Ontologie des Naturalismus, wonach die Realität die ganze Wirklichkeit sei, außerhalb derer es nichts gäbe, soziokulturell durchgesetzt. Sie ist, wie wir in Kap. 12 festgestellt haben, das *logische* Fundament des naturalistischen Atheismus, der zur allgemeinen *Säkularisierung* der Gesellschaft wesentlich beigetragen hat und weiter beiträgt.
Zwar ist der naturalistische Monismus durch die Quanten-Ontologie hinfällig geworden, aber dieser Umsturz ist in der Gesellschaft bisher kaum rezipiert und besonders in den biologischen Wissenschaften im Banne der

scheinbar alles erklärenden synthetischen Evolutionstheorie bisher weitgehend ignoriert worden.

Im Kap. 10.3 haben wir gezeigt, dass es jenseits der durch Messbarkeit gezogenen Grenzen der Realität eben doch eine immaterielle Wirklichkeit gibt, nämlich die der Potentialität, die bestimmt, was mit welcher Wahrscheinlichkeit real werden kann. Diese Erkenntnis öffnet das durch den „nichts-als"-Reduktionismus des Naturalismus zugeschlagene Fenster des Geistes wieder. Damit wird religiöses Denken von der geistesgeschichtlichen Hypothek der ihm nicht ohne Grund zugeschriebenen Wissenschaftsfeindlichkeit befreit.

Trotz seiner Vielfalt wird religiöses Denken vom Naturalismus in *einen* Topf geworfen, indem pauschal von *der* Religion gesprochen wird. Eins aber verbindet viele Religionen tatsächlich, nämlich, dass sie mit der *Wirklichkeit Gottes* rechnen. Auch polytheistische Religionen kennen *einen* höchsten Gott, von dem sich die anderen ableiten. Deshalb spreche ich hier von Gott im Singular, wie es der biblische Monotheismus tut.

Im Kap. 11 wurde gezeigt, dass die Doppelstruktur der Wirklichkeit sowohl einen epistemischen als auch einen ontologischen Aspekt hat, wobei der epistemische aus Fakten- und Beziehungswirklichkeit und der ontologische aus Realität und Potentialität besteht.

Weil Gott nicht beobachtbar sein kann – denn dann müsste es außerhalb seiner einen Beobachter geben – ist klar, dass er in der Faktenwirklichkeit nicht zu finden ist. So kommen wir zu dem Schluss, dass Gottes Wirklichkeit Beziehungswirklichkeit ist und mit der Grundkategorie der Potentialität zu erfassen ist. Dies drücken wir aus mit dem Satz:

(++) Die Wirklichkeit Gottes – sein Wille –
ist die allumfassende Potentialität zum Guten,

denn Wille kann, wie im Kap. 13.2 begründet, als intentionale Potentialität aufgefasst werden. Dieser Satz berührt sich eng mit der Aussage:

„Gott ist unbedingter Wille zum Guten",

in dem Gerd Theißen und Annette Merz in ihrem Buch „Der historische Jesus" [102] das jüdische Gottesverständnis zur Zeit Jesu zusammenfassen.

Der Satz (++) macht dabei keine Aussage *über* Gott, sondern über seine Wirklichkeit. Aussagen über Gott sind immer schon fragwürdig, denn alle unsere sprachlichen Begriffe versagen in Sätzen, in denen 'Gott' als Sub-

---

102 Gerd Theißen, Annette Merz, „Der historische Jesus", Vandenhoeck& Ruprecht, Göttingen 1997, S. 250.

jekt oder Objekt auftritt. Das fängt schon an bei dem Geschlecht, denn alle möglichen Substantive und Personalpronomina haben ein Geschlecht. Wir können also nur *von und mit* Gott reden, aber nicht über ihn. Klar ist immerhin, dass Gott nur personal gedacht und geglaubt werden kann, wie ich im folgenden zeigen will.

14.2. Zur Personalität Gottes

Dass Gott in der Faktenwirklichkeit nicht zu finden ist, steht schon in der Bibel: „Niemand hat Gott je gesehen“ (Joh. 1, 18). Die Wirklichkeit Gottes kann folglich, wie schon gesagt, nur Beziehungswirklichkeit sein. Schon daraus folgt: Gott kann nicht anders, denn als Partner der Kommunikation zwischen uns Menschen und ihm, dem Grund aller Gründe und Schöpfer aller Dinge wirklich sein und muss somit als *Person* gedacht werden. Gottes Beziehungswirklichkeit wird denn auch maßgeblich und klar ausgesagt im 1. Johannes-Brief 4,16:

„Gott ist Liebe; und wer in der Liebe bleibt,
der bleibt in Gott und Gott in ihm.“

Gestehen wir unserer Sprache eine epistemische Autorität zu, so folgt die Personalität Gottes auch aus der besagten sprachlichen Wer–Was- bzw. der grammatischen Subjekt–Objekt-Dichotomie. Es ist also *denknotwendig,* Gott als Person zu denken, denn wir können nur zwischen Personen und Sachen unterscheiden, nach denen mit wer? oder was? zu fragen ist – *tertium non datur.*

Personen sehen wir auch als Träger eines Willens. Den haben wir in Kap. 13.2 als *intentionale Potentialität* charakterisiert. Im Kap. 11 hatten wir ganz allgemein festgestellt, dass und wie die epistemische Doppelstruktur der Wirklichkeit aus Fakten- und Beziehungswirklichkeit mit der ontologischen dualen Struktur aus Realität und Potentialität korrespondiert. Das gilt im besonderen auch für den zentralen Satz (++).

Die Beziehungswirklichkeit Gottes zu uns Menschen wird erfahrbar im *Hören* auf Gottes Wort und im *Gebet.* Für Juden und Christen spricht Gott zu uns aus den im sog. Alten Testament überlieferten Berichten und Zeugnissen aus einer 1000-jährigen Geschichte Gottes mit seinem Volk. Für Christen kulminiert es im Leben, Lehren und Leiden Jesu Christi, der diesem Volk angehörte, wie es im Neuen Testament berichtet und kommentiert wird.

Damit wir es hören und verstehen können, ist Gottes Wort – wie jedes Wort – chiffriert und codiert: hier in der Geschichte und den Geschichten, die in der Bibel überliefert sind. Das Erlösungs- und Versöhnungswort Gottes ist so unerhört, dass es des Lebens, Leidens und Sterbens Jesu bedurfte, um es *für uns* adäquat zum Ausdruck zu bringen. So ist es zu einer erneuerten Ansprache Gottes an die Menschheit geworden[103]. Deshalb ist Jesus von seinen Jüngern und Jüngerinnen als Sohn Gottes erkannt und gewürdigt worden.

Die verantwortungsvolle Aufgabe der christlichen Theologie ist es, das biblisch überlieferte Wort Gottes zu dechiffrieren, für die heutige Zeit zu übersetzen und sinngemäß verständlich zu machen. Das ist eine wissenschaftliche Aufgabe von hohem Rang, bei der sie Erkenntnisse der historischen, philologischen, philosophischen und hermeneutischen Wissenschaften mit Rücksicht auf die Naturwissenschaften heranziehen muss.

Im Gebet wenden sich Glaubende direkt an Gott in Lob und Dank und in der Fürbitte für sich und ihre Mitmenschen. Betende sollten sich fragen, ob es wirklich gut ist, worum sie bitten, denn nur dann kann es dem Willen Gottes entsprechen und Teil seiner Omnipotentialität zum Guten werden, wie es der Satz (++) ausdrückt. So kann der Wunsch und gute Wille als intentionale Potentialität des/der Betenden dazu beitragen, dass das Erhoffte und Erbetene mit Gottes Hilfe auch geschieht.

Nur Gott allein weiß, was wirklich gut ist, und in der Einsicht, die der oder die Fragende gewinnt, spricht Gott unmittelbar zu ihm oder ihr.

Eins aber wissen wir, nämlich dass *Wahrheit* gut ist. Deshalb spricht in jeder Wahrheitserkenntnis, die wir gewinnen, Gott direkt zu uns, denn „Gott will, dass allen Menschen geholfen werde und sie zur Erkenntnis der Wahrheit kommen,“ wie es der Apostel Paulus an Timotheus (1.Tim. 2,3-4) schreibt.

Die große Frage aber ist, ob mit der Behauptung (++) auch eingelöst werden kann, was dem Wort 'Gott' seine Bedeutung verleiht. Nach allgemeinem Verständnis sind es drei Attribute, die untrennbar mit dem Namen Gottes verbunden sind, nämlich

(a) Transzendenz, (b) Güte und (c) Allmacht .

(a) Transzendenz ist in (++) schon deshalb gegeben, weil Potentialität als nicht mess- bzw. beobachtbare Größe per se transzendent ist. Darüber hin-

103 Der Evangelist Johannes drückt es so aus: „Das Wort ward Fleisch und wohnte unter uns, und wir *sahen* seine Herrlichkeit, eine Herrlichkeit als des eingeborenen Sohnes vom Vater, voller Gnade und Wahrheit“ (Joh. 1,14).

aus soll sie allumfassend sein. Auch das ist gegeben, denn infolge des Superpositionsprinzips der Quantentheorie hängen im Prinzip sogar alle Potentialitäten zusammen zu einer allumfassend kohärenten Potentialität, aus der sich die unterscheidbaren Dinge unserer Erfahrung, wie in 10.3 beschrieben, erst durch sog. Dekohärenz herausschälen.
(b) Zur Güte ist hier nur zu sagen, was das Gute ist, und dass es das Gute gibt. Ich halte mich da an Albert Schweitzer[104] und sage im Sinne einer Definition:

> Das wunderbare Geschehen Leben, das die Biosphäre erfüllt, ist gut, und gut ist es,das Leben zu erhalten, daran teilzunehmen und dazu beizutragen, dass es gelingt.

Wirklich gut aber kann nur sein, was – recht verstanden – für alle Lebewesen gut ist[105]. Deshalb ist das Gute in sich *kohärent.* Damit es das sein kann, muss es *ein* allumfassendes Subjekt sein, das weiß, was wirklich gut ist und es deshalb *will. S*omit können wir sagen:

Wo Gutes geschieht, ist Gott am Werk.

So weit, so gut. Problematisch wird es, das Gute und damit die *Güte* Gottes zusammen zu denken mit
(c) der *Allmacht* Gottes.
Im ersten Artikel des apostolischen Glaubensbekenntnisses heißt es: „Ich glaube an Gott, den Vater, den Allmächtigen, den Schöpfer des Himmels und der Erde.“ Der Schöpfer des Himmels und der Erde kann nicht anders gedacht werden als in Begriffen der Allmacht. R*echt verstandene* ‚Allmacht’ ist somit ein denknotwendiges Attribut Gottes.
Gottes Schöpfertum beinhaltet ebenso notwendig sein Zugetansein zu seiner Schöpfung, besonders, was deren Essenz, das Leben betrifft. Dieses Zugetansein wird geglaubt und bezeugt als die universelle *Liebe und Güte* Gottes, des Vaters, wie es in dem schon zitierten Brief des Johannes (1.Joh. 4,16) gesagt wird.
Die beiden unabdingbaren Attribute Gottes – Allmacht und Güte – führen nun aber, wie jeder weiß, unweigerlich zum *Theodizee-Widerspruch,* der

104 Als gut gilt: gilt : „Leben erhalten, Leben fördern, entwickelbares Leben auf seinen höchsten Wert bringen, als böse: Leben vernichten, Leben schädigen, entwickelbares Leben niederhalten. Dies ist das denknotwendige, absolute Grundprinzip des Sittlichen.“ A. Schweitzer, Lesebuch, Becksche Reihe 1133, München 1995, S. 173.

105 Dass es Jäger und Gejagte gibt, dient der Balance und Stabilität eines Ökosystems und ist somit gut für alle darin lebenden Arten, auch für die Gejagten.

schon von Epikur konstatiert worden sein soll und seit Jahrhunderten diskutiert wird. Er lautet:

Angesichts des Bösen in der Welt kann
Gott nicht zugleich allmächtig und gut sein.

Joachim Kahl bezeichnet ihn als eine der beiden Säulen des Atheismus.[106] Man kann jedoch diesen für den Glauben an Gott so fatalen Widerspruch lösen, indem man den Begriff der Allmacht *revidiert*. Ich meine, dass dies auf der Grundlage der Quanten-Ontologie möglich ist.

14.3 Revision bisheriger Vorstellungen von Gottes – Allmacht im Licht der Quanten-Ontologie

Um den allgemein üblichen Begriff der Allmacht, der in den Theodizee-Widerspruch gerät, zu umreißen, zitiere ich das *Bertelsmann-Lexikon:*

> „Allmacht Gottes, von der christl. Theologie gebrauchte dogmatische Formel für die unendliche Vollkommenheit der aktiven Macht Gottes nach außen, die sich auf alles Denkbare erstreckt."

Ergänzend dazu heißt bei *Wikipedia* zunächst:

> „Allmacht als Attribut Gottes kennzeichnet die monotheistischen Religionen.".

Dann werden drei Varianten angegeben, von denen ich die zweite zitiere:

> „Gott kann alles, d.h. auch in den Lauf der Welt eingreifen und dabei auch gegen Naturgesetze verstoßen (d.h. Gott kann Wunder tun), nicht jedoch widersprüchlich handeln."

Diese Vorstellung kann man illustrieren: Gott wird vorgestellt als ein Subjekt, bei dem alle Fäden zusammenlaufen, so wie es im

Bild eines überdimensionalen Marionettenspielers

zum Ausdruck kommt, der an allen Kausalketten wie an Fäden nach Belieben ziehen kann, um *alles* nach seinem unerforschlichen Willen zu bewirken.

Diese hintergründig immer noch vorherrschende Vorstellung ist seit der Antike am irreführenden Vorbild absolutistischer Willkürherrschaft orientiert, wie sie von altorientalischen Herrschern ausgeübt wurde. Sie ist aber inkonsistent und unzutreffend und muss revidiert werden.

---

106 Joachim Kahl „Die beiden Säulen des Atheismus" in: EZW-Texte 16/2011, herausgegeben von Reinhard Hempelmann, Ev. Zentralstelle für Weltanschauungsfragen.

Ich möchte zeigen, dass der Satz (++) Ansätze für eine Revision dieser falschen Vorstellung bietet. Das möchte ich in zwei Schritten tun.
Der *erste*, vorbereitende Schritt besteht in Bemerkungen zum Verhältnis von Gott zu den Naturgesetzen. Es ist ja eines der Hauptargumente des Atheismus, zu sagen: Nicht Gott bestimmt, was geschieht, sondern die Naturgesetze. Die übliche Allmachtsvorstellung, wie ich sie aus Wikipedia zitiert habe, besagt ja, dass Gott „in den Lauf der Welt eingreifen und dabei auch gegen Naturgesetze verstoßen" könne. Auch in dieser Beziehung hat die Quantentheorie wesentliche Klärung gebracht. Die Naturgesetze sind ja gewissermaßen das Fundament und Gerüst von Gottes Schöpfung. Gott hat sie sicherlich nicht geschaffen, um sich selbst zu widersprechen und sie immerfort willkürlich außer Kraft zu setzen, sondern um *durch* sie zu handeln, denn sie beruhen auf der Quantentheorie derart, dass das Weltgeschehen *nicht* wie ein Uhrwerk durchweg deterministisch abläuft. Es durchlief und durchläuft immer wieder empfindliche Phasen, in denen kleinste Ursachen – auch Quantenereignisse – große Folgen haben. Beispielsweise sind dies

- *Punkte der Unbestimmtheit* bei sonst quasiklassisch determinierten, aber nichtlinearen Zusammenhängen, wie es die Chaostheorie gezeigt hat,
- Symmetriebrüche[86] bei Übergängen in neue Ordnungszustände während der kosmischen Geschichte,
- Genmutationen in der Evolution des Lebens sowie
- menschliche Entscheidungen in kritischen Phasen der Geschichte.

Da sind dann Quantenkorrelationen *möglich*, da sind Spielräume für Sinn-Zusammenhänge, die für objektivierende Beobachtung, auf der die Naturwissenschaft beruht, nicht sichtbar werden, weil sie nicht reproduzierbar sind, und deshalb wie blinder Zufall aussehen. Die Allgültigkeit der Naturgesetze beschränkt also *nicht* die Allmacht Gottes, *sondern bringt sie vielmehr zum Ausdruck.*
Da ich die Allmacht Gottes als Ausdruck seines Schöpfertums ansehe, schaue ich im
zweiten Schritt auf die großen Akte seiner Schöpfung in der kosmischen Evolution, wie ich sie sehe. Es sind dies die großen Strukturbildungsakte, die sich in Form von symmetriebrechenden[86] universalen, d.h. das ganze Universum erfassenden *Phasenübergängen*[87] ereignet haben.
Begonnen hat die kosmische Geschichte nach heutigem Wissen vor 13.7 Mrd. Jahren mit dem ursprünglichen Faktifizierungsakt des Urknalls, ei-

ner Singularität[107] der Krümmung der Raumzeit und der Energiedichte. bei dem der Kosmos aus der primordialen Potentialität des sog. *Vakuumzustands*[108] der universalen Quantengravitation hervorging. Dieser allererste Akt bleibt ein Mysterium, da er sich nicht durch Dekohärenz ereignet haben kann, weil es eine Dekohärenz bewirkende Umgebung des gesamten (Quanten-) Kosmos natürlich nicht gegeben hat.

Dieser uranfängliche *Vakuumzustand* der Quantengravitation war die maximal symmetrische, allumfassende primordiale Potentialität, aus der alle Strukturen der Welt durch Faktifizierungsakte hervorgingen. Er war das Nichts, aus dem alles Seiende zusammen mit Raum und Zeit entstand, und es ist wichtig, festzustellen, dass auch und gerade für sie gilt, was wir in Kap. 11.4 für Potentialität generell konstatiert haben, nämlich, dass sie jenseits von Raum und Zeit wirklich ist. Für die primordiale Potentialität, aus der Raum und Zeit *realiter* überhaupt erst hervorgingen, gilt das erst recht. Das heißt nichts anderes, als dass sie das Ziel dessen, was werden soll – auch in der Evolution des Lebens – bereits enthielt. Im Einklang mit dem, was in 13.2 zur Ontologie des Willens gesagt wurde, nämlich dass Wille intentionale Potentialität sei, wage ich die These:

> Die primordiale Potentialität, aus der alle Strukturen der Welt hervorgegangen sind, ist Ausdruck des Schöpfungswillens Gottes.

Gemäß 10.5 stellt sich die Geschichte des Kosmos ganz allgemein als eine unermessliche Fülle konsekutiver Faktifizierungsakte aus der allumfassenden *primordialen* Potentialität dar, die zusammen einen ebenso unübersehbaren Strang sog. „konsistenter Geschichten“ bilden, von denen im Teil 10.5 schon die Rede war. Faktifizierungen erfolgen dabei je und je mit der aus der Potentialität folgenden Wahrscheinlichkeit so, dass die kosmische

---

107 Singularitäten sind in der Mathematik Stellen, in denen eine Größe unendlich groß wird wie etwa 1/x für $x \to 0$. Ende der 60er Jahre bewiesen Stephen Hawking und Roger Penrose, dass die Einsteinschen Gleichungen der Allgemeinen Relativitätstheorie als Folge der anziehenden Wirkung der Gravitation mit Notwendigkeit Singularitäten der Massendichte und der Krümmung der Raumzeit aufweisen.

108 Der Vakuumzustand der Quantengravitation umfasste auch Raum und Zeit als das, was man metaphorisch Raum-Zeit-Schaum nennt, sich aber nicht raumzeitlich vorstellen darf, bevor daraus im Urknall das ursprünglich fast punktförmig,aber unter Geltung der Heisenbergschen Unbestimmtheitsrelation (Kap. 10.1), in sich gekrümmte Quasi-Kontinuum wurde, das wir die Raum-Zeit nennen, die sich seit dem nach einer extrem kurzzeitigen, explosionsartigen Expansion – Inflation genannt – unentwegt ausdehnt.

Geschichte durchaus nicht deterministisch festgelegt war und ist, wie man im Banne der *klassischen* Physik lange Zeit glaubte.
Die klassischen Naturgesetze sind zwar als Grenzfälle der quantenphysikalischen in der meso- und makroskopischen Welt durchaus in Geltung, aber eben nicht durchgängig. Immer wieder gab es in der Naturgeschichte Situationen „auf der Kippe", in denen quantenmechanische *Einzelereignisse* den Ausschlag gaben. Von herausragender Bedeutung waren dabei die frühen Symmetriebrüche[86], die zu kosmischen Phasenübergängen[87] führten. Sie schufen in einer dramatischen Geschichte der ersten 10^{-6} Sekunden des Kosmos eine Struktur, welche äußerst fein darauf abgestimmt ist, dass fast 10 Mrd. Jahre später Leben auf der Erde und vermutlich auch anderswo im Kosmos entstehen konnte. Durch die rasche Abkühlung des expandierenden Kosmos blieben die durch diese Symmetriebrüche entstehenden Strukturen bestehen und konnten nicht mehr durch thermische Prozesse wieder zerstört werden. Sie „froren" gleichsam aus.
Ich zähle diese Symmetriebrüche im folgenden auf, ohne näher auf sie eingehen zu können:
- Die Brechung der primordialen Symmetrie[109] führte zur Ausbildung von Raum und Zeit,
- Die Brechung der sog. GUT-Symmetrie[110] führte zur Architektur der vier fundamentalen Wechselwirkungen, d.h. der starken, der elektromagnetischen, der schwachen, und der gravitativen Wechselwirkung.
- Die Brechung der Materie-Antimaterie-Symmetrie[111] führte zu einem

---

109 Es ist die Symmetrie der noch nicht erkannten Quantentheorie der Gravitation in Einheit mit dem schon bekannten sog. Standardmodell der Teilchenphysik als sog. Theory of everything (TOE).

110 GUT bedeutet Grand Unified Theory, die auch noch nicht voll bekannt ist. Sie ist vermutlich eine supersymmetrische Eichfeldtheorie, deren Symmetriebrechung zu der für das heutige Standardmodell der Elementarteilchen-Theorie geltenden SU(3)xSU(2)xU(1)-Symmetrie geführt hat, wobei SU(3) die Eichgruppe[51] der starken, SU(2) die der schwachen und U(1) die der elektromagnetischen Wechselwirkung ist.

111 Anders als bei den anderen Symmetriebrechungen handelt es sich um eine diskrete Symmetrie, bei der es keineswegs selbstverständlich ist, dass sie überhaupt möglich war. Welche drei Bedingungen erfüllt sein mussten, zeigte 1967 der sowjetische Physiker, Friedens-Nobelpreisträger und Menschenrechtler Andrei Sacharow (1921-1989): Erstens war das thermische Gleichgewicht gestört, weil die Zahl der Teilchen nicht mehr mit der der Antiteilchen übereinstimmte. Zweitens mussten die sonst bei allen Prozessen beobachtete

winzigen, aber für dass Schicksal des Kosmos entscheidenden Materie-Überschuss von 1:10^{9}. D.h. auf 1 Mrd. (10^{9}) Teilchen kamen 10^{9}–1 Antiteilchen). Ohne diesen Überschuss wären bei den darauf folgenden Zerstrahlungsprozessen zwischen Teilchen und Antiteilchen nur noch die dabei entstehenden Photonen und keinerlei Materie übrig geblieben.
- Die Brechung der „elektro-schwachen“ Symmetrie ließ das Licht hervortreten.
- Die Brechung der Symmetrie des Higgs-Feldes gab den elementaren Teilchen ihre Masse,
- Der sog. Confinement-Phasenübergang im Quark-Gluon-Plasma[112] führte zum Einschluss von je drei Quarks zu einem Nukleon (Proton oder Neutron).

Wirklich stabil ist aber nur das Proton, das den Kern des Wasserstoffatoms bildet. Das *freie* Neutron hingegen ist etwas schwerer (um 0,14%) als das Proton und zerfällt mit einer Halbwertzeit von etwa 10 Min. in Proton, Elektron und Neutrino. Gebunden in nicht radioaktiven Atomkernen, aber ist auch das Neutron stabil. Aus Protonen und Neutronen bildeten sich dann die ersten zusammengesetzten Atomkerne wie die des Deuterons, des Heliums und des Lithiums.
- Auch die Galaxien-Ballung lässt sich als die Brechung der räumlichen Symmetrie, der Homogenität und Isotropie des protostellaren Gases, beschreiben.

Wichtig ist mir die Feststellung, dass diese Symmetriebrechungen (von der diskreten Materie-Antimaterie-Symmetrie abgesehen) ausgehen von einer zufälligen Fluktuation des jeweils symmetrischeren Ausgangszustan-

---

Erhaltung der Baryonenzahl und drittens die sog. CP-Symmetrie verletzt sein. Dabei bedeuten C die Ladungsumkehr- und P die Paritäts-Operation, bei der die Ortskoordinaten in ihr Negatives verkehrt (gespiegelt) werden. Dies geschah im Laufe der *Baryogenese*, bei der die aus je drei Quarks zusammengesetzten *Baryonen* entstanden. Quarks sind die elementaren Hadronen, die über den Austausch von Gluonen 'stark' miteinander wechselwirken.

112 Der Kosmos bestand bei Temperaturen von über 10^{25} Grad aus dem Quark-Gluon-Plasma aus noch ungebundenen Quarks und Gluonen, in dem sich flüchtig allerlei Baryonen bildeten, von denen aber nur die beiden *Nukleonen* Proton und Neutron stabil sind und bei weiterer Abkühlung übrig blieben. Das war der sog. Confinement-Phasenübergang, bei dem die drei Quarks *(uud)* im Proton und *(udd)* im Neutron sehr fest mit einer Kraft, die mit ihrem Abstand zunimmt, gebunden, gleichsam eingeschlossen („confined“) wurden. Dabei stehen *u* für das 'up'- bzw. *d für das* 'down'- Quark.

des, die dann durch einen kooperativen Prozess zu einer im Detail zuvor unbestimmten Struktur führen analog zu dem, was in Fußnote 87 beschrieben wurde.

Ich merke hier an, dass auch die Entstehung biologischer Arten im Laufe der Evolution des Lebens nach dem Muster eines Phasenübergangs[87] beschrieben werden kann: Die Genmutation wäre in diesem Fall die Fluktuation. Der kooperative Prozess wäre hier die gesteigerte Vermehrung der neuen Varietät, die die konkurrierenden Varianten verdrängt und sich dadurch als eine neue Art etabliert.

Die Abfolge dieser universalen Symmetriebrüche führte, wie schon gesagt, zu einer Struktur, die äußerst fein abgestimmt ist auf die Möglichkeit von Leben, wie wir es kennen. Dabei haben sich die Kopplungskonstanten der vier fundamentalen Wechselwirkungen sowie die Ladungen und Massen der elementaren Teilchen in engen Grenzen gerade so ergeben, wie sie sein müssen, damit Leben überhaupt möglich ist. Man spricht deshalb von einem *„anthropisch“* strukturierten Weltall.

Aus der langen Liste der Feinabstimmungen[113], die hauptsächlich die Kopplungs-Konstanten der vier fundamentalen Wechselwirkungen und die Massen und Ladungen der elementaren Hadronen und Leptonen umfasst, möchte ich nur zwei hervorragende herausgreifen. Die eine betrifft den Kosmos als ganzen nämlich, dass es überhaupt Galaxien und Sterne gibt, und die andere das Leben als ganzes, nämlich dass es genügend Kohlenstoff gibt, ohne den ja Leben nicht möglich ist.

Die erstere betrifft die mittlere Massendichte ρ (Masse pro Volumen) des Kosmos, die die Gravitation im Großen bestimmt. Sie muss nämlich sehr genau auf die kritische Massendichte ρ_c an der Grenze zwischen Expansion und Kontraktion des Kosmos eingestellt sein, damit die Bildung von Galaxien überhaupt erfolgen konnte. Das heißt: Das zeitunabhängige Verhältnis $\Omega = \rho/\rho_c$ muss sehr genau = 1 sein, so dass nach Einsteins Theorie die Krümmung des Weltraums im Großen gleich Null und seine Geometrie im Großen Euklidisch[114] ist. Wäre Ω nur wenig größer als 1, so würden sich fast alle Massen zu schnell zusammenballen und zu Schwarzen Löchern oder Neutronensternen kollabieren, aber nicht Milliarden von Jahren als thermonukleare Öfen in einer Spiralgalaxis ruhig brennen, wie

113 Peter C. Hägele, Jahrbuch der Karl-Heim-Gesellschaft, 18. Jahrgang 2005, Frankfurt a. M.: Peter Lang. Europäischer Verlag der Wissenschaften 2006.

114 Euklidisch nennt man eine Geometrie, in der die Axiome Euklids gelten, aus denen bspw. folgt, dass die Winkelsumme im Dreieck 180 ° ist und der Satz des Pythagoras gilt.

es unsere Sonne in der Milchstraße als ein sog. Hauptreihenstern tut und dadurch Leben ermöglicht. Wäre aber Ω nur wenig kleiner als 1, so würde die kosmische Expansion die Massen so schnell auseinander treiben, dass eine Galaxien-Ballung gar nicht möglich gewesen wäre.

$\Omega = 1$ ist nun aber alles andere als trivial. Die Massendichte ρ setzt sich nämlich zusammen aus der Dichte der sichtbaren, sog. baryonischen Materie, aus der die Galaxien bestehen, der elektromagnetischen Strahlungsdichte einschließlich der kosmischen Hintergrundstrahlung, der Dichte der noch weitgehend unbekannten dunklen (nicht strahlenden) Materie sowie der Dichte der „dunklen Energie". Wieso sich diese Beiträge, die anscheinend nicht viel miteinander zu tun haben, so genau zu ρ_c addieren, ist rätselhaft.

Die zweite der Feinabstimmungen, die ich erwähnen möchte, betrifft die sog. Nukleosynthese, also die Bildung der zusammengesetzten Atomkerne. Beim Urknall entstanden nämlich aus den elementaren Nukleonen Proton (dem Kern des Wasserstoffs) und Neutron nur die leichtesten Atomkerne, nämlich neben dem Deuteron (der Kern des schweren Wasserstoffs, bestehend aus Proton und Neutron) zu etwa 25% das α-Teilchen, (der Kern des Heliums, bestehend aus zwei Protonen und zwei Neutronen) sowie in Spuren Kerne des Lithiums. Alle anderen schweren Atomkerne entstanden erst nach der gravitativen Ballung des primordialen Gases in Galaxien und Sternen und der Zündung von Kernfusionsreaktionen in den Sternen durch Wiedererhitzung des komprimierten Wasserstoff-Helium-Plasmas auf mehrere Millionen Grad. So entstand das sog. Wasserstoffbrennen, bei dem die Energie freigesetzt wird, die die Sterne Milliarden Jahre leuchten lässt bis der Wasserstoff-Vorrat in ihrem Innern thermonuklear „verbrannt" ist.

Eine dieser Fusionsreaktionen ist der sog. 3α-Prozess, bei dem letzten Endes aus drei Heliumkernen – α-Teilchen – mit dem Atomgewicht 4 ein Kohlenstoffkern mit dem Atomgewicht 12 entsteht.

Da Dreier-Stöße viel zu unwahrscheinlich sind, erfolgt diese Reaktion wahrscheinlicher durch Zweier-Stöße über das Zwischenprodukt Beryllium mit dem Atomgewicht 8 in folgender Reaktionskette:

$$^{4}He + {}^{4}He \rightarrow {}^{8}Be^{*} \text{ und dann } {}^{8}Be^{*} + {}^{4}He \rightarrow {}^{12}C^{*}.$$

Zunächst entsteht also ein angeregter Zustand des Berylliums, hier durch einen * gekennzeichnet, der ungewöhnlich lange lebt, so dass er von einem weiteren α-Teilchen getroffen werden kann. Ein Kohlenstoffkern entsteht dabei aber nur deshalb, weil die Energie von $^{8}Be^{*}$ und ^{4}He zusammen gerade *genau* der eines angeregten Zustands $^{12}C^{*}$ entspricht. Das ist die in Rede stehende Feinabstimmung, die besonders bemerkenswert ist, weil es sich dabei um einen angeregten, d.h, *virtuellen* Zustand des Kohlenstoffkerns im frühen Weltall handelt, dem alles Leben seine Existenz verdankt. Er blieb bestehen, weil die weitere Reaktion $^{12}C + {^4He} \rightarrow {^{16}O}$ keinen resonanzfähigen Zustand O* des Sauerstoffkerns findet. Der britische Astrophysiker Fred Hoyle (1915-2001), der diese Zusammenhänge erkannte, schrieb dazu: „Nichts hat meinen Atheismus so sehr erschüttert wie diese Entdeckung".

Fasst man alle Fakten zusammen, die die Feinabstimmung des Kosmos auf die Möglichkeit von Leben ausmachen, so drängt sich auf die Frage

Warum ist die Welt so, wie sie ist?

die Antwort des sog. *anthropischen Prinzips* auf:

> Die Welt ist so, wie sie ist, weil/damit Leben möglich ist und mit ihm auch der Mensch, der als erkennendes Wesen diese Welt überhaupt erst zur Kenntnis nehmen kann.

Es spricht dem Leben eine zentrale Bedeutung für den Kosmos zu und wird in zwei Versionen vertreten, nämlich der 'weil'-Form, die man das schwache und der 'damit'-Form, die man das starke anthropische Prinzip nennt.

Die 'weil'-Form ist deskriptiv und fast trivial. Eine Antwort auf die Warum-Frage gibt sie nur, wenn man sie als Auswahlprinzip in Anwendung auf die *Multiversums*-Hypothese auffasst, die annimmt, dass es nicht nur einen Kosmos – den unseren – sondern unermesslich viele Kosmen „gibt", unter denen es eben zufällig mindestens den einen – unseren – gibt, in dem intelligente Wesen wie wir möglich sind, die dann solche Fragen stellen können. Dumm ist nur, dass man nicht sagen kann, was "es gibt" eigentlich heißen soll, weil man andere Welten nicht empirisch feststellen bzw. beobachten kann. Denn könnte man es, dann wären sie eben keine anderen Welten, sondern gehörten zu der unseren.

Das bedeutet, dass die Multiversums-Hypothese nicht falsifizierbar ist und nach Karl Poppers allseits anerkannter „Logik der Forschung" nicht den Rang einer naturwissenschaftlichen Hypothese beanspruchen kann und somit als *metaphysisch* anzusehen ist.

Die 'damit'-Form hingegen ist per se metaphysisch, denn sie orientiert auf ein nicht-immanentes *Ziel* der kosmischen und der biologischen Evolution und kommt deshalb für den Naturalismus nicht in Frage. Das bedeutet, dass dieser sich mit der 'weil'-Form begnügen und auf die *Multiversums-Hypothese* stützen muss und somit ebenfalls nicht ohne Metaphysik auskommt.

Im Sinne des anthropischen Prinzips hat also die Entstehung des Lebens und der Beginn seiner Evolution auf der Erde vor fast 4 Mrd. Jahren eine sinngebende Bedeutung für den ganzen Kosmos als ein Akt, der naturmöglich, aber nicht natur-notwendig war.

Im Kap. 8.1 zeigte sich, dass *Information, Bedeutung, Beziehung, Sinn, „verstehen"* die Merkmale sind, die das Leben lebendig machen. Sie kommen in der unbelebten materiellen Natur nicht vor und sind ihr auch völlig fremd.

Somit stellt sich die Frage, woher diese Merkmale kommen. Weil sie nicht messbar sind, gibt es sie in der Faktenwirklichkeit nicht. Sie gehören in die Beziehungswirklichkeit. Es muss also schon vor Entstehung des Lebens eine primäre Beziehungswirklichkeit gegeben haben, aus der sie stammen. Für den Gottesglauben ist klar, dass sie als „Odem des Lebens" (1. Mos. 2,7) von Gott, dem Schöpfer, gekommen sind, damit Leben und mit ihm der Mensch als erkennendes Wesen möglich wurden, wie es die starke Form des anthropischen Prinzips aussagt. Dessen Antwort auf die Warum-Frage lautet somit:

> Die Welt ist so, wie sie ist, weil Gott sie
> als Heimstatt des Lebens so g*ewollt* hat.

Der Zielpunkt beider biblischen Schöpfungsgeschichten ist eindeutig der Mensch als „Ebenbild Gottes" (Gen. 1,27), weshalb man ihn auch „Krone der Schöpfung" genannt hat. Es ist nicht verwunderlich, dass Naturalisten im Gegenzug bestrebt sind, den Menschen im Kontext der Evolutionstheorie herabzuwürdigen und seine herausgehobene Stellung im Gesamtzusammenhang des Lebens zu bestreiten.

Was lehrt uns nun der Blick auf die naturwissenschaftlich beschriebenen großen Strukturbildungsakte der Schöpfungsgeschichte?

Man kann sagen, dass *solche* zielführenden „Phasenübergänge", wie ich sie aufgeführt habe, in einem sehr verallgemeinerten Sinne als ein paradigmatisches Muster des Handelns Gottes angesehen werden können, denn ihr Kennzeichen ist die jeweils von einer unverfügbaren Fluktuation angestoßene, durch Ordnungsparameter geleitete, *unwiderstehliche* Kooperativität, die zu einer qualitativ neuen Struktur des jeweiligen Systems führt. Darüber hinaus können sich die einzelnen Potentialitäten zum Guten, die ja überzeitlich wirksam sind, einfügen in eine zeitübergreifende,

zielführende Kohärenz. So kann sich eine *unwiderstehliche* Macht zum Guten, d.h. zum Leben, als Erfüllung des Willens Gottes entfalten.
So also zeigt sich die Allmacht Gottes. Sie zeigt sich ganz anders als im oben gezeichneten Bild eines universalen Marionettenspielers, der an allen Kausalketten zieht, um seinen Willen auszuführen.
Die beiden oben angeführten Aussagen:

„Gott ist der unbedingte Wille zum Guten" und

(++) Die Wirklichkeit Gottes – sein Wille – ist seine Omnipotentialität zum Guten,

können zu einer Gottesvorstellung führen, in der der Theodizee-Widerspruch entschärft ist, wie ich im Folgenden andeuten möchte:
Das beginnt *erstens* damit, dass Potentialität zum Guten ein sinnloser Begriff wäre, gäbe es nicht auch Potentialitäten des Bösen, denn sonst wäre es ja nicht *Potentialität.* Überhaupt ist festzuhalten, dass es ohne Böses auch nichts Gutes, sondern nur Gleichgültiges gäbe. Es gäbe keine Entwicklung, es gäbe kein „Leben des Lebens", wie man die Evolution auch nennen kann. Ich gehe sogar so weit, zu sagen: ohne Böses bis hin zum Tod, gäbe es auch das eigentlich Gute, das Leben nämlich, nicht.
Wollte und will Gott damit auch das Böse? Nein, Gott wollte und will das Leben, das aber ohne Böses kein Leben wäre,denn ohne Tod ist Leben nicht möglich: „Mitten wir im Leben sind mit dem Tod umfangen", weiß das uralte Kirchenlied, aber es impliziert auch die Umkehrung, nämlich, dass „wir mitten im Tode vom Leben umfangen sind" (Johannes Calvin).
Zweitens ist der entscheidende Unterschied zwischen der Potentialität des Guten und den Potentialitäten des Bösen, dass erstere *kohärent* ist, während die letzteren inkohärent sind, denn Bosheit besteht meist gerade darin, Kohärenzen des Guten zu stören oder gar zu zerstören. Die Potentialität des Guten im quantenphysikalischen Sinne ist deshalb kohärent, weil das Gute im ethischen Sinne kohärent ist, denn wirklich gut kann nur sein, was für alle gut ist. So muss es auch sein, weil die umfassende, die Omnipotentialität zum Guten, die Wirklichkeitsform des sinnbestimmenden Willens Gottes ist.
Das heißt *drittens* aber auch: Gottes Wille zum Guten kann kein *Zwang* zum Guten sein, denn dann wäre er schon nicht mehr gut. Würde Gottes Wille immer und überall zwanghaft geschehen, wäre die zweite Bitte im 'Vater Unser' – „Dein Wille geschehe" sinnlos. Schon diese Bitte insinuiert, dass es möglich ist, *gegen* Gottes – im revidierten Sinn allmächtigen – Willen sündhaft oder frevelhaft zu handeln und Böses zu tun.
Viertens ist die Allmacht Gottes gewaltlos, wie es bei Sacharja 4, 6 heißt:

„Es soll nicht durch Heer oder Kraft, sondern durch meinen Geist geschehen, spricht der Herr Zebaoth.“

In der menschlichen Geschichte hat die Allmacht Gottes etwas zu tun mit dem „eigentümlich zwanglosen Zwang des besseren Arguments“ (Habermas), d.h. mit der Überzeugungskraft der Wahrheit[115]. Selbst die Marxisten, die sich ja als Materialisten verstehen, haben der Wahrheit Allmacht zugetraut, wenn sie mit Lenin verkündeten: „Die Lehre von Marx ist allmächtig, weil sie wahr ist.“ Zwar stimmt dieser Satz nicht, weil der Nebensatz nicht stimmt, aber dass Wahrheit allmächtig sein kann, sagt er in dem hier gemeinten Sinne aus.

Fünftens kann die Wahrheit im vollen Sinn des Wortes, zu dem die Regeln der Bergpredigt gehören, im Sinne der synergetischen Systemtheorie (s. 14.71) dermaleinst zum allgültigen „Ordnungsparameter“ für einen „Phasenübergang“ der menschlichen Gesellschaft zu einer neuen, wirklich nachhaltigen Sozialstruktur der Menschheit werden, in der es zu einer lebensnotwendigen nachhaltigen Symbiose von Kultur und Natur in der Biosphäre kommt.

*Sechstens ist d*ie Allmacht Gottes somit ein Zukunfts- und Hoffnungsbegriff: Sie wird sich erweisen an der Erfüllung der Verheißung des Reiches Gottes, in dem „Gerechtigkeit und Friede sich küssen“ und die ganze Schöpfung einbezogen ist so, wie es Paulus im Römerbrief (Kap. 8, 21-25) vor Augen hat.

Es mag deutlich geworden sein, dass das überkommene Gottesbild des allmächtigen Allesmachers, wie ich es mit der metaphorischen Vorstellung eines übermächtigen Marionettenspielers beschrieben habe, der alle Fäden zu allem in der Welt in der Hand hat und nach seinem gnädigen oder strafenden Belieben daran ziehen kann, *inkonsistent* ist und außerdem *inadäquat* ist zu dem, was uns die Naturwissenschaften, vornehmlich die Physik, über die Weltwirklichkeit lehren.

Zu den Attributen Allmacht und Güte Gottes gehört ganz und gar, dass Gott der Gott des Lebens ist, denn das Leben ist, wie wir gesehen haben, die sinngebende Essenz seiner Schöpfung. Angesichts der überwältigenden Schönheit und Harmonie der Architektur des Kosmos und angesichts der gewaltigen Dramaturgie seiner Entstehungsgeschichte zur Heimstatt des wundervollen Sinn-Gebildes des biosphärischen Lebens wohl nicht

115 „Gott will, dass allen Menschen geholfen werde und sie zur Erkenntnis der Wahrheit kommen.“ (1. Tim. 2, 3-4)

nur auf unserem Planeten scheint mir der allmächtige und gütige Gott des Lebens angemessener vorstellbar zu sein im

> Bild des Komponisten und Dirigenten_dieses wundervollen Konzerts:
> Die Naturgesetze sind der Entwurf für die Partitur, deren Noten,
> evolutionär ausgearbeitet, bis hin zu den Genomen der Lebewesen
> gehen, welche die zahllosen Mitwirkenden sind.

Wer schon einmal im Chor oder Orchester an einer gelingenden Aufführung mitgewirkt hat, weiß, wie viel Freude das macht, denn die Musikanten sind keine Marionetten, sondern zuhörende Mitgestalter, geleitet durch die Musik gleichsam als „Ordnungsparameter", geführt und gestaltet durch den Dirigenten, der weder zwingen kann noch will.
Natürlich kommen Unsauberkeiten, Misstöne und sogar Patzer vor, aber das macht, dass Musik *lebt – im Gegensatz zu* einer von einem Computerprogramm gesteuerten Pseudomusik marionettenhafter Tongeneratoren.
Wir können diese Musik hören, wenn wir aus dem ohrenbetäubenden Lärm des modernen Lebens aufatmend in die Stille der unberührten Natur eintreten. Da kann man einfach innerlich mitsingen und so den Komponisten und geheimen Dirigenten dieser wunderbaren Musik des Lebens spüren, loben und preisen.

14.4 Die Persistenz der Seele bei Gott

Als Konsequenz der These (##), wonach die Seele eines Menschen die Potentialität des bewussten Zustands seines Gehirns ist, hatten wir im Kap. 13,2 konstatiert, dass sie wie alle Potentialitäten jenseits von Raum und Zeit *ist* und deshalb über den Tod hinaus persistiert. Zudem haben wir im vorangehenden Abschnitt 14.1 die These (++) begründet, dass die Wirklichkeit Gottes die allumfassende Potentialität zum Guten sei. Zweifellos hat jeder Mensch in seinem ganz kleinen Wirkungskreis auch *seine* Potentialität zum Guten und damit Anteil an der allumfassenden. Weil nur Gott weiß, was wirklich gut ist, ist der Mensch, der Gutes will, gut beraten, nach Gottes Willen zu fragen, d.h. zu *beten.* Das *Gebet* ist die Weise, mit der sich jeder Mensch in Beziehung zu Gott setzen kann.
Gott „im Geist und in der Wahrheit[116] anzurufen, kann dann heißen, sich mit dem eigenen Fühlen und Wollen einzubringen und einzufügen in den

116 Im Gespräch mit der Samariterin am Jakobsbrunnen sagte Jesus: "Gott ist Geist, und die ihn anrufen, müssen ihn im Geist und in der Wahrheit anrufen." (Joh. 4,24)

Willen Gottes. Guter Wille eines Menschen als Voraussetzung für gutes Tun kann dann gesehen werden als Kohärenz seiner Potentialität mit dem Willen Gottes als der Potentialität zum Guten schlechthin.

> „Das ist die Zuversicht, die wir haben zu Gott:
> Wenn wir um etwas bitten nach seinem Willen, so hört er uns"

heißt es im 1. Johannesbrief 5,14. So hat jeder Mensch mit dem, was er Gutes tun kann und will – und schon sein Leben als solches ist gut – seinen Platz bei Gott:

> „Erforsche mich, Gott, und erkenne mein Herz; prüfe mich und erkenne, wie ich's meine. Und sieh, ob ich auf bösem Wege bin, und leite mich auf ewigem Wege."

So steht es im Psalm 139, 23-24. Der Gegensatz von gut und böse erscheint hier als der Gegensatz von ewig und vergänglich: Gutes bleibt, weil es bei und von Gott ist; Böses aber ist inkohärent, nichtig und damit vergänglich. Entsprechend liest man im Vers 11 des 3. Johannes-Briefs:

> „Wer Gutes tut, der ist von Gott,
> wer Böses tut, der hat Gott nicht gesehen."

Unvergänglich ist somit die Seele eines Menschen nach seinem Tode. In dem Maße, wie sie ihre Willensfreiheit genutzt hat, um den Willen Gottes zu tun, geht sie nicht unter im Chaos der sich ansonsten heillos widersprechenden, also annullierenden menschlichen Potentialitäten, sondern hat Bestand als der Beitrag *ihrer* Potentialität zum Guten in und bei der umfassend kohärenten, zeitlich und räumlich nichtlokalen, also immer und überall präsenten Potentialität zum Guten, welche die Wirklichkeit Gottes als sein Wille ist.

Das ist gemeint, wenn wir sagen, dass die Seele eines Verstorbenen heimgegangen sei zu Gott. Sie geht ein in das Gedächtnis Gottes[117] von wo aus sie gleichsam „erinnert" werden kann, wenn immer entsprechend Gutes geschehen soll. Das ist es, was Christen als *ewiges Leben* glauben.

Muss man nicht aber annehmen, dass die Seele als Teil dieser umfassenden Potentialität des Guten ihre personale Identität verliert? Wer wollte das wissen?

Zu den im Anhang beschriebenen Gemeinsamkeiten der Todesnähe-Erlebnisse gehört die Begegnung mit Verstorbenen. Dies kann man als Hinweis

---

117 In Psalm 111, 4 heißt es:
"Er hat ein Gedächtnis gestiftet seiner Wunder, der gütige und barmherzige Herr."

dafür ansehen, dass die personale seelische Identität der bei Gott fortbestehenden Potentialitäten nicht verloren geht[118].
Auch andere – medial begabte – Menschen bezeugen, dass sie mit der persönlich identifizierten Seele Verstorbener kommunizieren können, was in der hier entwickelten Vorstellung heißt, dass sie mit der Potentialität ihres Bewusstseins in Kohärenz mit der bei Gott aufgehobenen Potentialität des Verstorbenen treten können.
Wer hingegen seine Willensfreiheit ohne Reue eigensüchtig missbraucht hat, dessen Seele ist mit ihren nicht bereuten Potentialitäten zum Bösen inkohärent und geht unter im Chaos widerstreitender Interessen und wird so von Gott gerichtet, der die Omnipotentialität zum Guten auf für uns nicht fassbare Weise personalisiert. Bei aufrichtiger Reue – und sei es im letzten Stündlein – aber gilt die Zusage des barmherzigen Gottes, dass er diese Inkompatibilität nicht zurechnet, sondern tilgt und den Sünder aufnimmt in sein ewiges Gedächtnis.
Es ist wohlbekannt, dass Meditationskundige einen Geisteszustand, die sog. *unio mystica* erreichen können, in dem sie die Erfahrung des harmonischen „Eins-Seins mit allem" machen. Es liegt nahe, dies als einen Zustand besonderer Kohärenz der eigenen seelischen Potentialität mit der allumfassenden Potentialität Gottes anzusehen.
Ein ähnlicher außerordentlicher Geisteszustand wird von Menschen an der Schwelle des Todes erlebt. Es gibt zahlreiche Berichte von Menschen, die von dort in das normale Leben zurückkehrten. Sie weisen trotz aller Verschiedenheit der Personen und äußeren Situationen bemerkenswerte Gemeinsamkeiten auf, die im Anhang beschrieben sind. Woher sollten sie davon wissen? Dass sie gemeinsames *genetisches* Erbe der Menschheit sind und nun „erinnert" werden, ist bei allem, was man über die Wirksamkeit des Genoms weiß, ganz unplausibel. Plausibler ist die Annahme, dass Menschen an der Schwelle des Todes mit ihrer seelischen Potentialität in Kohärenz geraten mit einer übergreifenden Potentialität als einer transpersonalen geistigen Wirklichkeit, die diese Gemeinsamkeiten vermittelt.

---

118 In dem Video, das bei bei www. Spiegel.tv/Einblicke ins Jenseits unter https://www.youtube.com/watch?v=apM9ZuxmdM zu finden ist, berichtet Christine Stein von ihrem Nahtod-Erlebnis bei Herzstillstand während einer umfangreichen Operation nach einem Autounfall. Dieses Erlebnis geschah nach dem Muster, wie es im Anhang beschrieben wird. Sie begegnete dabei ihren Großeltern mütterlicherseits, die sie zuvor nie kennen gelernt hatte, aber doch genau wusste, dass sie es waren.

In einigen Fällen haben sich solche Nahtod-Erlebnisse auf der Intensivstation eines Krankenhauses ereignet, wo auch die neuro-elektrische Hirnaktivität überwacht wurde. Besonders beeindruckend und wichtig sind die Nahtod-Erlebnisse von Dr. Eben Alexander[153], bei dem die Großhirnrinde (Neocortex) außer Funktion war, und von Pamela Reynolds[154], bei der zusätzlich auch noch der Hirnstamm ausgeschaltet war. Berichte über beide Fälle finden sich im Anhang. Sie widersprechen eindrucksvoll der Allgemeingut gewordenen naturalistischen Auffassung, dass mit dem Tode das Bewusstsein – die Seele – endgültig erlischt. Auch Eben Alexander teilte diese Auffassung *vor* seinem Erlebnis und drückte sie folgendermaßen aus:

„Wenn man kein funktionierendes Gehirn hat, kann man nicht bewusst sein. Das liegt daran, dass das Gehirn die Maschine ist, die das Bewusstsein überhaupt erst erzeugt. Wenn diese Maschine ihre Funktion einstellt, kommt auch das Bewusstsein zum Erliegen".

Aber sein Erlebnis hat ihn eines Besseren belehrt:

„Meine Erfahrung hat mir gezeigt, dass der Tod des Körpers und des Gehirns nicht das Ende des Bewusstseins ist und dass menschliche Erfahrung über das Grab hinausgeht."

Der Umstände wegen ist der Fall von Pamela Reynolds wohl noch eindrucksvoller. Um eine gefährliche Hirnoperation ausführen zu können, wurde ihr Blut auf 15,5°C abgekühlt und bis auf 40% aus ihrem Gehirn ausgeleitet, das dadurch komplett außer Funktion war. Trotzdem hatte sie während dieser Zeit ein Außerkörperlichkeits-Erlebnis, bei dem sie sowohl klare akustische und optische Wahrnehmungen ihrer äußeren Umgebung im OP-Saal hatte, die später verifiziert wurden, als auch dann ein intensives Nahtoderlebnis der im Anhang geschilderten Art.
Beide Beispiele belegen nahezu zwingend:

Das Bewusstsein ist kein Epiphänomen des Gehirns

oder mit den Worten Eben Alexanders: Das Gehirn ist *nicht* eine „Maschine, die das Bewusstsein überhaupt erst erzeugt".
Von einer kausalen Abhängigkeit im Sinne einer *Emergenz* aus oder *Supervenienz*[119] über der Elektrophysiologie des Gehirns kann keine Rede

119 Unter *Emergenz* versteht man die „Möglichkeit der Herausbildung von neuen Eigenschaften oder Strukturen eines Systems infolge des Zusammenspiels seiner Elemente", wobei „sich die emergenten Eigenschaften des Systems nicht – oder jedenfalls nicht offensichtlich – auf Eigenschaften der Elemente zurückführen, die diese isoliert aufweisen." (Wikipedia).

sein, denn es gab bewusste Wahrnehmungen in der Zeit, als die neuroelektrische Aktivität der Gehirne dieser beiden Patienten definitiv erloschen war.
Zu dieser Schlussfolgerung kommen – gestützt auf zahlreiche weitere Belege – auch der Kardiologe Pim van Lommel in seinem Buch „Endloses Bewusstsein – Neue medizinische Fakten zur Nahtoderfahrung“ sowie der vielseitige Biologe Michael Nahm in seinem Buch „Wenn die Dunkelheit ein Ende findet – Terminale Geistesklarheit und andere Phänomene in Todesnähe“ [120] . Hingegen ist der Befund dieser beiden und anderer Nahtoderfahrungen mit der These (##) in Kap. 13.2 vereinbar, da die quantenphysikalische Potentialität überzeitlich und überräumlich auf nicht klassisch-kausale Weise wirksam ist, so dass nach dem im Abschnitt 13.21 Dargelegten gesagt werden kann: Stirbt der Mensch und mit ihm sein Gehirn, so stirbt der Protokollant, nicht aber seine Seele. Weil er nur über seinen Protokollanten mit seinen Mitmenschen physisch kommunizieren konnte, scheidet er mit seinem Tode endgültig aus der Gemeinschaft seiner hinterbliebenen Mitmenschen aus. Seine Seele aber persistiert jenseits von Raum und Zeit.
Die Rede vom Leben *nach* dem Tode ist insofern irreführend, als es sich jenseits der Zeit nicht um ein zeitliches *nach* handeln kann.

14.5 Vermutungen darüber, was der Seele bei einem Nahtoderlebnis widerfährt

Wenn in der Nähe des Todes mit der elektrophysiologischen Aktivität auch die faktifizierende Protokollfunktion des Gehirns aussetzt, tritt eine Entkopplung von Hirn und Bewusstsein ein. Das Bewusstsein verliert seine Verankerung im Diesseits, verlässt Raum und Zeit, persistiert aber weiter, wie die Todesnähe-Erlebnisse auch bei Null-Aktivität des Gehirns zeigen. Ich vermute nun, dass der vom Gehirn abgekoppelte Zustand des Be-

---

Supervenienz liegt vor, wenn in einem System eine Menge A seiner Eigenschaften von einer Menge B seiner Eigenschaften derart abhängt, dass „eine Änderung in A begleitet wird von Änderungen in B, jedoch nicht notwendig umgekehrt. Anders ausgedrückt: Es ist nicht möglich, A zu ändern, ohne B zu ändern.“

120 Pim van Lommel: „Endloses Bewusstsein – Neue medizinische Fakten zur Nahtoderfahrung, Knaur Taschenbuch 2013, S. 193.
Michael Nahm: „wenn die Dunkelheit ein Ende findet – Terminale Geistesklarheit und andere Phänomene in Todesnähe“, Crotona Verlag 2012

wusstseins den Status eines „virtuellen Zustands“ hat, wie ihn Lothar Schäfer erhellt hat[121] .
Erlebt wird dies so, als ob die Seele als der virtuelle Zustand des Bewusstseins den Körper verlässt und zurückkehrt, sobald das Gehirn wieder arbeiten kann. Dabei bringt sie mit, was sie derweil „erlebt“ hat und nun in das Gedächtnis des wieder funktionierenden Gehirns einschreibt, um es später zu erinnern. Der Erinnerung, wie sie nach dem Aufwachen aus dem Koma kommuniziert wird, stehen aber keine anderen Wortbilder zur Verfügung als die in unserem alltäglichen Raum- und Zeit-Erleben gewonnenen. Deshalb wird dies als räumliches „Verlassen“ des Körpers in „zeitlichem“ Nacheinander beschrieben. Eben Alexander berichtet ausdrücklich von einem Gefühl der Zeitlosigkeit im Zustand der Außerkörperlichkeit.
Man muss sich ja vor Augen halten, dass unser Erleben des beständigen Zeitstroms herrührt von der ununterbrochenen Faktifizierung der geistigen Inhalte des Bewusstseins durch Kodierung im Gehirn, die im Zustand der Bewusstlosigkeit aber gerade aussetzt. Die Phase der Abkopplung des Bewusstseins – der Seele – vom stillgelegten Gehirn mag erlebt werden als die Dunkelheit im Tunnel oder als die „Regenwurmperspektive“ in der Dunkelheit des Erdreichs, wie Eben Alexander[153] sie beschreibt.
Die Nicht-Dekohärenz des Quantenzustands des Bewusstseins eines Menschen ist ja auch die Möglichkeit und Fähigkeit der Kohärenz seiner seelischen Potentialität mit der umfassenden Potentialität des Guten als der Wirklichkeit Gottes. Beim Todesnähe-Erleben ereignet sich offenbar eine solche Kohärenz mit der allumfassenden Potentialität der göttlichen Wirklichkeit, die der Satz (++) im Abschnitt 14.1 behauptet. Das Entstehen dieser Kohärenz könnte der Hintergrund sein für den Aufstieg aus der Dunkelheit des Tunnels zum Lichterlebnis. Wenn denn die Verstorbenen mit ihrer Potentialität zum Guten in Kohärenz mit Gottes allumfassender Potentialität des Guten außerhalb von Raum und Zeit persistieren, dann könnte damit auch die Begegnung mit Verstorbenen verständlich werden.

---

121 Lothar Schäfer, „Infinite Potential“, Deepak Chopra Books 2013,Chapter 2
Die simpelsten Beispiele sind die anregbaren Zustände eines Atoms. Sie sind als reine Möglichkeit, also virtuell da, um durch Absorption eines charakteristischen Photons mit einem Elektron aus einem energetisch tieferen Zustand angehoben und „besetzt“ und damit real zu werden. Ein herausragendes Beispiel ist ein virtueller Zustand des Kohlenstoffkerns, ohne den es im Kosmos kaum Kohlenstoff und somit kein Leben gäbe (s. Nukleogenese im Kap. 14.3).

14.6 Kreuz und Auferstehung Jesu Christi im Licht der Quanten-Ontologie

Die Evangelien schildern uns Jesus von Nazareth als einen Menschen, der Liebe, Barmherzigkeit und Zugewandtheit zu Armen und Missachteten in Wort und Tat übte und so das Gute geradezu verkörperte und der im Gebet eng mit Gott verbunden war, den er seinen Vater nannte, wie es wohl am eindrucksvollsten in seinem Gethsemane-Gebet (Matth. 26,39) zum Ausdruck kam. Wenn er im Johannes-Evangelium sagt: „Ich und der Vater sind eins“ (Joh. 10,30), so mag er damit eine Gebetserfahrung der *unio* mystica zum Ausdruck gebracht haben.
Ohne seine enge Verbundenheit mit Gott hätte er seine zahlreichen spirituellen Heilungen nicht vollbringen können. Er schrieb sie nicht sich selbst zu, denn er schloss sie fast immer mit den Worten: „Dein Glaube hat dir geholfen.“
Das zeigt, dass die Potentialität Jesu – seine Seele – ganz und gar eine Potentialität des Guten war und daher in außerordentlicher Weise *kohärenten* Anteil hatte an der Omnipotentialität des Guten, welche die Wirklichkeit Gottes ist, wie wir mit (++) erklärt haben.
All das machte einen tiefen Eindruck auf seine Jüngerinnen und Jünger. Sie teilten die Jahrhunderte alte sehnliche Erwartung ihres Volkes, dass der von Gott verheißene Messias als der Befreier von gotteslästerlicher Fremdherrschaft kommen würde, um das „Reich Gottes“ als ein Reich des Friedens und der Gerechtigkeit für Israel und die Welt zu errichten.
Jesus, der charismatische Redner und Wunderheiler, der Anzeichen des Reiches Gottes – „Blinde sehen, Lahme gehen, Aussätzige werden rein, Taube hören, Tote stehen auf, Armen wird das Evangelium gepredigt“ (Luk.7, 22) – schon verwirklicht hatte, der musste nach Überzeugung der Jünger und Jüngerinnen der sehnlich erwartete Messias Gottes sein.
Doch dann geschah das: Der, von dem sie „hofften, „er sei es, der Israel erlösen würde“ (Mt. 24,21), ließ sich von der Tempel-Polizei in Jerusalem ohne jede Gegenwehr gefangen nehmen, vom Hohen Rat wegen Gotteslästerung verurteilen, an den römischen Prokurator Pilatus überstellen, mit Dornenkrone und Purpurmantel als „König der Juden“ verhöhnen, anspucken und foltern. Augenscheinlich von Gott verlassen, starb er den schmählichen Tod am Kreuz. „Bist du Gottes Sohn, so steig herab vom Kreuz“, so höhnten die Gaffer. Das konnte doch unmöglich der Messias Gottes sein. Das war der niederschmetternde Eindruck. Am Boden zerstört

und verängstigt, flohen die Jünger dahin, wo sie hergekommen waren, nach Galiläa.
Der Leib Jesu, sein Fleisch und Blut, starb am Kreuz, nicht aber sein Geist, also seine Potentialität, die wie jede Potentialität überzeitlich ist. Aber während beliebige Potentialitäten inkohärent sind und im Rauschen des Nichts untergehen, ist seine Potentialität ganz und gar *kohärent* mit der ewigen göttlichen Potentialität zum Guten. Nach allem, was wir in Kap. 13.2 gefunden haben, kann an der überzeitlichen Persistenz Jesu Christi bei Gott kein Zweifel bestehen.
Aber was ist mit der *Auferstehung* Jesu? Die Frauen, die ihn am dritten Tag nach seiner Kreuzigung und Grablegung und dem folgenden Sabbat nach jüdischer Sitte ordentlich und ehrenvoll bestatten wollten, fanden ihn nicht. Die Grabhöhlung, in die er gelegt worden war, war leer. Was mit dem Leichnam geschehen war, bleibt ein Geheimnis der Geschichte. In ihrer Erregung über das leere Grab waren sie die ersten, denen ihr Rabbi erschien. Obwohl die Jünger Jesu zuerst nicht glauben wollten, was ihnen die Frauen berichteten, erschien er auch ihnen mehrfach und auch später (1. Kor. 15, 5-8). Seine Jüngerinnen und Jünger haben ihn erst einzeln, dann aber auch in Gruppen *in Raum und Zeit* „gesehen" und „gehört" [122].
Es waren dies Erscheinungserlebnisse, die angesehen werden können als individuelle und sogar kollektive Kohärenz-Ereignisse ihrer seelischen Potentialitäten mit dem in das „Gedächtnis Gottes" eingegangenen Jesus, also jener umfassend kohärenten Potentialität des Guten, welche nach obiger These (++) die Wirklichkeit Gottes ist. Auch das Damaskus-Erlebnis des Paulus kann so gesehen werden.
Liest man die zahlreichen Berichte von Begegnungen Hinterbliebener mit nahe stehenden Verstorbenen, von sog. *Nachtod-Erlebnissen,* wie sie von Judy und Bill Guggenheim[123] in den USA gesammelt wurden, dann drängt sich der Eindruck auf: Die österlichen Begegnungen Jesu mit seinen Jüngerinnen und Jüngern waren eben solche spirituellen „after death communications" (ADC's), die sowohl im visuellen als auch im auditiven Cortex der „Empfänger" (wie die Guggenheims sie nennen) wahrgenommen wurden. Die einzig wirksame Gegebenheit, die Lebende und Verstor-

122 Ich habe diese Worte in Anführungszeichen gesetzt, weil es sich nicht um messbare optische und akustische Phänomene mit elektromagnetischen oder Schallwellen in der (dinglichen) Realität gehandelt haben kann.

123 Judy und Bill Guggenheim, „Trost aus dem Jenseits", S. Fischer Verlag 1997

bene verbinden kann, ist die überzeitlich kohärenzfähige Potentialität der einen mit der der anderen. Bei der Intensität der liebevollen Beziehung zwischen Jesus und den Seinen ist das vorstellbar.
Dies ändert jedoch nichts daran, dass es sich dabei immer um *subjektive* Erlebnisse gehandelt hat, die als solche nicht als *objektive* historische *Fakten* gelten können.
Aber diese subjektiven Erscheinungserlebnisse – als Beispiel sei das der Emmaus-Jünger (Luk. 24, 13-35) genannt – führten dann zum eigentlichen kollektiven Auferstehungs-Erlebnis, das als *intersubjektives* Geschehen zum historischen Faktum geworden ist, nämlich die gemeinsame überwältigende Erkenntnis der bis dahin verzweifelten Anhänger und Anhängerinnen Jesu, dass ihr Rabbi und Meister *doch* der von Gott verheißene Messias ist: Gott hat ihn *nicht* verlassen, sondern am Kreuz *erhöht*. Sie erinnerten sich an die Prophetie Jesajas vom leidenden Gottesknecht (Jes. 53, 1-12) und verstanden: Gerade dieser Erniedrigte, Beleidigte, Verhöhnte und Gequälte ist der Messias Gottes für al*le* Menschen – nicht nur für das Volk Israel. Er ist wahrhaftig auferstanden, denn sie spürten in sich die Kraft des Heiligen Geistes als der Potentialität des Willens Gottes zum Guten.
Völlig verwandelt durch diese Erkenntnis kehrten sie zurück nach Jerusalem und verkündigten den Auferstandenen mit großem Erfolg. Sieben Wochen später, als viele Menschen aus aller Herren Länder zum jüdischen Fest Schawuot in Jerusalem zusammengekommen waren, ereignete sich, was später als Pfingstwunder bezeichnet wurde: Alle verstanden in ihrer eigenen Sprache, was die Apostel – einfache Fischer aus Galiläa – verkündeten: Der Gekreuzigte ist auferstanden! Viele glaubten und wurden eines Sinnes. Die begeisternde Gemeinsamkeit dieser Erkenntnis erlebten sie als den Empfang des Heiligen Geistes Gottes. Dies kann und muss gesehen werden als Kohärenz und Verschränkung der seelischen Potentialitäten der Hörer mit der Omnipotentialität Gottes (siehe (++) in 14.1), so dass sie sich in großer Zahl taufen ließen.
Die Wirkung zeigte sich bald:

> „Die Menge der Gläubigen aber war *ein Herz und eine Seele*; auch nicht einer sagte von seinen Gütern, dass sie sein wären, sondern es war ihnen alles gemeinsam. …. Es war auch keiner unter ihnen, der Mangel hatte, denn wer von ihnen Äcker oder Häuser besaß, verkaufte sie und brachte das Geld für das Verkaufte und legte es den Aposteln zu Füßen; und man gab einem jeden, was er nötig hatte.“ (Apg. 4, 32-35).

Der Zulauf zur Gemeinde war groß, sehr zum Ärger der Tempelbehörde und des Hohen Rats. Sie erteilten den Aposteln ein Redeverbot (Apg. 4,17-20). Aber Petrus und Johannes widersetzten sich mit den Worten:

„Wir können's ja nicht lassen, dass wir nicht reden sollten
von dem,was wir gesehen und gehört haben".

So wurde das Aufstehen der Jüngerinnen und Jünger aus der Verzweiflung über den Kreuzestod ihres Herrn durch das Erleben seiner Gegenwart zum historischen *Faktum* der Auferstehung Jesu als dem Gründungsimpuls der christlichen Urgemeinde zu Jerusalem und damit zur Entstehung des Christentums im Römischen Reich, das mit Gottes Hilfe auch durch brutale Unterdrückung und Verfolgung durch die Mächtigen nicht mehr aufzuhalten war.

14.7 Das „Reich Gottes" ist möglich

Die dritte der vier Grundfragen Kants[124] – was darf ich hoffen? – wird im Judentum und in seiner Folge auch im Christentum beantwortet durch das prophetisch verkündete „Reich Gottes" als das Reich des Friedens und der Gerechtigkeit in Freiheit für alle Völker, nicht nur für Israel. Es würde herbeigeführt werden durch eine endzeitliche Rettergestalt, den Messias. Das Hoffnungswort „Reich Gottes" beinhaltet die Verheißung des Schaloms Gottes – Frieden, Zufriedenheit, Wohlergehen, Befreiung aus Unterdrückung, kurz: Leben in Fülle – für alle Menschen, und die ganze Schöpfung. Es hat nichts, aber auch gar nichts zu tun mit dem üblich gewordenen, journalistisch-nachlässigen, eigentlich widersinnigen Wort „Gottes-Staat" für Regime, die eine Religion als Herrschaftsideologie missbrauchen.

Nachdem, wie beschrieben, die Hoffnung der Jüngerinnen und Jünger, dass ihr Rabbi Jesus von Nazareth schon dieser Messias Gottes sei, durch die Kreuzigung zusammengebrochen war, sie dann aber seine Auferstehung und Himmelfahrt auf ihre Weise erlebt hatten, erwarteten sie die baldige *Wiederkunft* Christi, damit er die von Gott verheißene Befreiung von Knechtschaft und Unterdrückung herbeiführen würde. Diese sog. Naherwartung ist nicht in Erfüllung gegangen. Sie steht noch aus, und die Hoffnung auf das Gottesreich des Friedens und der Gerechtigkeit für alle Völ-

124 Die Grundfragen Kants sind bekanntlich: „Was kann ich wissen? Was soll ich tun? Was kann ich hoffen? Was ist der Mensch?"

ker, ja für alle Kreatur, wie sie Paulus im Römerbrief Kap. 8, 18-25 äußert[125], besteht weiter für Juden und Christen, ja sie gewinnt angesichts der gegenwärtigen Krise, in der sich die Menschheit befindet, neue, brennende Aktualität.

Wie im Vorwort schon gesagt, hat C.F. v. Weizsäcker seine Schrift „Die Zeit drängt – Eine Weltversammlung der Christen für Gerechtigkeit, Frieden und die Bewahrung der Schöpfung" (Fußnote 9) aufgebaut auf und begründet mit der These:

„Die Menschheit befindet sich in einer Krise,
deren katastrophaler Höhepunkt wahrscheinlich noch vor uns liegt."

Auf S. 20 der genannten Schrift schreibt er:

> „Jetzt, da die neuzeitliche Zivilisation die reale Möglichkeit entdeckt, die Natur, in der sie lebt, selbst zu zerstören, treten die altüberlieferten Bilder vom Gericht zum ersten Mal aus der kosmischen Gleichnisrede in den Gesichtskreis unseres konkreten Handelns. Jetzt sind sie mit unserem Handeln nicht nur moralisch und jenseitig, sondern diesseitig-kausal verbunden. Wir können das Gericht über uns selbst herbeiführen. *Könnte auch das Himmelreich in unsere Geschichte eintreten, wenn wir nur bereit wären, es zuzulassen?"*

Der letzte Satz aus dem Zitat C.F. v. Weizsäckers, den ich hervorgehoben habe, ist mit seiner Tragweite kaum aufgenommen worden, hatte doch die kirchliche Verkündigung das „Reich Gottes" in den 15 Jahrhunderten voraufklärerischen Denkens ins metaphysische Jenseits – in den Himmel – versetzt, und nun spricht Weizsäcker vom „Eintritt in unsere Geschichte". Damit begegnet er in unserer neuzeitlichen Zivilisation großer Skepsis. Man hält ihn für religiös und illusionär. Wohlwollende Interpreten halten ihn bestenfalls für eine „regulative Idee" im Sinne Kants.

Ich möchte im Folgenden begründen, dass das „Reich Gottes" mehr ist als das, nämlich eine realisierbare Utopie. Dazu berufe Ich mich auf die oben

---

125 Paulus schreibt dort: „Denn das ängstliche Harren der Kreatur wartet darauf, dass die Kinder Gottes offenbar werden … denn auch die Schöpfung wird frei werden von der Vergänglichkeit zu der herrlichen Freiheit der Kinder Gottes. Denn wir wissen, dass die ganze Schöpfung bis zu diesem Augenblick mit uns seufzt und sich ängstet. Nicht allein aber sie, sondern auch wir selbst, die wir den Geist als Erstlingsgabe haben, seufzen in uns selbst und sehnen uns nach der Kindschaft, der Erlösung unseres Leibes. *Denn wir sind zwar gerettet, doch auf Hoffnung.*"

schon erwähnten Erkenntnisse der sog. *synergetischen Systemtheorie*, wie sie von IlyaPrigogine, Hermann Haken u.a. entwickelt wurde.

14.71 Exkurs: synergetische Systemtheorie

Die schon im Kap. 8.1 und Abschnitt 13.213 erwähnte synergetische Systemtheorie wurde entwickelt für sog. *dissipative* Systeme, für die der zweite Hauptsatz der Thermodynamik[126] nicht gilt, weil sie *offen* sind für Energie- und Stoffaustausch. Dissipation heißt Zerstreuung insbesondere geordneter Energie, auch *Syntropie* genannt, in ungeordnete, d.h. Wärmeenergie: Syntropie wird verwandelt in Entropie, die ja ein Maß für die Unordnung ist. Sie nehmen Syntropie auf, um ihre Ordnung gegen die immer wirkenden thermischen Zerfallstendenzen aufrecht zu erhalten, und geben dafür Entropie ab. Sie bleiben permanent fern vom thermodynamischen Gleichgewicht. Wenn aber die Syntropie-Zufuhr abgeschnitten und die Entropie-Ausfuhr beendet und m.a.W. das offene System abgeschlossen wird, dann tritt der 2. Hauptsatz in Kraft, und das System geht über ins thermodynamische Gleichgewicht mit maximaler Entropie.
Erst die synergetische Systemtheorie macht die Physik der Lebewesen verständlich: Sie leben – d.h. sie erhalten ihre lebendige Ordnung aufrecht – indem sie Syntropie in Form von Nahrung, Atmung und – bei Pflanzen – Sonnenlicht aufnehmen und Entropie ausscheiden in Form von Exkrementen, Ausatmung und eventuell auch Kühlung. Wird die Syntropie-Zufuhr unterbrochen, ersticken, verhungern, verdursten Lebewesen und sterben, indem sie in das thermodynamische Gleichgewicht mit ihrer Umgebung übergehen[127], welches den Tod bedeutet.

---

126 Der 2. Hauptsatz der Thermodynamik besagt, dass die Entropie eines *abgeschlossenen* Systems nicht abnehmen kann. Die Entropie ist ein Maß für die thermodynamische Wahrscheinlichkeit des Systems: Je unordentlicher es ist, umso wahrscheinlicher ist es.

127 Anschaulich wird dies, wenn wir an unser Leben in einer Wohnung – einem offenen dissipativen System – denken: Durchs Fenster lassen wir Licht sowie frische Luft rein und verbrauchte Luft raus, durch die Tür bringen wir Einkäufe zum Essen, Wasser kommt aus der Leitung, Energie aus der Steckdose. Entropie deponieren wir im Mülleimer oder Papierkorb und exportieren sie durch die Müllabfuhr oder die Klospülung. Ständige Hausarbeit – Saubermachen und Aufräumen sowie Waschen etc. – erhält unter Energieaufwand die lebensnotwendige Ordnung in der Wohnung aufrecht.

14.72 Wie vollzieht sich struktureller Wandel?

Systeme und ihre stabilen Zustände können beschrieben werden durch eine Aufwandsgröße $F(p_1,\ldots p_n)$, die wir Zustandsfunktion nennen. Bei materiellen Systemen kann dies die Gesamtenergie, bei sozioökonomischen Systemen die gesamtgesellschaftliche Summe aller Kosten sein. Sie hängt allgemein von vielen – sagen wir, *n* – Parametern $p_1, \ldots, p_n$ ab, die den abstrakten (*n*+1)-dimensionalen sog. „Zustandsraum“ des Systems „aufspannen“ [128]. Das System mit seinen aktuellen Parametern $p_1, \ldots, p_n$ wird dann repräsentiert durch einen Punkt im Zustandsraum mit diesen Koordinaten, der auf der durch die Zustandsfunktion F gegebenen „Hyperfläche“ liegt.

Strukturell ist ein *stabiler* Zustand des Systems bestimmt durch die Parameterwerte p_1^0, p_2^0,...p_n^0, die die n Koordinaten eines Minimums der Hyperfläche F, also eines „Aufwands“-Minimums sind. Ein solches Minimum ist dann von einem Wall höheren „Aufwands“ umgeben, den man Stabilitätsbarriere nennen kann, so dass Änderungen am System in Form von Schwankungen und Abweichungen der Parameter von ihren Werten im Minimum einen höheren „Aufwand“ erfordern und sich deshalb nicht durchsetzen können und wieder absterben. Genau das bedeutet Stabilität. Aufwandsneutrale Schwankungen, auch Fluktuationen genannt, aber sind alle möglich und dienen sogar der Stabilität des Systems.

---

128 Der Begriff Der Begriff ‚Raum’ ist eine mathematische Verallgemeinerung und Abstraktion des 3-dim. Raumes unserer Anschauung, in dem man ja drei aufeinander senkrechte x,y,z--Achsen errichten kann. Es ist mathematisch kein Problem, einen n-dim. Raum zu definieren, der zwar anschaulich nicht mehr vorstellbar ist, mit dem man aber leicht rechnen kann. In ihm kann man entsprechend n aufeinander senkrechte Koordinatenachsen *definieren*, auf denen die n unabhängigen Parameter $p_1 \ldots p_n$ abgetragen werden können. Nimmt man eine weitere Dimension hinzu und trägt auf der n+1-ten Achse die Größe F ab, dann beschreibt $F(p_1,\ldots p_n)$ eine n-dim. sog. Hyperfläche im (n+1)-dim. Zustandsraum, von deren Minima und Maxima hier die Rede ist.

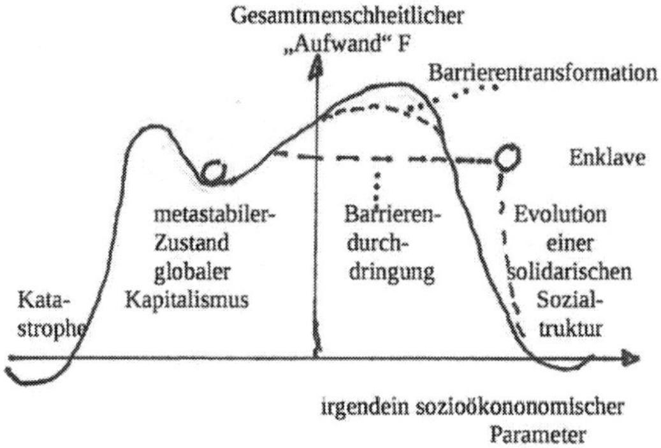

Die Skizze will diese Übergangsmöglichkeiten in äußerst vereinfachter Form veranschaulichen. Sie stellt einen (1+1)-dim. Schnitt durch den (n+1)-dim. Zustandsraum der Biosphäre entlang einer der Parameterachsen schematisch dar .

Strukturelle Stabilität aber muss nicht notwendig statisch sein, sonst gäbe es keine graduelle Entwicklung. Lebende Systeme z.B. sind immer bei Erhaltung ihrer Grundstrukturen gewisser Änderungen fähig. Das heißt, dass sich ihre Zustandsfunktion F in Abhängigkeit von gewissen, eher global wirksamen *externen* Parametern, die nicht zu den p_i gehören, ändern kann, so dass sich an Lage und Form der Minima und Maxima von F zwar quantitativ, nicht aber qualitativ etwas ändert.
Eine strukturelle Änderung aber geschieht dann, wenn sich das Minimum eines dadurch zunächst stabilen Zustands mehr und mehr abflacht und die Stabilitätsbarriere zumindest lokal im Zustandsraum eingeebnet wird. So vollzieht sich eine Destabilisierung des ursprünglich stabilen Systems. Dann kann das System – also sein repräsentativer Punkt p_1^0, p_2^0,...p_n^0 - in ein benachbartes tieferes Minimum abrutschen. Von denen kann es viele geben, und es ist nicht von vornherein ausgemacht, in welches dieser Minima das System gerät. Flacht sich nämlich das ursprüngliche Minimum ab, so werden immer größere und längerlebige Fluktuationen möglich, weil sie eben kaum noch höheren Aufwand kosten. Nun kommt es

darauf an, *welche* der Fluktuationen am schnellsten wächst und bereits eine der möglichen neuen strukturellen Ordnungen – beschrieben durch den sog. *Ordnungsparameter*[87] – vorweg nimmt. Der Übergang geschieht dann dadurch, dass sich in einem sich selbst verstärkenden kooperativen Prozess immer mehr Elemente des Systems an diesem Ordnungsparameter ausrichten und die neue Struktur bilden. Das physikalische Muster eines solchen Übergangs ist der Phasenübergang 2. Ordnung, wie ich ihn exemplarisch in Fußnote 87 beschrieben habe.
Es ist aber auch möglich, dass sich jenseits der Stabilitätsbarriere „Enklaven" der neuen Struktur bilden und dann kooperativ wachsen, wenn der Gewinn geringeren Aufwands im Innern der Enklave größer wird als der Verlust höheren Aufwands an deren „Grenzfläche" zum umgebenden System. Das physikalische Muster dieser Art des Übergangs ist der Phasenübergang 1. Ordnung.
Der kooperativ geordnete „neue" Zustand eines Systems mit geringerer Energie bzw. geringerem „Aufwand" zeichnet sich oft durch eine stabilisierende Energielücke zum ungeordneten, „alten" Zustand aus, d.h. es kostet eine Mindestenergie für ein Element des Systems, um den kooperativen Ordnungszustand zu verlassen, die es aber wiedergewinnen kann, wenn es dahin zurückkehrt.
So beschreibt es die *Synergetik*, die allgemeine Lehre vom Zusammenwirken. Sie gilt für Phasenübergänge im thermodynamischen Gleichgewicht, wie ich sie exemplarisch in der Fußnote 87 bereits beschrieben habe, aber auch für dissipative Systeme, die sich nicht im thermodynamischen Gleichgewicht befinden. Im Fall des Gleichgewichts ist die Aufwandsfunktion F ein thermodynamisches Potential, z.B. die sog. ‚freie Energie'.

14.73 Anwendung auf die Biosphäre als Doppelsystem aus Natur und Kultur

Die Biosphäre unserer Erde ist ein lebendes System, das als eine große Symbiose angesehen werden kann, weil fast alle Arten auf einander angewiesen sind, indem sie vielfältig vernetzte Nahrungsketten bilden, die im Pflanzenreich wurzeln. Pflanzen ernähren, so kann man sagen, die Biosphäre, indem sie Kohlenwasserstoffe aus Kohlendioxid und Wasser mit Hilfe des Sonnenlichts synthetisieren. Man nennt das Photosynthese. Dabei setzen sie Sauerstoff frei, den alle Tiere zum Atmen brauchen. Was sonst noch gebraucht wird, entnehmen sie, in Wasser gelöst, mit ihren

Wurzeln dem Erdboden. So lebt alles Leben vom Sonnenlicht, der großen und nahezu einzigen wirklich nachhaltigen Syntropie-Quelle der Biosphäre. Der wesentlichste Entropie-Export erfolgt ebenfalls nachhaltig durch die nächtliche Abstrahlung der in Wärme umgewandelten Sonnenenergie in den Weltraum. Ergänzend hat die Biosphäre Entropie-Deponien gebildet, indem sie überschüssigen Kohlenstoff in fossilen Brennstoffen und Muschelkalk abgelagert hat. Dabei ist der CO_2-Gehalt der Atmosphäre so einreguliert, dass einerseits Photosynthese möglich ist und andererseits die davon abhängige Oberflächentemperatur der Erde flüssiges Wasser ermöglicht.

Kurz gefasst, die Biosphäre ist ein dissipatives System, das *Syntropie* in Form von Sonnenlicht importiert, strukturbildend dissipiert und die dabei entstehende *Entropie* in Form von Wärmestrahlung exportiert. Seine Stabilität hängt von ausgewogenen Stoffkreisläufen ab, vorrangig vom Wasser-, Kohlenstoff- Stickstoff- und Phosphor-Kreislauf.

Nehmen wir einmal an, dass sich die Biosphäre durch eine Zustandsfunktion F beschreiben ließe, wie ich sie im Abschnitt 14.72 eingeführt habe. Dann lässt sich die Evolution, sei es die biologische des Lebens oder die sozioökonomisch-kulturelle der Menschheit, verstehen als ein Minimalisierungsprozess, in dem sich das biosphärische System durch Änderungen in kleinen Schritten ein Minimum der Zustandsfunktion F sucht und dann darin strukturell relativ stabil verbleibt, bis es zu einer Destabilisierung kommt, die als Folge von Änderungen mehr oder weniger global wirkender externer Parameter wie z.B. die Präzession der Erdachse, die Sonnenfleckenaktivität und die sog. Solarkonstante, die Kontinentaldrift, der vulkanisch bedingte CO_2-Gehalt der Atmosphäre etc. beispielsweise in Gestalt von Eiszeiten[129] eintreten kann. So werden immer neue evolutive Anpassungen an eine sich ändernde Maximum-Minimum-Struktur der Zustandsfunktion F ausgelöst.

Eine schicksalhafte und tief greifende, nach erdgeschichtlichen Maßstäben überaus schnelle Umformung erfuhr diese Funktion F durch die Menschheitsgeschichte seit dem Neolithikum. Eine beträchtliche weitere Beschleunigung dieser Entwicklung setzte vor nur 200 Jahren ein, als die Menschheit zur Nutzung fossiler Brennstoffe wie Kohle und Erdöl als zusätzliche Syntropiequellen überging, durch die die heutige Struktur der kapitalistischen Industriegesellschaft erst möglich wurde, die nach ihrer Glo-

129 H. Reichholf, Das Rätsel der Menschwerdung – Die Entstehung des Menschen im Wechselspiel der Natur, dtv München 1993

balisierung ebenfalls als ein relatives Minimum der globalen Zustandsfunktion F anzusehen ist. So hat die Menschheit in erdgeschichtlich sehr kurzer Frist eine globalisierte Industrie-Zivilisation entwickelt, die aber aus *strukturellen* Gründen gar nicht nachhaltig, d.h. nicht dauerhaft stabil sein kann, weil sie einem eigengesetzlichen *Wachstumszwang* unterliegt.
Fraglich ist nun, ob die für rein materielle Systeme entwickelte synergetische Systemtheorie auf die von der menschlichen Gesellschaft geprägte Biosphäre ebenfalls anwendbar ist. Die Synergetik in ihrer Allgemeinheit sollte anwendbar sein, sofern so etwas wie die hier postulierte Aufwandsfunktion F denkbar ist. Die Schwierigkeit aber fängt schon damit an, die unübersehbar vielen Parameter p_i auch nur zu benennen. Somit lässt sich die Zustandsfunktion F kaum definieren, geschweige denn quantifizieren.[130] .Für unsere Überlegung genügt es aber, anzunehmen, dass sie existiert.
Die Anzeichen mehren sich jedoch, dass eine Destabilisierung dieses relativen und deshalb metastabilen Minimums bevorsteht. Man kann dies schließen aus dem Zusammentreffen mehrerer Krisen wie der Finanzkrise, der Klimakrise, der Wasserkrise, der fortschreitenden Desertifikation und Bodendegradation, der Hungerkrise sowie der dadurch verschärften Flüchtlingskrise.
C. F. v. Weizsäcker hatte dies zusammengefasst in der These, die ich im Vorwort und einleitend zu 14.7 bereits zitiert habe:

> „Die Menschheit befindet sich in einer Krise, deren katastrophaler Höhepunkt wahrscheinlich noch vor uns liegt,“

Besonders deutlich zeigt sich dies daran, dass die unproduktiven Stabilisierungskosten für das dafür erforderliche soziale, ökologische, finanzielle, zivile und (para-)militärische nationale und internationale Krisenmanagement immer höher werden. Sie gehen auf Kosten des Weltsozialprodukts und führen zu einer weiteren Abflachung des stabilisierenden Minimums.

130 Ein wichtiger Bestandteil wären sicher die gesamtmenschheitlichen Kosten, die zur Aufrechterhaltung der bestehenden Ordnung aufgewendet werden müssen, wobei aber gleich einzuwenden ist, dass die geltenden Preise dazu nicht geeignet sind, weil sie durch allerlei Externalisierungen die soziale und ökologische Wahrheit nicht sagen. Für einen überschaubaren Teilaspekt, nämlich die Kosten zur Abwendung der Klimakrise, hat unlängst der Ökonom Stern eine Berechnung dieser Art angestellt.

Der mit Abstand größte Kostenfaktor unproduktiver Stabilisierung sind Militär und Rüstung. In einer Welt des globalisierten Kapitalismus steht auch in der internationalen Politik außer Frage, dass letztlich das Recht des Stärkeren gilt, so dass Sicherheitspolitik primär militärische Bündnis- und Rüstungspolitik sein muss trotz der überaus plausiblen Einsicht Dietrich Bonhoeffers, die er 1934 international vortrug, dass Frieden gar nicht wirklich gesichert werden *kann*, sondern gewagt werden muss.
Die Rüstungsindustrie aber deklariert sich aus Akzeptanzgründen gleich selbst als „Sicherheitsindustrie und schafft sich – wie könnte es anders sein – einen Waffenmarkt im Wettbewerb um möglichst effiziente Tötungsmaschinen. Fast alle technologischen Großinnovationen wie das Internet, Raketen- und Satellitentechnik, GPS[131], KI, Robotik, Sensorik etc. entstanden in der Rüstungsindustrie. Zur politischen Rechtfertigung des enormen Investitionsbedarfs und zur zusätzlichen Kapitalbeschaffung am Kapitalmarkt ist es sehr wichtig, mit einem einträglichen zivilen „Spin off" winken zu können.
Unproduktive Stabilisierungskosten entstanden auch in der Finanzkrise 2008. Billionen Dollars mussten aufgewendet werden, um das Bankensystem zu stabilisieren und die Zahlungsfähigkeit ganzer Staaten der Eurozone zu sichern.
Wegen der inhärenten Ungerechtigkeit des bestehenden Systems ist ja eine eigentlich systemfremde soziale Stabilisierung durch sozialstaatliche Transfersysteme unbedingt erforderlich, um einer sozialen Destabilisierung vorzubeugen. Auch die weltweiten Rüstungsausgaben haben wieder die Höhe erreicht, die sie auf dem Höhepunkt des Kalten Krieges hatten. Hinzugekommen sind steigende Aufwendungen für die sog. innere Sicherheit im Kampf gegen Terrorismus und organisierte Kriminalität, die ihren Grund letztlich auch in der unheilbaren, weil strukturell bedingten Ungerechtigkeit des Systems in nationaler und internationaler Hinsicht haben. Die Fortschritte der Informatik und der Rechentechnik erlauben Überwachungsmethoden, von denen das MfS der DDR nur träumen konnte und die auch zunehmend – besonders konsequent in China – angewendet werden. Man denke nur an die Forderung nach anlassloser Vorratsdatenspeicherung und deren algorithmischer („künstlich intelligenter") Durchmusterung, an die elektronische Überwachung von Mitarbeitern durch Konzernzentralen sowie die zunehmende Videoüberwachung von Bahnhöfen,

131 GPS bedeutet Global Positioning System. Es wurde geschaffen zur Zielprogrammierung militärischer Raketen.

Warenhäusern und Bankfilialen, ja ganzer Stadtregionen. Im Jahre 2011 musste in Deutschland aus gegebenem Anlass ein Nationales Cyber-Abwehrzentrum geschaffen werden, dass Cyber-Angriffe auf Institutionen des Staates und auf kritische Infrastruktur abwehren soll. Ein temporärer Höhepunkt des Sicherheitsaufwands wurde 2012 erreicht, als in Londoner Wohngebieten Flugabwehrraketen zum Schutz der Olympischen Spiele vor Terrorangriffen installiert wurden.

Die wachsende Armutsmigration aus Ländern des Südens kann nur noch durch Abschottung der Wohlstandsfestungen durch kostenträchtig zu errichtende und zu bewachende Mauern und Stacheldrahtzäune eingedämmt werden[132]. Sie wird dramatisch zunehmen, wenn der Meeresspiegel im Zuge der ebenfalls systembedingten Klimakrise weiter ansteigt, die eine Folge der in den Schwellenländern noch immer zunehmenden und in den industrialisierten Wohlstandsländern kaum gezügelten Verbrennung fossiler Energieträger ist.

Zu den Stabilisierungskosten des kapitalistischen Marktsystems ist auch der ständig steigende, unproduktive, aber Ressourcen schluckende Werbeaufwand zu rechnen, der nötig ist, weil die kapitalistische Wirtschaft nur wachsend funktionieren kann und deshalb ständig „neue Märkte" durch oft überflüssige Innovationen erschließen muss, für die die Nachfrage durch Werbung überhaupt erst erzeugt werden muss.

Das alles sind Aufwände, die die kapitalistische Stabilitätsmulde der Zustandsfunktion F immer weiter abflachen.

Zu erwarten ist also, dass die Kosten der Stabilisierung immer höher werden, bis es eines Tages nicht mehr gelingt, einen Bruch oder ein Überspülen des immer flacher werdenden Dammes zu verhindern. Ein Dammbruch kann den Absturz in eine globale Menschheits-Katastrophe in ein tieferes Minimum der Zustandsfunktion bedeuten, das einer Biosphäre ohne eine zivilisierte Menschheit entsprechen würde.

---

132 Wohlbekannt ist die Forderung des vormaligen US-Präsidenten Trump, die schon vorhandenen Sperranlagen zwischen Mexiko und den USA durch eine durchgehende, tausende Kilometer lange Mauer zu ersetzen. Weniger bekannt ist, dass es zwischen dem von Überflutung bedrohten Bangladesh und Indien bereits einen durchgehenden und bewachten Stacheldrahtzaun gibt. Um die sog. Balkanroute zu schließen, hat Ungarn ebenfalls einen durchgehenden Zaun errichtet. Auch die umfangreichen Mauern und Zäune zwischen israelischen Siedlern und Palästinensern in den besetzten Gebieten des Westjordanlandes sind zu erwähnen.

Die Zustandsfunktion F hat aber auch andere Minima geringeren Aufwands als ein solches katastrophales. Wir können sie nur ahnen. Erhoffen und gut begründen können wir, dass es ein stabiles Minimum mit einer partizipatorisch-solidarischen Sozialstruktur tatsächlich gibt, das dem bestehenden, instabil werdenden Minimum des globalen Kapitalismus benachbart ist. Deshalb kommt nun alles darauf an, einen friedlichen Übergang da hinein zu erreichen.

Dafür gibt es die beiden im Abschnitt 14.72 beschriebenen Möglichkeiten. Die eine ist die *Überwindung* der irgendwo flach genug gewordenen Barriere durch geeignete sozioökonomische Initiativen („Fluktuationen"), die die neue Struktur annähernd schon vorwegnehmen und dann kooperativ wachsen können, weil sie weniger und weniger Aufwand kosten, bis sie den eigentlichen epochalen Aufwandsgewinn ergeben, der die neue Ordnung etabliert und stabilisiert.

Die andere Möglichkeit ist die *Durchdringung* der weiter bestehenden Barriere durch Bildung von Enklaven der neuen Struktur jenseits derselben, die wachsen und zusammenwachsen können, sobald der Gewinn geringeren Aufwands im Innern der Enklaven größer wird als der Verlust höheren Aufwands an ihren Grenzen. So kann jene Energie- bzw. Aufwands-Lücke entstehen, die sie gegenüber der umgebenden alten Struktur höheren Aufwands stabilisieren. Eine kooperativ-solidarische Sozialstruktur kann sich nämlich selbst stabilisieren auf Grund der Reziprozität solidarischen Verhaltens .So kann sich mehr und mehr gegenseitiges Vertrauen in der Gesellschaft entwickeln, so dass staatlicher Aufwand für innere und bald auch für äußere Sicherheit erheblich abnehmen kann. Das heißt, dass die Kosten für Polizei, Justiz und Verfassungsschutz einerseits sowie für Rüstung und Armeen andererseits erheblich sinken könnten. Noch größer würde der Gewinn dadurch sein, dass der Aufwand für die sozialstaatliche Sicherung einer schon weitgehend entsolidarisierten Gesellschaft, wie wir sie jetzt haben, viel geringer werden kann[133].

Die beiden Strategien struktureller Transformation, sowohl die der *Barrierenüberwindung* als auch die der *Barrierendurchdringung* schließen sich nicht gegenseitig aus. Sie lassen sich verbinden und sollten beide synergetisch verfolgt werden.

Die Barrierenüberwindung kann innerhalb der bestehenden, aber instabil werdenden kapitalistischen Marktstruktur im Wettbewerb kooperativ und

133 H.J. Fischbeck, „Das Reich Gottes ist möglich", Beitrag zum Sammelband „Ist der Mensch paradiesfähig ?", Herausgeber H. Schmidt und H. Damaschun, Ev. Verlagsanstalt Leipzig 1994.

solidarisch wirtschaftender sozialer Akteure wie etwa Produktions- und Reproduktions-Genossenschaften mit Erzeuger-Verbraucher-Kooperation mit kapitalistischen Akteuren geschehen.

Die Barrieren-Durchdringung kann durch Bildung regionaler Enklaven eventuell auf der Basis komplementärer, alternativer Regionalwährungs-Systeme geschehen, die zu relativ subsistenter Befriedigung der Grundbedürfnisse der Region in der Lage sind.

Dafür gibt es viele Ansätze, aber nur wenige Beispiele für Enklaven, die eine soziale Dimension gewonnen haben.

Ich schildere vier solcher Enklaven, von denen zwei christlich, eine jüdisch und die vierte sozialpolitisch motiviert sind:

- Die Amischen sind sind eine protestantische Täufer-Denomination, die von Jakob Ammann (1644-1730) gegründet und von Einwanderern aus Deutschland und der Schweiz gebildet wurde. Sie haben sich ab 1709 zunächst in Pennsylvania in den USA angesiedelt. Sie leben in Gemeinden mit kinderreichen Familien, so dass sie sich stark vermehrt haben. Heute gibt es immerhin schon etwa 300 000 Amische in 32 Staaten der USA und Kanadas, die in 500 Siedlungen mit 2200 Gemeindedistrikten leben.

Ihre Wirtschaft ist stark landwirtschaftlich geprägt und dient *primär* der Selbstversorgung nach dem solidarischen Grundsatz:

„Jeder kriegt, was er braucht, jeder tut, was er kann“.

Geld wird bei dieser Art der internen Verteilung nicht gebraucht und würde der Solidarität eher schaden. Überschüsse der gemeinschaftlichen Produktion werden auf dem externen Markt verkauft und finden guten Absatz, weil sie nach strikt ökologischen Grundsätzen produziert werden. Die Einnahmen gehen in die Gemeinschaftskasse und werden gebraucht, um Güter zu kaufen, die sie nicht selbst produzieren können, hauptsächlich aber für den Kauf neuen Landes für neue Siedlungen.

- Die Hutterer sind ebenfalls eine protestantische Täufer-Gemeinschaft, die von Jakob Hutter (geb. 1500, hingerichtet 1536) gegründet wurde. Nach Verfolgungen zuerst wegen Wiedertaufe, später wegen Wehrdienstverweigerung und nach mehrfachen Umsiedlungen wanderten sie ab 1874 in USA und Kanada ein. Heute leben etwa 45 000 Hutterer in 462 Kolonien bzw. „Bruderhöfen“. Auch sie leben weitgehend autark als landwirtschaftliche Selbstversorger, haben aber auch Handwerksbetriebe, die für den externen Markt produzieren. Ähnlich wie die Amischen haben sie kinderreiche Familien und vermehren sich entsprechend. Wenn ein Bruderhof 120-150 Bewohner hat, wird er geteilt und ein neuer gegründet.

Sowohl die Amischen als auch die Hutterer orientieren sich strikt am Vorbild der Jerusalemer Urgemeinde, auf die ich in Kap. 14.6 bereits eingegangen bin.
Bei diesen beiden Beispielen ist es der radikal ausgelegte christliche Glaube mit seinen sozialen Konsequenzen, der diese Gemeinschaften zusammen hält und zu Enklaven macht, bei denen ihre Mitglieder vorrangig religiös zwischen „drinnen“ und „draußen“ unterscheiden.
- Das dritte Beispiel sind die israelischen *Kibbuzim*, selbstversorgende Landkommunen mit stark ausgeprägter gemeinschaftlicher Arbeit und gemeinschaftlichem Leben. Sie bildeten sich mit der zionistischen Einwanderung nach Palästina am Anfang des 20. Jahrhunderts und spielten eine wichtige Rolle bei der Erschließung, Besiedlung und Sicherung des in Anspruch genommenen Landes. Sie sind sowohl Ausdruck sozialreformerisch-sozialistischer Gesinnung als auch israelisch-nationaler Identität, die ohne Bezug zur jüdischen Religion undenkbar ist. Heute leben etwa 117 000 Israelis in 268 Kibbuzim.
- Das vierte und sozialökonomisch wohl relevanteste Beispiel ist die Kommune Palmeira, eine Favela mit etwa 30 000 Einwohnern am Rande der Millionenstadt Fortaleza im Nordosten Brasiliens. Zunächst war auch Palmeira eins der vielen „wilden“ Elendsquartiere mit hoher Kriminalität und kaum noch vorhandener öffentlicher Ordnung. Die einzige Gemeinsamkeit war das gemeinsame Schicksal in der verdreckten Elendssiedlung ohne Kanalisation und Elektrizität, bis Joaquino de Melo, ein angehender Priester und Anhänger der „Theologie der Befreiung“, nach Palmeira kam, um dort ein Praktikum zu absolvieren. Er bewegte die Bewohner dazu, in gemeinsamer Arbeit die Voraussetzungen für Stromanschluss sowie Wasserver- und -entsorgung zu schaffen.
Handel und Wandel gab es in Palmeira nicht. Das bisschen Geld, das die Leute hatten oder, wie auch immer, bekamen, trugen sie komplett in die Supermärkte der Großstadt, nichts davon blieb für örtliches Gewerbe. Der entscheidende und ganz ungewöhnliche Schritt zur Gemeinschaftsbildung aber war die Gründung einer Gemeinschaftsbank, die „Banco Palmas“ [134], die allen gehört und ein eigenes, nur dort gültiges Geld, den „Palma“ herausgibt und Kleinkredite an Leute vergibt, denen sonst keine Bank ein Konto einräumen, geschweige denn einen Kredit geben würde. Die Banco Palmas aber tat dies nach dem Prinzip *sozialer* Kreditsicherung auf der Basis gegenseitigen Vertrauens nach dem Vorbild von Muhammad Yunus,

134 https://oya-online.de/article/read/374-viva_favela-bank.html

dem Gründer der Grameen-Bank in Bangladesch, die eine eine ungewöhnlich hohe Rückzahlquote von 98% erzielte. Handel und Wandel erwachten, der Palma gewann im Vergleich zur Landeswährung Real an Wert, ein Umtausch in beiden Richtungen wurde möglich. Kleine Unternehmen entstanden, und die Einwohner von Palmeira fanden und finden Arbeit und Einkommen in Palmas, deren Wert durch die Leistungen aller Arbeitenden in Palmeira gedeckt war und ist. Dieses erfolgreiche Beispiel der Selbsthilfe machte Schule in Brasilien und Venezuela.

Noch ist die Zeit nicht reif dafür, dass solche Enklaven kooperativ wachsen können. Noch sind in der von Besitzverhältnissen und -ansprüchen überzogenen und kommerzialisierten Welt die Möglichkeiten, sie zu bilden, für die Willigen und Bedürftigen zu beschränkt. Noch sind die Nöte, die Armut, Vereinsamung, Wettbewerb aller gegen alle, Lüge und zunehmende (Cyber-)Kriminalität, die die kapitalistische Marktgesellschaft mit sich bringt, nicht groß genug, um Einschränkungen individueller Freiheit und persönlichen Besitzes für den Gewinn an Gemeinschaft, Geborgenheit und Solidarität in Kauf zu nehmen.

Das kann sich ändern. Es ist vorstellbar, dass sich das Leben – dieses Wunder Gottes auf unserem Planeten – nach seinem Willen so entwickelt, dass die Kohärenz des Guten menschheitliche, ja biosphärische Dimensionen annimmt, so dass von einer umfassenden Symbiose von Kultur und Natur gesprochen werden kann, wie sie Paulus in seinem Brief an die Römer [125] vor Augen hat.

Man kann sich das vorstellen nach dem Muster eines (Nichtgleichgewichts-) Phasenübergangs (s. Fußnote 87), der ausgeht von der gegenwärtig vorherrschenden, aber instabil werdenden Struktur eines umfassenden, bestenfalls rechtlich regulierten Wettbewerbs auf allen Ebenen gesellschaftlicher Organisation und übergeht in eine völlig neue Struktur gesellschaftlichen Lebens, in der das „Gesetz Christi“ „Einer trage des anderen Last“ (Gal. 6,2) gilt. Das wäre ein Übergang, bei dem die Regeln der Bergpredigt[135] zum allseits anerkannten „Ordnungs-

---

135 Sie stehen bei Luk. 6, 27-38 und werden zusammengefasst in der sog. Goldenen Regel: „Wie ihr wollt, dass euch die Leute tun, so tut Ihnen auch“ (Luk. 6,31). Im Einzelnen:

„Liebt eure Feinde, tut wohl, denen, die euch hassen, segnet, die euch verfluchen, bittet für die, die euch beleidigen, tut Gutes und leiht, wo ihr nichts dafür zu bekommen hofft.“ „Und richtet nicht, so werdet ihr auch nicht gerichtet, vergebt, so wird euch vergeben, verdammt nicht, so werdet

parameter“ im Sinne von Fußnote 87 werden. Wegen der darin enthaltenen Gegenseitigkeiten kann sich eine solche Struktur selbst stabilisieren, was die genannten Beispiele solidarischer Enklaven belegen. Die gegenwärtig vorherrschende Gegenseitigkeit des „wie du mir, so ich dir“ stürzt leicht und allzu oft gegenseitige Gehässigkeit ab. Die Regeln der Bergpredigt aber würden dem vorbeugen – besonders durch die „goldene Regel – und das Gute stabilisieren.

So kann eine solidarische Beziehung aller Menschen untereinander entstehen, die darüber hinaus auch eine achtungsvolle Beziehung der Menschen zu allen Tieren und Pflanzen ermöglicht, weil die Falle des Wettbewerbs um möglichst hohe Renditen überwunden ist, in der es sonst immer wieder zu einem ethischen Dumping und zu rücksichtsloser Ausbeutung der Natur kommt.

Das wäre „die Vollendung von Gottes Schöpfung“ – wie es auf der Homepage der EKD heißt – und das, was seit drei Jahrtausenden als das „Reich Gottes“ geglaubt und erhofft wird. Dessen baldiges Kommen war die zentrale Botschaft Jesu von Nazareth.

Es ist vorstellbar, dass in der kollektiven Spiritualität eines solchen Gemeinschaftsbewusstseins aller Menschen angesichts der Bedrohung durch die große terminale Krise das seelisch Gute aller Menschen, die je gelebt haben, aus dem „Gedächtnis Gottes“ durch potentiale Kohärenz erinnert und verwirklicht werden kann. Die „Auferweckung der Toten“, die die Christenheit in ihrem apostolischen Credo bekennt, wäre so denk- und vorstellbar.

---

ihr nicht verdammt.“

15. Wissen *und* Glauben!

Wissen ist, so kann man sagen, gesammelte Kenntnisnahme von *Faktenwirklichkeit.* Geschieht diese methodisch und systematisch, so sprechen wir von Wissenschaft. Glaube hingegen wohnt in der *Beziehungswirklichkeit.* Er ist wesentlich *Vertrauen.* Seine Grundhaltung ist: „Ich glaube, was du sagst". Glaube beruht also immer auf einer beziehungswirklichen Anrede, wie es etwa in dem Bibelwort

> „Es ist dir gesagt, Mensch, was gut ist und was der Herr von dir fordert, nämlich Liebe üben und Gottes Wort halten" (Micha 6,8).

zum Ausdruck kommt wie auch in dem Diktum von Antoine Saint-Exupery (1900-1944):

> „Die Wahrheit sagt man nicht sich selbst,
> sie wird einem gesagt".

Weil aber die Faktenwirklichkeit (bzw. Realität) nur die „halbe" Wirklichkeit ist, die ganze aber, wie wir gesehen haben, eine Doppelstruktur aus Fakten- und Beziehungswirklichkeit hat, kann die Behauptung, Wissen könne Glauben ersetzen, nur dann aufrecht erhalten werden, wenn man zugleich Beziehungswirklichkeit auf Faktenwirklichkeit reduziert etwa nach dem Muster: Liebe ist 'nichts als' das mentale Epiphänomen gewisser Neurotransmitter und Hormone. Genau das macht der Naturalismus.

Weil aber andererseits Fakten- und Beziehungswirklichkeit unlöslich zusammenhängen zu *einer* Wirklichkeit vermöge der Klammer '*Information*', die als codierte Bedeutung *beiden* Wirklichkeiten angehört, und weil Bedeutungen auch Fakten nicht nur beschreiben, sondern auch *deuten,* erhebt sich selbstverständlich die Frage nach der Richtigkeit des Wissens einerseits und der Wahrheit des Glaubens andererseits. Dabei ist Beschreibung eher Sache des Wissens und Deutung eher Sache des Glaubens.

Nun hat das Wort 'glauben' alltagssprachlich nicht nur die Bedeutung 'vertrauen', sondern auch 'vermuten', 'für wahr halten', 'nicht so genau wissen'. So kommt es, dass man 'Wissen' den höheren epistemischen Rang gibt als 'Glauben': Was man weiß, braucht man nicht mehr „nur" zu glauben. Im Idealfall könne man Wissen ja sogar beweisen, den Glauben aber nicht. Wer so redet, hat oft keine klare Vorstellung davon, was 'beweisen' eigentlich ist. Das soll im Folgenden geklärt werden:

15.1 Was heißt eigentlich beweisen?

Das Wort Beweis wird in drei ähnlichen, aber doch verschieden akzentuierten Bedeutungen verwendet:
(a). Nur in der Mathematik kann in strengem Sinne von Beweis die Rede sein: Eine Behauptung gilt als bewiesen, wenn sie aus als wahr anerkannten und *vorausgesetzten* Aussagen (Prämissen) *logisch* deduziert werden kann. Es gilt also: Kein Beweis ohne Voraussetzung!
(b) Eine Behauptung kann durch Beobachtung *bestätigt* werden, und die Beobachtung selbst gilt als *Beleg* für die Richtigkeit der Behauptung. So bestätigen Experimente die Richtigkeit naturwissenschaftlicher Theorien. Bestätigt eine Beobachtung eine Theorie nicht, gilt diese als widerlegt bzw. falsifiziert. Wie Karl Popper gezeigt hat, lassen sich naturwissenschaftliche Aussagen im strengen Sinne (a) eben nicht beweisen. Um als solche anerkannt werden zu können, müssen sie aber *falsifizierbar* sein und gelten, solange sie durch Beobachtung bestätigt und nicht falsifiziert worden sind.
(c) Vor Gericht gilt eine Aussage als bewiesen, wenn sie ein Geständnis ist oder von *glaubwürdigen Zeugen bezeugt* und durch *Indizien* gestützt wird. Manchmal lässt ein Gericht aus Mangel an Zeugen auch einen sog. Indizienbeweis gelten.
Seit langem gilt unbestritten: Die Existenz Gottes lässt sich weder beweisen noch widerlegen. Darauf beruht die Haltung des *Agnostizismus:* „Ich weiß nicht, ob es Gott gibt oder nicht, dabei lasse ich es bewenden."
Man muss aber sehen,was schon im Kap. 12 bemerkt wurde, nämlich
- dass ein Gottes*beweis* im mathematisch-logischen Sinne begrifflich inkonsistent wäre, denn ein solcher Beweis müsste, wie gesagt, von als wahr angenommenen oder erwiesenen Voraussetzungen ausgehen. Da aber Gott selbst Voraussetzung für alles ist, kann es Voraussetzungen außerhalb seiner selbst gar nicht geben.
Aber auch einen *„Beleg"* für die Existenz Gottes kann es nicht geben kann, weil Gott nicht beobachtbar ist. Wäre er beobachtbar, so müsste er ein Ding dieser Welt sein. Das aber wäre ein Widerspruch, denn das kann der *Schöpfer* aller Dinge natürlich nicht sein. So steht es schon bei Joh. 1,18: „Niemand hat Gott je gesehen". Ein beobachtbarer Gott wäre „ein Gott, den es gibt", und dass es den nicht gibt, hat schon der Theologe Dietrich Bonhoeffer in seinem berühmten Diktum festgestellt:

„Einen Gott, den es gibt, gibt es nicht."

Und schließlich wäre

- ein „Beweis“Gottes auch theologisch inadäquat, um nicht zu sagen unerwünscht, denn wäre Gott beweisbar oder bewiesen, dann könnte man *wissen* oder man *wüsste*, dass es ihn gibt wie ein Ding oder eine Gegebenheit und brauchte nicht an ihn zu *glauben*. Dank, Trost, Vertrauen, Hoffnung, ja Freude entfielen. Theologie wäre gegenstandslos. Eine bejahende Beziehung des Menschen zu Gott – und das ist Glaube – steht und fällt mit einer freien *Glaubensentscheidung* für das Vertrauen auf Gott.

15.2 Der Glaube an Gott ist glaub-würdig

Der Glaube an Gott aber schwebt nicht frei im luftleeren Raum, sondern er hat Anhalt an der Wirklichkeit und Wahrheit des Seins. So gibt es drei klare

15.21 Indizien für die Wahrheit des Glaubens

1. Als ein solches Indiz kann die Intelligibilität der Welt angesehen werden. Von Albert Einstein stammt der Satz

> „Das Unverständlichste an der Welt ist, dass sie verständlich ist.“

Die Welt ist verständlich, weil sie naturgesetzlich geordnet ist. Einstein selbst bezeugte das tiefe innere Überzeugungs- und Glücksgefühl, das er empfand, als er seine Allgemeine Relativitätstheorie in ihrer Schönheit erkannte. Sie brachte ihm weltweite Anerkennung, nachdem sie erste experimentelle Prüfungen wie die Periheldrehung des Merkurs und die Lichtablenkung durch die Sonne bestanden hatte.
Dass das Universum einen Anfang gehabt hat, wurde zur Gewissheit, nachdem man aus Einsteins Gleichungen so etwas wie eine Anfangs-Singularität[107] ableiten konnte, von der eine allgemeine Expansion des Kosmos ausging, die bald 'Urknall' genannt wurde. Dass seine Theorie von Anfang an, wenn auch in noch nicht geklärter quantisierter Form, galt und gilt, wird heute nicht mehr bezweifelt.
Die mathematisch beschreibbare Ordnung der Welt geht also der Existenz des Kosmos *logisch* voraus. Sie war gewissermaßen „schon da“ so wie ein Bauplan dem gebauten Haus zugrunde liegt. Wo kommt sie her? Gibt es nicht doch einen Architekten? Diese Fragen sind weder beantwortbar noch von der Hand zu weisen.
2. Als weiteres Indiz kann das Lebensphänomen gelten. Angesichts der sog. Feinabstimmung des Kosmos als ganzem auf die Möglichkeit von

Leben ist das Leben ein wesentliches und, wie ich meine, sinngebendes Kennzeichen des Kosmos. Die Rede ist vom anthropischen Prinzip, auf das ich schon im Kap. 14.3 näher eingegangen bin.

Im Kap. 8.1 hatten wir gesehen, dass sich Leben durch seine *Beziehungshaftigkeit* von der unbelebten Welt prinzipiell unterscheidet, denn erst Beziehungen machen das Leben lebendig, und mit dem Tode enden alle das Leben organisierenden intra- und interzellulären wie auch die sozialen Informationsaustausch-Prozesse.

Zwischen den 'Dingen' der faktischen Welt gibt es zwar Kausalrelationen, aber keine Beziehungen. Beziehungen werden, wie in Kap. 8.1 bereits ausgeführt, durch *Informations*austausch vermittelt, und Informationen sind etwas anderes als materielle Wechselwirkung, denn sie haben eine Doppelstruktur aus materiellem *Code* und immaterieller *Bedeutung,* wobei lediglich der Code der dinglich-materiellen Welt angehört, während nur die Bedeutung Beziehung stiftet, und zwar dann, wenn sie von Sender und Empfänger *verstanden,* d.h. in Sinnzusammenhänge eingeordnet wird.

Definiert man *Geist* als den Inbegriff aller Bedeutungen, dann wird klar, dass Leben als immenses Kommunikationsphänomen generell eine geistige Dimension hat, die der dinglichen Welt völlig abgeht. Die Bedeutungen ihrerseits bilden Sinn-Zusammenhänge, deren *Sinn* das Gedeihen eben des Lebens ist.

Die Bibel nennt diese sinnhafte Bedeutungsebene des Lebens, die es auf allen vier Stufen seiner Autopoiese – Zelle, Organismus, Artgemeinschaft, Biotop (bis hin zur Biosphäre) – gibt, generell den *Odem des Lebens* und weiß auch, woher er kommt (1. Mos. 2,7).

3. Auch das andere Merkmal des Lebens, nämlich seine *Zukunftsorientierung* bzw. der ihm innewohnende *Wille* zum Leben, kann als Indiz für die Wahrheit des Glaubens an Gott, den Schöpfer des Lebens gelten, weil nur er dem Leben hat etwas eingeben können, was der Welt der Dinge und Sachverhalte sonst völlig fremd ist:

Es ist nicht zu bezweifeln, dass Lebewesen ein ziel-orientiertes Verhalten zeigen. Sie *suchen* nach Nahrung, *suchen* einen Schlafplatz, *suchen* Schutz vor Witterungsunbill, *suchen* Sexualpartner, bauen Nester, die zukünftig gebraucht werden etc. Evolutiv erworbene, durch Schlüsselreize ausgelöste Verhaltensmuster können, so wichtig sie sind, dieses Verhalten nicht voll erklären, weil Schlüsselreize Standardsituationen voraussetzen, die im realen Leben oft so nicht oder selten eintreten. Lebewesen können sich trotzdem zielgerichtet verhalten. Sie scheinen irgendwie zu „wissen“, dass es bessere Situationen gibt als die gegebene, die sie folglich anstreben. Man kann dies *Wollen* nennen und sagen: Zum Leben gehört genuin ein Wille zum Leben. Und ganz allgemein gilt: Kein Leben ohne *Wille* zum Leben. Albert Schweitzer drückt dies aus in seinem berühmten Diktum:

„Ich bin Leben, das leben *will*, inmitten von Leben, das leben *will*.“

Wille aber ist immer auf Zukunft ausgerichtet. So etwas gibt es in der toten Welt der Dinge und Sachverhalte überhaupt nicht, weil dort *alles* kausal (durchaus nicht immer vollständig) und das heißt durch die *Vergangenheit* bestimmt ist. Daher kann es im naturalistischen Weltbild, das ja vom Wissenschaftsparadigma der klassischen Physik her (Kap. 4) geprägt ist, so etwas wie 'Wille' prinzipiell gar nicht geben, wohl aber im Rahmen der Quanten-Ontologie, weil die quantenmechanische Potentialität die Zukunftsdimension überhaupt erst eröffnet und dabei Raum und Zeit übergreift (s. Kap. 10.4). Potentialität kann das Ziel solchen Wollens, die Absicht also, sehr wohl enthalten und ist dann auf der Bedeutungsebene der oben beschriebenen Lebens-Kommunikation zu finden. Das zeigt: Lebewesen sind keine Maschinen. Sie leben von etwas, was in der Welt der Dinge und Sachverhalte, der ‚Realität‘ bzw. der ‚Natur‘ also, einfach nicht vorhanden ist.

15.22 Der Glaube an Gott ist plausibel und konsistent

Im Kap. 14.1 haben wir bereits den grundlegenden philosophischen Satz vom zureichenden Grunde betrachtet, der mit Schopenhauers Worten besagt,

„dass nichts ohne Grund ist, warum es sei“ oder auch,
„dass immer und überall Jegliches nur vermöge eines Anderen ist“.

Ein Grund soll erklären, warum ein Ding überhaupt und so ist, wie er ist. Aber ist ein solcherart erklärender *Grund* nicht schon durch die Entstehungs*ursache* des fraglichen Dinges gegeben? Wäre er es, dann könnte der Satz vom zureichenden Grund durch das Kausalprinzip:

Alles, was geschieht, wird ver*ursacht*,

ersetzt werden. Viele *glauben* im Einklang mit dem Naturalismus, dass der Kausalnexus lückenlos und eindeutig ist, so dass er tatsächlich bereits *alles* erklärt. Wäre dem so, dann wäre der Satz vom zureichenden Grunde redundant und könnte zu Gunsten des Kausalgesetzes entfallen.

Aber dem *ist nicht* so, wie die Quantentheorie lehrt, denn sie zeigt, dass es Vorgänge gibt, die keine Ursache, wohl aber einen Grund haben[136]. Somit behält der Satz seine über das Kausalprinzip hinaus reichende Geltung. Er besagt aber ebenso, dass auch ein Grund einen Grund haben muss, und beinhaltet so einen *logischen* Regress. Weil Gründe fast immer umfassender sind als das Begründete, ist dieser Regress nicht linear, sondern expansiv, d.h. er führt in immer größere Zusammenhänge. Er kann nur enden, wenn es einen Grund *allen* Seins gibt, der selbst sein eigener Grund ist, weil es kein Anderes außerhalb seiner geben kann[137].
Dieser Grund *allen* Seins kann nicht *nicht* sein, er kann aber auch nicht nur wieder Seiendes sein. Er ist Grund für sich selbst, d.h. sein eigener Grund, der nicht mehr „vermöge eines Anderen ist". Er hat in der geistesgeschichtlichen Tradition der Menschheit den einen Namen: G*ott*.
Zum Grund eines Seienden gehört, dass es *möglich* sein muss. Der ontologische Rang dieses *Ermöglichungsgrundes* ist schon von Nikolaus von Kues (1401-1464)[138] erkannt worden lange vor der Quantentheorie, die im 20. Jahrhundert die Doppelstruktur der Wirklichkeit aus Realität und Potentialität ans Licht gebracht hat. Es ist dies die Quanten-Ontologie, die feststellt:
Alles, was in der objektiven Realität in Raum und Zeit *ist* – alle Dinge also – gehen aus ihrer nicht dinglichen *Potentialität* durch probabilistische *Faktifizierungen* im Wege von Dekohärenz hervor, wie es in Kap. 10.3 dargestellt ist. Deren verbleibende Potentialität ändert sich irreversibel und entsprechend unbestimmt, so dass eben diese Potentialität eine irreversible, sog. k*onsistente Geschichte* durchmacht (Kap. 10.5), die auf Grund der Quanten-Unbestimmtheiten der Faktifizierungsakte nicht deterministisch vorbestimmt ist.
So gesehen, ist Gott als der Ermöglichungsgrund *allen* Seins anzusehen.
Heutige Kosmologie betrachtet den Kosmos als Quantenkosmos, also als einziges allumfassendes Quantenobjekt, das Raum und Zeit mit umfasst.

---

136 Das Musterbeispiel ist der Zerfall eines radioaktiven Atoms. Er erfolgt spontan ohne auslösende Ursache, hat aber einen Grund, nämlich die Metastabilität des Atoms, die einen Tunneleffekt ermöglicht.

137 Diese Überlegung ordnet sich ein in das, was Hans Albert das „Münchhausen-Trilemma" genannt hat: *Abbruch* des Begründungsregresses durch die nicht mehr begründbare Behauptung, es gäbe einen Grund, der sein eigener Grund sei, weil es nichts außer ihm gäbe.

138 Beschrieben in Peter Kleinert:" Ist die philosophische Theologie am Ende?", WiSa Stuttgart 2013, S. 69-70.

Dessen Geschichte ist eine unermessliche Fülle von konsekutiven Faktifizierungsakten, die insgesamt einen ebenso unermesslichen Strang konsistenter *Geschichten* bilden.

Wie in Kap. 14.3 bereits dargestellt wurde, begann die kosmische Geschichte mit dem sog. Urknall vor ca. 13,7 Mrd. Jahren, als ursprünglicher Faktifizierungsakt der primordialen Potentialität, als die man den sog. *Vakuumzustand* [108] der universalen Quantengravitation ansehen kann. Da Raum und Zeit untrennbarer Teil dieses kosmischen Quantenobjekts sind, war dies auch der Beginn von Zeit und Raum, so dass die Begriffe 'davor' und 'außerhalb' nicht anwendbar sind.

Der Vakuumzustand der Quantengravitation wäre somit das *Nichts*, in dem es noch *nichts* Faktisches gab und aus dem alles Seiende entstand. Schon in den ersten winzigen Sekundenbruchteilen der kosmischen Expansion ereigneten sich den ganzen noch winzigen Kosmos betreffende Faktifizierungen, die dessen Grundstrukturen sehr genau so festlegten, dass gut 11 Mrd. Jahre später Leben auf der Erde (und vielleicht auch anderswo im Kosmos) entstehen konnte. Das erstaunliche Ergebnis der Evolution des Lebens sind wir selbst, die wir die Frage nach dem Sinn des Ganzen stellen können.

Jedem bleibt es überlassen, darin entweder 'nichts als' eine Kette von Zufällen zu sehen oder das Wirken Gottes, des Schöpfers.

15.23 An der Grenze des Erklärbaren

Aufgabe der Naturwissenschaft ist es, wiederkehrende Beobachtungen in der Faktenwirklichkeit, die 'wir' als Kognitionsgemeinschaft der Menschheit machen, zu „erklären“. Dazu werden Experimente gemacht, die Beobachtungen präzisieren sollen, indem man Vorgänge unter präparierten, also reproduzierbaren Bedingungen ablaufen lässt, sodass sie *objektiv* beobachtet werden können.

Erklären heißt dabei, die Beobachtungen auf schon bekannte Fakten und Naturgesetze zurückzuführen und die kausalen *Mechanismen* zwischen Ursachen und ihren Wirkungen darzustellen. Gelingt dies nicht, dann vermutet man, dass neue, noch unbekannte Gesetze am Werk sind. Solche Vermutungen, sind Hypothesen im Sinne von Karl Popper, die aber falsifizierbar, d.h. durch Beobachtung prüfbar sein müssen, um als wissenschaftlich gelten und zur *Erklärung* von Beobachtungen herangezogen werden zu können. Oft nennt man solche Hypothesen bereits Theorie, selbst wenn ihre Falsifizierbarkeit zweifelhaft ist.

In günstigen Fällen kann ein einziges Experiment eine Theorie falsifizieren und zu ihrer Verwerfung führen. Ein solches nennt man dann *experimentum crucis.* Ein Musterbeispiel ist das in Kap. 3 erwähnte Michelson-Experiment, das zur Verwerfung der Äther-Theorie des Lichtes führte.
Die Geschichte der Naturwissenschaften ist eine Geschichte fortschreitenden Erklärens vorher unerklärlicher Phänomene der Realität, die zuvor nicht selten durch das Einwirken jenseitiger Kräfte, an die man *glaubte,* „erklärt“ wurden. Ein Musterbeispiel sind Blitz und Donner. Der Naturalismus lebt davon, dass man meint, das ginge immer so weiter bis die 'Natur' bzw. die Realität restlos durch 'Natur'-Wissenschaft „erklärt“ sei und *Glaube* vollständig durch *Wissen* ersetzt werden könne.
Auch die Quantentheorie war zur Zeit ihrer Entstehung als „Matrizen-Mechanik“ Heisenbergs oder „Wellen-Mechanik“ Schrödingers (Kap. 10.1) eine Hypothese im Sinne Poppers. Inzwischen ist sie so umfassend und so genau bestätigt wie keine andere Theorie, so dass an ihrer Gültigkeit nicht mehr gezweifelt wird.
Wie ich in Kap. 10.3 gezeigt habe, besteht ihre Besonderheit, die sie von der klassischen Physik *radikal* unterscheidet, darin, dass sie in Gestalt der Wellenfunktionen „jenseitige“, d.h. *nicht messbare* Entitäten eingeführt hat, um fundamentale „diesseitige“ Fakten der 'Natur' wie bspw. die Stabilität der Atome zu *erklären.* Als *Erklärung* kann dies gelten, weil diese „jenseitigen“ Entitäten *mathematisch* als Lösungen der Schrödinger-Gleichung *fassbar* sind, aus denen sich die *messbaren* Fakten und ihre Wahrscheinlichkeiten, wie in Kap. 10.1 dargestellt, berechnen und somit *erklären* lassen. Wie die weitere Entwicklung gezeigt hat, kann sie auf diese Weise weit darüber hinaus große Bereiche der Realität bis in die Astrophysik hinein *erklären.*
Nun stehen wir vor dem Ganzen der Realität des Kosmos und vor einer höchst erstaunlichen *Beobachtung,* nämlich der *Feinabstimmung* grundlegender, im ganzen Kosmos geltender Konstanten wie die Kopplungskonstanten der vier fundamentalen Wechselwirkungen und die Massen und Ladungen der elementaren Hadronen und Leptonen auf die Möglichkeit von Leben derart, dass geringfügige Abweichungen von den gegebenen Werten Leben unmöglich gemacht hätten. Diese Feinabstimmung haben wir im Kap. 14.3 betrachtet und an zwei besonderen Beispielen erläutert. Sie wird summarisch auch in die Form eines kosmologischen Prinzips gekleidet und als *anthropisches Prinzip* bezeichnet. Wir haben es im Kap. 14.3 in die Worte gefasst:

Die Welt ist so, wie sie ist, weil/damit Leben und mit ihm auch der

Mensch in ihr möglich ist, der als erkenntnisfähiges Wesen diese Welt überhaupt erst zur Kenntnis nehmen kann.

Die damit ausgedrückte Feinabstimmung gemessener Werte ist erstaunlich und *erklärungs*bedürftig. Jedoch sind wir hier an der Grenze des *Erklärbaren,* denn die Feinabstimmung lässt sich nicht mehr naturgesetzlich zurückführen auf andere Fakten. Das gilt, wie wir in Kap. 14.3 schon festgestellt haben, sowohl für die schwache weil-Form als auch für die starke damit-Form des anthropischen Prinzips. Wollte man die schwache weil-Form „erklären", müsste man sich auf die Multiversums-Hypothese unermesslich vieler Kosmen berufen, die aber per se nicht falsifizierbar und somit nicht durch Fakten belegbar ist und folglich *keine* Erklärung im obigen Sinne ist.
Die starke damit-Form insinuiert den zielführenden Willen des transzendenten Schöpfer-Gottes. Auch dies ist keine *Erklärung* im obigen Sinne.

Ebenfalls an der Grenze des Erklärbaren zu verorten ist das Bewusstseinsphänomen. Von der Schwierigkeit, auch nur zu definieren, was Bewusstsein ist, handelte schon der Abschnitt 13.21, und das hatte etwas damit zu tun, dass sich die Frage nach dem Bewusstsein an der *begrifflichen* Grenze zwischen 'wer' und 'was', Subjekt und Objekt bewegt.
Dazu kommt, dass das Bewusstsein kein *objektives* Faktum im üblichen Sinne ist, weil – streng genommen – jede oder jeder nur von sich selbst weiß, dass sie oder er bewusst ist. Jedoch ist der Analogieschluss, dass andere Menschen ebenfalls bewusst sind, sehr überzeugend, weil Bewusstlosigkeit (z.B. infolge von Narkose) sehr wohl immer objektiv beobachtbare Folgen hat. Bewusstsein ist eben nicht *dinglich,* denn dann müsste es *messbar* sein. Unsere These *(##)* trägt dem Rechnung, weil quantenmechanische Potentialität, wie wir in Kap. 10.3 festgestellt haben, per se nicht messbar ist. Sie ist aber – das sei hier aus Kap. 10.3 wiederholt – dennoch *wirklich,* weil sie bestimmt, was mit welcher Wahrscheinlichkeit *real* werden kann. Sie hat also messbare Folgen. So ist es auch beim Bewusstsein: Es hat messbare Folgen durch codierende „Messprozesse" im Gehirn, von denen im Kap. 13.22 bereits die Rede war, die darüber hinaus zu zu Aktionen seines *freien Willens* in der objektiven Realität führen können.
Immerhin hat die Neurobiologie eine Fülle anatomisch-struktureller, physiologischer, neuro-elektrischer, neuro-chemischer Fakten und

Sachverhalte erkannt, und ständig werden es mehr.
Für den Naturalismus aber ist die Summe aller Fakten und Sachverhalte bereits die *ganze* Wirklichkeit, d.h. die ‚Natur', in der alles „mit rechten Dingen", d.h. naturgesetzlich nach kausalen Mechanismen zugeht (Kap. 7). Damit gelten die Wirksamkeits-These (W) und die kausale Geschlossenheits-These (K) des Falkenburg-Trilemmas (Kap. 13.22), während die Verschiedenheits-These (V) dann nicht gelten kann, so dass das Bewusstsein vollständig auf Fakten und Sachverhalte *reduzierbar* sein müsste. Das stellt die naturalistisch gesonnene Neurobiologie vor die epochale Aufgabe, auch das Bewusstsein durch den Nachweis eines lückenlosen aufwärts gerichteten (‚bottom up) Kausalnexus 'erklären' zu sollen.
Das ist das vermutlich gewichtigste sechste der „sieben Weltträtsel", von denen Emil Du Bois-Reymond (1818-1896) in seiner berühmten „Ignorabimus"-Rede „Über die Grenzen des Naturerkennens"1872 vor der Versammlung der deutschen Naturforscher und Ärzte behauptete, sie seien unlösbar[139], nämlich „Ursprung und Wesen des Denkens".
Wie zur Bestätigung Du Bois-Reymonds konstatierte 1995 der Kognitionswissenschaftler David Chalmers (geb. 1966) – wenn auch nicht so apodiktisch – eine *Erklärungslücke,* die er das seit dem viel zitierte „hard problem of conscciousness" nannte (Fußnote 74). Er meinte damit besonders die Erlebnisinhalte des Bewusstseins, die sog. Qualia.
Der Naturalismus erkennt ja solche „Grenzen des ‚Natur'-Erkennens" nicht an, sondern sieht darin die Herausforderung, sie zu überschreiten. Einen ersten Versuch dazu machte schon 1899 der Biologe und erklärte Monist Ernst Haeckel (1834-1919) mit seinem Buch „Die Welträthsel", der freilich heutigen Maßstäben nicht genügen kann.
Das Bewusstsein ‚erklären' zu wollen, bedeutet, wie gesagt, alle relevanten anatomischen, topologischen, funktionellen, biochemischen und neuro-elektrischen Fakten und Sachverhalte des ungeheuer komplexen Netzwerks der 10^{11} Neuronen mit ihren jeweils tausenden synaptischen Kontakten untereinander in lückenlose Kausalzusammenhänge einzuordnen.
Man verspricht sich das von einer möglichst vollständigen sog.

139 Die sieben Welträtsel Du Bois-Reymonds sind: 1.Das Wesen von Kraft und Materie, 2. der Ursprung der Bewegungen, 3. das Wesen der Sinnesempfindungen, 4. die Willensfreiheit, 5. Die Entstehung des Lebens, 6.Ursprung und Wesen des Denkens, 7. der Zweck der Natur"

Kartierung des Gehirns in einem 3-dim. Computer-Modell[140], mit dem man das Gehirn in einem Supercomputer *simulieren* will. Das soll Aufgabe eines neuen Großforschungsprojekts sein, wozu man 2010 beiderseits des Atlantiks die „Dekade des Gehirns“ ausrief. Nach dem Vorbild des (vergleichsweise einfachen) Human Genome Projects (HGP)[141] konzipierte man in den USA das Projekt „Brain Activity Map“ (BAM) und in Europa das „Human Brain Project“ (HBP). Dazu sollen Kapazitäten und Ressourcen vieler einzelner Institute koordiniert werden. In den USA bewilligte man für das BAM-Projekt 3 Mrd.$, und die Europäische Kommission stellte 2013 für ihr forschungspolitisches „Flaggschiff“ für 10 Jahre 1,2 Mrd. Euro zur Verfügung.

Das rief die Kritik und den Protest von mehr als 200 europäischen Neuro-Wissenschaftlern hervor, die sich Sorgen um Einschränkungen ihrer Forschungsbudgets machten und in einem offenen Brief mit einem Boykott des Projekts drohten. Ein Mediationsverfahren führte zu einer Reorganisation des Projekts, dessen Co-Direktor danach klarstellte: „Es handelt sich um ein Technologie- und Computing-Projekt und nicht um ein neurowissenschaftliches“.

Vorrangig hofft man also auf *technologische* Durchbrüche für die Entwicklung „Künstlicher Intelligenz“ (KI), indem man der menschlichen auf die Spur zu kommen sucht. Das ist das, was man auch starke KI nennt. Aber nebenbei hofft man eben doch auch auf die Lösung jenes „Welträtsels“, das Emil Du Bois Reymond[139] für unlösbar hielt, nämlich die Erklärung des Bewusstseinsphänomens. Dabei lässt man sich offenbar nicht beirren von dem Fazit des Human Genome Project (HGP), wonach man eine Aufwärtsverursachung („bottom up“) vom Genotyp zum Phänotyp nicht nachweisen konnte, die sicher sehr viel einfacher wäre als die vom Gehirn zum Bewusstsein[142].

---

140 Den schwindelerregenden rechentechnischen Aufwand, den das kosten würde, schätzt Murray Shanahan ab in seinem Buch „Die technologische Singularität“, Matthes & Seitz, Berlin 2020.

141 Beim Human Genome Project (HGP) ging es um die Entzifferung der ca. zwei Mrd. Basenpaare der menschlichen DNA, die in etwa 20 000 Gene gegliedert sind.

142 Anstatt die These vom genetischen Determinismus zu bestätigen, machten die Ergebnisse des HGP schnell klar, dass es äußerst schwierig sein würde, von gewissen Genen auf bestimmte Eigenschaften zu schließen.Es wurde vielmehr offensichtlich, dass es keine kausal gerichtete Beziehung zwischen Genotyp und Eigenschaften gab, sondern dass es sich bei der Ausprägung

Dazu kommt, dass *prinzipiell* zu bezweifeln ist, dass es einen vollständigen, das Bewusstsein *erklärenden,* aufwärts gerichteten Kausalnexus zwischen der Hirnphysiologie und dem Bewusstsein überhaupt gibt, weil weder die Philosophie noch die Physik einen konsistenten Kausalitätsbegriff (Fußnote 95) bereit halten. Das hat Brigitte Falkenburg in ihrem Buch „Mythos Determinismus" (Fußnote 16) überzeugend dargelegt.
Die Behauptung, dass es diesen durchgehenden, alles verbindenden und *erklärenden* Kausalnexus gibt, stützt sich ja auf die bereits vorwissenschaftlich gewonnene, alltäglich bewährte und darum so überzeugende Evidenz des Kausalprinzips

„Alles, was geschieht, wird verursacht".

Man *glaubt* daran, obwohl es nicht wirklich wissenschaftlich fundiert ist. Somit bleibt für die „Erklärung" des Bewusstseins durch Einordnung in objektive Kausalzusammenhänge – so ist ja die Aufgabe des Erklärens gestellt – nur noch die These, das Bewusstsein ‚emergiere' eben wie ein *„deus ex machina"* aus hinreichend komplexen neuronalen biochemisch-neuro-elektrischen Netzwerken.
Emergenz (Fußnote 119) besagt ja, dass sich Eigenschaften eines Systems gerade nicht aus denen seiner Elemente direkt ableiten lässt. Meist versucht man, eine Erklärungskraft dieser These aus plausiblen Beispielen von Eigenschaften abzuleiten, die einem Ganzen, nicht aber dessen Teilen zukommen. Solche Beispiele sind intensive Zustandsgrößen von thermodynamischen Systemen wie etwa Druck, Dichte oder Temperatur. Doch dies sind Beispiele „schwacher Emergenz", die nicht mit einem Kategorien-Sprung verbunden sind, weil die „emergenten" Eigenschaften ebenso *messbar* sind wie auch schon die der Elemente des Systems. Bei der behaupteten „Emergenz" des Bewusstseins aus dem hoch komplexen neuronalen Netzwerk biochemisch-neuro-elektrischer Prozesse aber würde es sich um einen kategorialen Sprung handeln, denn was da emergieren soll, ist als solches *nicht messbar,* wie wir schon mehrfach festgestellt haben, und gehört somit einer qualitativ anderen Kategorie an. Die noch strittige Quantenhypothese (##) aus Kap. 13.2 aber trägt dem Rechnung. Die Emergenz-These *erklärt* also das Bewusstsein nicht wirklich. Sie kann allenfalls die von Chalmers[74] konstatierte

---

phänotypischer Merkmale um einen hochkomplexen Prozess von Wechselwirkungen und Rückkopplungen zwischen DNA, RNA, Proteinen und Zellplasma handelt (Wikipedia).

Erklärungslücke kaschieren, schließen kann sie sie nicht.
Verfechter der sog. *starken KI*[143] sind ebenso wie die naturalistisch gesonnene Neurobiologie überzeugt von der These,

dass das Bewusstsein generell vom Gehirn *kausal* erzeugt wird.

So dachte auch der Neurologe Eben Alexander[153] (Kap. 14.71),bevor er sein Nahtoderlebnis hatte, das im Anhang beschrieben wird.
Bisher geht die Neurobiologie aber vollständig daran *vorbei*, dass diese These bereits im Popperschen Sinne *falsifiziert* worden ist, denn eine Allaussage kann bereits durch ein einziges Gegenbeispiel widerlegt werden. Als ein herausragendes Gegenbeispiel unter zahlreichen anderen kann das Nahtoderlebnis von Pamela Reynolds angesehen werden, deren Bewusstsein *nicht* erlosch, obwohl ihr Gehirn zum Zweck einer Hirnoperation nachweislich vollständig außer Funktion war. Auch das wird im Anhang näher beschrieben.
Davon unbeirrt hält man an dieser These fest und meint, wenn das natürliche Neuronen-Netzwerk des Gehirns Bewusstsein *erzeugt*, dann müsse das bei künstlichen neuronalen Netzen auch möglich sein. Deshalb treiben sie die Computer-Analogie[74] weiter und erwarten, dass auch hinreichend komplexe künstliche neuronale Netze – versehen mit hinreichend großer Speicherkapazität – *künstliches Bewusstsein* erzeugen würden.
Diesen Anspruch, künstliches Bewusstsein erzeugen zu wollen, kann man schon aus dem Namen der zu Google gehörenden Tochterfirma „Deep Mind Technologies" entnehmen, denn das vieldeutige Wort ‚mind' bedeutet mit ‚Sinn, Geist, Gemüt' etwas, was sonst nur dem menschlichen Bewusstsein zugeschrieben wird. Was diese Firma bisher tatsächlich entwickelt hat, sind die Programme AlphaGo, AlphaGoZero und AlphaZero u.a., die als autonom lernende neuronale Netze Strategiespiele wie GO spielen können, ähnlich wie der IBM-Schachcomputer Deep Blue. Das Neuronale Netz von AlphaGo wurde erweitert durch Datenspeicher, und dessen Lernphase bestand aus Millionen Spielen gegen sich selbst.
Zu spektakulären Vergleichen mit menschlicher Intelligenz kam es, als der

---

143 KI steht für Künstliche Intelligenz, wobei noch zwischen schwacher und starker KI unterschieden wird. Schwache KI ist hauptsächlich Mustererkennung, wie sie von künstlichen neuronalen Netzen (Fußnote 81) geleistet wird. Starke KI soll im wesentlichen menschlicher Intelligenz gleichkommen, die sie aber in Geschwindigkeit und operativer Speicherkapazität weit übertreffen.

Schachweltmeister Kasparov 1996 mit 1:4 gegen den IBM-Schachcomputer Deep Blue verlor und 2016 der koreanische GO-Weltmeister Lee Sedol ebenfalls mit 1:4 gegen das Deep-Mind-Programm AlphaGo.
Wenn diese Duelle in den meisten Medien öffentlichkeitswirksam als Kampf menschlicher gegen künstliche Intelligenz dargestellt wurde, den die künstliche gewonnen habe, so ist das höchst kurzschlüssig und irreführend.
Wie weit die Verwirrung in der Gesellschaft schon geht, zeigte eine repräsentative Umfrage des Allensbach-Instituts im Auftrag der Gesellschaft für Informatik im Rahmen ihres Projekts #KI50 im Mai 2019: 21% der 1283 Befragten hielten Liebesbeziehungen zwischen Menschen und einer KI in weniger als 10 Jahren für möglich, und die Hälfte von ihnen meinten sogar, in 30 Jahren gehöre so etwas zur Normalität.
Kurzschlüssig ist die unbedachte Anwendung des Begriffs ‚Intelligenz' auf Automaten. Laut Wikipedia ist ‚Intelligenz'

> „ein „psychologischer Sammelbegriff für die kognitive bzw. geistige Leistungsfähigkeit", bei dem nicht einmal „Einigkeit besteht, wie diese Fähigkeiten zu bestimmen und zu unterscheiden sind", so dass „es keine allgemein gültige Definition von Intelligenz gibt".

Irreführend ist es, diesen kaum definierten Begriff für völlig verschiedene Sachverhalte zu verwenden. Er entstand, um psychisch-bewusste, also menschliche Fähigkeiten zu bezeichnen, und wurde dann umstandslos auch auf geistlos-algorithmische Fähigkeiten übertragen. Dass letztere pro Sekunde 126 Stellungen des Schachspiels für einige Züge vorausberechnen konnten, ist aber sicher kein Zeichen von Bewusstsein.
Da man, wie mehrfach gesagt, Bewusstsein als solches nicht messen kann, bedarf es zum Nachweis eventuellen künstlichen Bewusstseins eines Vergleichs mit menschlichem Bewusstsein. Dazu hat Alan Turing (1912-1954) im Geiste der Computer-Analogie den nach ihm benannten Test vorgeschlagen, der folgendermaßen ablaufen soll:
Versuchsteilnehmer mit ihrem je subjektiven Bewusstsein kommunizieren über Tastaturen sowohl mit einem anderen Menschen als auch mit einer KI. Allein auf Grund von Fragen und Antworten sollen sie unterscheiden, welcher von beiden Partnern die Maschine ist. Können sie das nicht, so meint man, dann wäre eventuell der KI emergentes Bewusstsein zuzutrauen.
Die Beweiskraft dieses Tests ist sehr umstritten. Er ist schon mehrfach durchgeführt worden. Bei Wikipedia liest man dazu:

> „Im Oktober 2008 wurde bei einem Experiment an der University of Reading, bei dem sechs Computerprogramme teilnahmen, die 30-Prozent-Marke knapp verfehlt. Das beste Programm schaffte es, 25 % der menschlichen Versuchsteilnehmer zu täuschen."

2014, zum 60. Todestag Turings, wurde der Test mit einem weiter entwickelten Programm an der Universität Reading wiederholt. Diesmal konnte es 33% der Teilnehmer täuschen.

Bereits 1966 entwickelte Joseph Weizenbaum (1923-2008), der mit seiner jüdischen Familie 1936 in die USA emigrierte und dort Mathematik und Informatik studierte, ein Dialog-Programm – ELIZA – genannt, das als frühe Realisierung des Turing-Tests angesehen werden kann, obwohl es überhaupt nicht dafür konzipiert wurde. Es simulierte das Gespräch eines Psychotherapeuten mit seinem Patienten. Einige der teilnehmenden Patienten glaubten tatsächlich, es mit einem Arzt zu tun gehabt zu haben. Dieser „Erfolg", der gar nicht in der Absicht des Autors lag, alarmierte ihn. Fortan distanzierte er sich von KI-Konzepten und wurde ein entschiedener Kritiker solcher, in seinen Augen übergriffiger Tendenzen der Informatik. Ich weiß das aus einem persönlichen Gespräch, das ich nach seiner Rückkehr 1996 nach Berlin mit ihm haben konnte.

Vermutlich wird man auch das vom Human Brain Project angestrebte Modell zur Simulation des menschlichen Gehirns – in welcher Version auch immer – dem Turing-Test unterziehen, schon um Erfolge zur Rechtfertigung des exorbitanten Finanzaufwands feiern zu können.

Dass die bloße Ausführung von Algorithmen mit ‚Verstehen' selbst dann nichts zu tun hat, wenn sie von verstehensfähigen Menschen ausgeführt werden, zeigte der US-amerikanische Philosoph John Searle (geb. 1932) mit Hilfe eines Gedankenexperiments, das unter dem Namen „chinesisches Zimmer" [144] bekannt geworden ist.

Trotzdem bleibt die Erwartung, dass auch künstliche Intelligenz Bewusstsein hervorrufen könne. Dazu hat das Bundesministerium für Bildung und Forschung (BMBF) ein Erkundungsprojekt „Abklärung des

144 In einem nur mit Eingabe- und Ausgabe-Schlitzen mit der Außenwelt verbundenem Zimmer befindet sich ein Mensch, der kein Wort Chinesisch kann,aber über ein in seiner Sprache verfasstes Wörterbuch sowie ein Handbuch der chinesischen Grammatik verfügt. Durch die Eingabe reicht ihm ein Chinese Zettel mit chinesischen Schriftzeichen. Er ordnet sie mit Hilfe seiner Bücher und gibt sie durch die Ausgabe heraus. Der Chinese auf der anderen Seite wird denken, dass der Mensch im Zimmer die chinesische Geschichte *verstanden* hat, was natürlich nicht der Fall ist.

Verdachts aufsteigenden Bewusstseins in der Künstlichen Intelligenz“ ins Leben gerufen, das federführend von Prof. Karsten Wendland am Karlsruher Institut für Technologie durchgeführt wird. Mit „aufsteigend“ ist offenbar ‚emergent‘ gemeint. Bisher haben eine Reihe interessanter Dialoge dazu stattgefunden, die in einem “Forschungs-Podcast“ aufgezeichnet werden[145]. Prof. Wendland erklärte zu diesem Projekt:

> „Am empirischen Nachweis des Bewusstseins sind, soweit wir das wissen, bisher alle Kolleginnen und Kollegen gescheitert, weil wir überhaupt nicht genau wissen, was das Bewusstsein genau ist und wo es herkommt, ähnlich wie wir auch nicht wissen, was die Intelligenz genau ist oder wo sie herkommt.“

Der "Verdacht" ist also der, dass aus hinreichend komplexen Programmen dieser Art aus dem implementierenden Computer in Aktion "Bewusstsein aufsteigen" (emergieren) kann.
Diese populäre Erwartung[65] schilderte Prof. Wendland in einem Interview:

> „Mit steigender Komplexität stellt sich ein solches Bewusstsein irgendwann automatisch ein. Es erscheint nicht aus dem Nichts, sondern aus der Komplexität der Algorithmik oder Anzahl der Speicherzellen und des Vernetzungsgrades. ....Würde man also sehr viele Neuronen nachbauen, die wechselseitig hin und her feuern, entstünde dann eine neue Qualität eines eigenen Bewusstseins. Mitunter kursiert die magische Zahl von 10^{10} beteiligten Elementen als Eintrittsschwelle zu einem solchen Ereignis.“

Dass schon aus dem Computer-Code als solchem Bewusstsein "emergieren" kann, hält Prof. Christof Koch[146] in dem genannten Forschungs Podcast [145] für ebenso abwegig wie Bewusstseins-Emergenz aus einer Hirn-Simulation in einem Supercomputer (wie es sich ja das "Human Brain Project" der EU vorgenommen hat), denn dann müsse davon eine *kausale Wirkung* ausgehen können, wie es beim wirklichen, dem menschlichen Bewusstsein im Gehirn der Fall ist, und das sei undenkbar. Man müsse schon das Gehirn selbst "neuromorph nachbauen", wenn man Bewusstsein erzeugen wolle. So ähnlich sagt es ebenfalls Prof. Ralf Otte[147] in dem besagten Podcast. Er stellt lapidar fest: "In der heutigen KI ist kein Geist". Wolle man das erreichen, müsse man in neuromorphen Netzen "nicht-

145 Man findet ihn unter www.KI-Bewusstsein.de

146 Prof. Dr. Christof Koch, geb. 1956, Forschungsdirektor am Institute for Brain Science, Seattle, USA.

147 Prof, Dr.-Ing.Ralf Otte, Institut für Künstliche Intelligenz an der TH Ulm

energetische Quantenzustände“ ermöglichen[148]. Weil künstliche neuronale Netze ohnehin von Computern realisiert werden, könnte man spekulieren, ob künftige Quantencomputer mit ihrer soviel größeren Kapazität in der Lage sein könnten, Bewusstsein hervorzubringen. Wenn diese aber wie alle Computer auch nur Algorithmen implementieren, nur eben mit Qubits[75] statt mit gewöhnlichen binären Bits, dann wären auch sie „Turing-Maschinen“[149], für die das Gödelsche Theorem, das im Abschnitt 13.212 zitiert wurde, gültig bleibt, während menschliches *bewusstes* Denken nicht berechenbar ist und daher nicht auf die Ausführung von Algorithmen reduziert werden kann.

Zusammenfassend ist festzustellen: Als *Erklärung* des Bewusstseinsphänomens kann die Emergenz-These nicht gelten, eben weil sie eine aufwärts gerichtete Verursachung nicht bieten kann. Sie bleibt eine Hypothese, die man auf Grund des allgemein *geglaubten* Kausalprinzips – alles, was geschieht wird verursacht – behaupten, aber weder beweisen noch widerlegen kann. Denn dieses Prinzip ist ja, wie Brigitte Falkenburg gezeigt hat (siehe Fußnote 95 in Kap. 13.22), weder philosophisch noch physikalisch hieb- und stichfest begründet und hat somit eher den Charakter eines Mythos, eben des „Mythos Determinismus“.

---

148 In seinem Buch „Vorschlag einer Systemtheorie des Geistes“, Cuvillier Verlag Göttingen, 2016 macht er den kühnen spekulativen Vorschlag einer Erweiterung der Quantentheorie dadurch, dass sie nicht wie bisher auf dem *Körper* der komplexen Zahlen errichtet wird, wie ich das im Kap. 10.1 skizziert habe, sondern auf dem *Schiefkörper* der *hyperkomplexen* Zahlen, der sgenannten.*Quaternionen.* Man erhält dann parallel zu den gewöhnlichen komplexwertigen Wellenfunktionen als Möglichkeitsfeldern, die er energetisch nennt, im hyperkomplexen Zahlenraum sog. v*irtuelle Spiegelfelder*, die er nicht-energetisch nennt und von denen er glaubt, dass sie geistige Entitäten (Bedeutungen?) codieren können.

149 Eine sog. Turing-Maschine ist ein abstraktes, auf die Prinzipien reduziertes Modell eines Computers, das so definiert ist, dass er beliebige Algorithmen ausführen kann, die durch ein Programm vorgegeben sind.

16. Wo Erklären endet, reicht Verstehen weiter

Die Worte 'Erklären' und 'Verstehen' werden in ihrer Bedeutung oft nicht klar unterschieden. Im vorangegangenen Abschnitt haben wir 'erklären' verwendet im Sinne von zurückführen auf schon bekannte Fakten und Naturgesetze, d.h.

- Einordnen in Kausalzusammenhänge,

und in den Kap. 8.1 und 15.2 haben wir 'verstehen''

- Einordnen in Sinnzusammenhänge

genannt. Naturwissenschaftler unterscheiden beides oft nicht und sagen, sie hätten etwas *verstanden,* wenn sie es *erklären* können. Hier aber sollen beide Begriffe unterschieden werden, denn Kausal- und Sinn-Zusammenhänge *sind* grundsätzlich verschieden.
Im vorangegangenen Abschnitt wurde festgestellt, dass sich die Feinabstimmung und mit ihr das anthropische Prinzip in keiner seiner beiden Formen 'erklären', also in naturgesetzliche Kausal-Zusammenhänge einordnen lässt.
Verstehen aber lässt sich die Feinabstimmung in Form der starken damit-Form des anthropischen Prinzips sehr wohl, wenn man das Leben, um dessen Ermöglichung es ja geht, ganz hoch schätzt als den *Sinn* des Kosmos und als das *Gute* schlechthin. Der Garant des Guten aber ist in der Sicht des Glaubens „Gott, der Schöpfer des Himmels und der Erde", wie es im apostolischen Glaubensbekenntnis der Christenheit heißt. Er ist der Schöpfer des Lebens, wie es die beiden biblischen Schöpfungsgeschichten (Gen. 1,1-2,4a sowie Gen. 2, 4b-7) bezeugen. Am Ende des sog. „6-Tage-Werks" heißt es dann: „Und Gott sah an alles, was er gemacht hatte, und siehe, *es war sehr gut*" (Gen.1,31). Dementsprechend haben wir im Licht der Quanten-Ontologie in Kap. 14.1 konstatiert:

(++) Die Wirklichkeit Gottes – sein Wille – ist die allumfassende Potentialität zum Guten.

Danach setzt Gott selbst einen universellen Sinnzusammenhang, in dem die starke damit-Form des anthropischen Prinzips als Ausdruck des Schöpfungswillens Gottes wirklich *verstanden* werden kann.
Somit reicht 'Verstehen' – wenn man denn verstehen *will* – weiter als 'Erklären'. Naturalisten wollen das nicht, weil die immaterielle Sinn-Kategorie im Naturalismus ohnehin keinen genuinen Platz hat und im umfassenden Sinne des starken anthropischen Prinzips schon gar nicht. Dementsprechend betont man immer wieder, die Welt, der Kosmos und

mit ihm das Leben, habe keinen Sinn, sei ganz und gar *zufällig* und somit *sinnlos*. Für den Naturalismus kommt daher 'natürlich' nur die schwache weil-Form des anthropischen Prinzips als Auswahlkriterium für *unser Uni*versum in Frage, Auswahl aus einem *postulierten* Multiversum unermesslich vieler Kosmen. Der 'Natur'-Begriff des Naturalismus muss damit eigentlich ins Unendliche aufgebläht werden. Das aber wäre inkonsistent, weil es zwischen den Einzelkosmen *per se* keinen Kausalnexus geben kann, der aber andererseits für den 'Natur'-Begriff im Prinzip konstitutiv ist.

Auch für das Bewusstseinsphänomen gilt, dass Verstehen weiter reicht als das Erklären, denn auch die in Kap. 13.21 vertretene Quanten-Hypothese *erklärt* im oben genannten Sinne nicht , wie Bewusst-sein – das sich seiner selbst bewusste Sein – aus dem Gehirn *hervorgeht*. Aber sie kann *verständlich* machen,wie das Bewusstsein – die Seele – als immaterielle Kategorie mit dem materiellen Gehirn *verbunden* ist, nämlich so, wie Potentialität und Realität zu *einer* Wirklichkeit verbunden sind. Die verbindende Wirkung, auf die es ankommt, ist der quantenmechanische sog. *Messprozess* (Fußnote 44). Somit reicht die das Verstehen ermöglichende Quantenhypothese QH (s. 13.21) weiter, während Emergenz offenbar keine Erklärung ist, die diesen Namen verdient.

'Erklären' und 'Verstehen' sind beides Wege der Wahrheitsfindung, wobei ‚Erklären' einen eher objektiven Charakter hat und intersubjektives ‚Verstehen' bei der Einordnung in Sinnzusammenhänge all das berücksichtigen muss, was erklärt werden kann.

Wenn das so ist, kann der 'verstehende' Glaube an Gott einen Wahrheitsanspruch erheben, weil *Wahrheit* weit mehr ist als naturgesetzliche Reduzierbarkeit auf (messbare) Fakten. Er muss sich dann aber auch an Wahrheitskriterien messen lassen.

17. Für den Glauben an Gott können Wahrheitskriterien geltend gemacht werden

Dass der christliche Glaube an Gott einen Wahrheitsanspruch erhebt, wurde schon bei jener exemplarischen Konfrontation von Wahrheit und Macht beim Verhör Jesu durch Pilatus deutlich (Fußnote25), und der Apostel Paulus schreibt an Timotheus: „Gott will, dass allen Menschen geholfen werde und sie zur Erkenntnis der Wahrheit kommen“ (1.Tim.2,4).

Wahrheit aber hat heutzutage einen schweren Stand. Postmoderne Individualisten bestreiten, dass es Wahrheit im Singular überhaupt gibt, und man ist sich einig:

Die Wahrheit gibt es nicht, sondern nur Interessen,

und jeder hat seine Interessen, sozusagen seine eigene „Wahrheit“. Allgemein gültige Wahrheitsansprüche werden dann als Zumutung aufgefasst, und solche zu vertreten, wird als „Missionierung“ verpönt.

Wer dennoch einen Wahrheitsanspruch glaubwürdig erheben will, muss ihn an Wahrheitskriterien messen lassen, denn sonst gerät er schnell unter wohlfeilen Ideologieverdacht. Zudem wird ein Wahrheitsanspruch immer schon mit der Ausschließlichkeit des *tertium non datur* assoziiert, ohne dass man zuvor die Pilatus-Frage, was denn Wahrheit überhaupt ist, ernsthaft stellt. Dann würde man nämlich sehen, dass das *tertium non datur* überhaupt nicht generell, sondern nur für Aussagen über Sachverhalte gelten kann, die bei weitem nicht die ganze Wahrheit sind.

Die Frage nach der Wahrheit aber ist zu komplex, um in einem Satz beantwortet werden zu können. Ich berufe mich auf die Wahrheitstheorie des Philosophen Nicholas Rescher (geb. 1928), der gezeigt hat, dass drei überkommene Wahrheitstheorien miteinander vereinbar sind und unter einem Dach zusammengefasst werden können. Es sind dies die *Korrespondenz-*, die *Kohärenz-* und – als ‚Dach‘ – die *pragmatische* Theorie.

Ich nenne hier nur die sie definierenden Wahrheitskriterien:

(1) Korrespondenz: Wahrheit ist die Übereinstimmung von Aussage und Sachverhalt (veritas est adaequatio intellectus ad rem).

(2) Kohärenz: Wahre Aussagen müssen begrifflich konsistent sein und vereinbar sein mit schon als wahr erkannten Aussagen oder daraus folgen.

(3) Pragmatische Theorie: Wahr ist, was sich im Leben *bewährt.*

Das Bewährungskriterium hat Lessing in literarischer Gestalt in der Ringparabel Nathans des Weisen zur Sprache gebracht. Auch die sog. evolutionäre Erkenntnistheorie macht das Überleben im evolutionären „Kampf ums Dasein" zum Kriterium zutreffender *Wahr*-Nehmung.
Die pragmatische Theorie umfasst die beiden anderen, denn *bewähren* kann sich nur, was konsistent, kohärent und zutreffend ist.
Das Kriterium (2) ist in vielen Fällen ein notwendiges, aber nicht hinreichendes Kriterium.
Das ausschließende *tertium non datur* – etwas ist wahr oder falsch, etwas Drittes gibt es nicht – gilt, wie schon gesagt, in Strenge nur für (1), d.h. für Aussagen über Sachverhalte. Denn nur diese können eindeutig mengentheoretisch geordnet werden, so dass die Mengenalgebra gilt, die der Booleschen Algebra der formalen Logik isomorph ist und der das „*tertium non datu*r" zugehört.
Für (2) ist das *tertium non datur* wichtig (Konsistenz, Widerspruchsfreiheit), aber nicht durchweg gültig, weil durchaus verschiedene Aussagen mit schon als wahr erkannten Aussagen vereinbar sein können.
Für das Kriterium (3) hingegen ist das *tertium non datur* eher fragwürdig, weil es Intoleranz begründen kann, die sich im Leben durchaus nicht bewährt hat.
Wäre die Wirklichkeit ganz und gar durch Sachverhalte ('Fakten') darstellbar, wie es der Ontologie des Naturalismus (s. Kap. 7) entspricht, dann könnten (2) und (3) auf (1) reduziert werden so, wie es bspw. der sog. eliminative Materialismus von Paul und Patricia Churchland (geb. 1942 u. 1943) in Bezug auf die Psychologie behauptet. Jedoch kann das Wahrheitskriterium (1) für die Multiversums-Hypothese nicht geprüft werden, weil sie, wie wir schon bemerkt haben, nicht falsifizierbar ist.
Lange Zeit galt (1) tatsächlich als Definition von Wahrheit schlechthin (z.B. bei Aristoteles, Thomas von Aquin), und die Auffassung, dass zwischen (Natur-)Wissenschaft und Glaube ein Ausschließungsverhältnis im Sinne des *tertium non datur* bestünde, fand weite Verbreitung.
Nun lehrt aber die Quanten-Ontologie, dass die Wirklichkeit der Fakten und Sachverhalte, auf die (1) beschränkt ist, eben nicht die ganze Wirklichkeit ist. So schafft sie den Raum, in dem ein Wahrheitsanspruch für den Glauben an Gott erhoben werden kann.
Weil Gott kein Ding und kein Sachverhalt ist, ist (1) für ihn überhaupt irrelevant. Dagegen muss (2) erfüllt sein. D.h. insbesondere, dass die an (1) zu prüfenden Erkenntnisse der Wissenschaft mit dem Glauben an Gott vereinbar sein müssen, um für ihn einen Wahrheitsanspruch erheben zu

können. Im Kap. 14, insbesondere Kap. 14.3 wurde ausgeführt, dass dies der Fall ist.

Das für den Glauben an Gott eigentlich maßgebliche Kriterium ist (3). Da es nicht objektivierbar ist, kann 'Bewährung im Leben' „nur“ bezeugt werden. Dies ist im Laufe der 3000-jährigen jüdisch-christlichen Geschichte vielfach geschehen, eindrücklich im Buch Hiob und für Christen letztgültig am Kreuz, wo Jesus selbst dort Gott noch um Vergebung für seine Peiniger und Mörder bitten konnte und vor seinem Hinscheiden ausrief:

> „Vater, ich befehle meinen Geist in deine Hände“ (Luk. 23,46).

Von besonderer Bedeutung für die *Validierung* des Christentums waren die Zeugnisse der Märtyrer, die ihr Bekenntnis zu Gott und Christus mit ihrem Leben bezahlten. In den ersten drei Jahrhunderten galten Christen im Römischen Reich als Staatsfeinde, weil sie den Kaiserkult verweigerten. Die Christenverfolgungen begannen unter Nero (Kaiser von 54-68), wurden verschärft unter Decius (Kaiser von 249-251), hatten ihren Höhepunkt während der Tetrarchie unter Diokletian (Kaiser von 284-305) in den Jahren der Mitregentschaft von Galerius in den Jahren 303-311 und endeten unter Konstantin, Kaiser von 306-337, der das Christentum 313 zur Staatsreligion erhob. Christenverfolgungen haben vielen hundert Gläubigen das Leben gekostet, die als Fackeln verbrannt, geköpft, gekreuzigt oder in Arenen wilden Tieren geopfert wurden. Die Ausbreitung des Christentums im Römischen Reich aber haben sie nicht verhindert, sondern eher befördert. Bald hieß es: „Das Blut der Märtyrer ist der Same der Kirche.“

Als historisch einzigartige *Bewährung* des Gottesglaubens darf das Schicksal der Juden über zwei Jahrtausende ihrer Geschichte gelten. Es begann mit der Zerstörung Jerusalems und des Tempels in den beiden jüdischen Kriegen 66-70 und 132-136, die zu ihrer Vertreibung aus dem Heiligen Land und zu ihrer Zerstreuung über weite Teile Europas und des Nahen Ostens geführt haben, ging weiter mit zahlreichen Pogromen im Mittelalter und fand ihren Höhepunkt in der Hölle der Vernichtungslager Nazi-Deutschlands, in denen 6 Mill. Juden ermordet wurden. Dass die Juden trotz dieser beispiellosen Verfolgung ihre Identität und ihren Zusammenhalt weder durch Assimilation verloren noch durch physische Bedrohung verleugnet haben, ist ohne ihr Festhalten am Glauben ihrer Väter und Mütter an den Gott Abrahams, Isaaks und Jakobs nicht denkbar.

Auch die Glaubenszeugen des 20. Jahrhunderts, die aus christlicher Gesinnung Widerstand gegen die Naziherrschaft leisteten und dabei ihr Leben auf's Spiel setzten oder verloren, sollen nicht unerwähnt bleiben[150].

Vor Gericht bedarf es der Geschworenen, um eine Zeugenaussage als wahr anzuerkennen. In der Frage des Glaubens an Gott ist jeder Einzelne, der sich diese Frage ernsthaft stellt, sein eigener Geschworener. Seine Antwort ist sein Bekenntnis.

Die Bibel meint in Ps. 14,1 dazu: „Der Tor spricht in seinem Herzen: Es ist kein Gott."

---

150 Ohne Anspruch auf Vollständigkeit seien genannt: Dietrich Bonhoeffer, Paul Schneider, Martin Niemöller, Heinrich Grüber, Maximilian Kolbe, Alfred Delp, Franz Jägerstätter, Edith Stein, Hans und Sophie Scholl und ihre Mitkämpfer(innen) der Weißen Rose.

Ich kann nicht umhin, an dieser Stelle auch das Glaubenszeugnis von Ingeborg Fischer zu würdigen, die ich in den letzten Jahren ihres Lebens begleiten durfte. Sie war eine Krankenschwester, die gleich nach ihrer Ausbildung für den ganzen 2.Weltkrieg dienstverpflichtet wurde und die Hölle von Stalingrad mit erleben musste. In sowjetischer Kriegsgefangenschaft musste sie am Jahrestag des Sieges eine Vergewaltigungs-Orgie dutzender Bewacher über sich ergehen lassen, nachdem sie die Erschießung ihres ärztlichen Vorgesetzten, der sie hat schützen wollen, mit ansehen musste. Dennoch bekannte sie im Sinne Jesu: „Ich konnte nicht hassen". Auch nach ihrer Heimkehr bestand sie – querschnittsgelähmt durch die Spätfolgen einer Granatsplitterverletzung – ein wahres Hiobs-Schicksal im Glauben an Gott, mit dem sie nicht haderte. Sie fand Trost in ihrem Wahlspruch, der Zusage Jesu an seine Jünger kurz vor seinem Martyrium: „In der Welt habt ihr Angst, aber seid getrost, ich habe die Welt überwunden". (Joh. 16,33).

18. Erwachen aus dem Albtraum des Jean Paul ?

Das logische Fundament des „atheistischen Lehrgebäudes", von dem Jean Paul spricht, dessen „giftige Dämpfe" er einatmete und die ihn wohl in den im Kap.2 beschriebenen Albtraum versetzt haben, ist infolge der Quanten-Ontologie hinfällig geworden. Das wurde im Kap.12.1 bereits konstatiert. Dieses Lehrgebäude aber hat er vermutlich als Beschreibung jenes „Weltgebäudes" aufgefasst, von dem herab er den toten Christus verkünden ließ: „Es ist kein Gott".

Dass das Weltgebäude nun doch ganz anders aussieht, als es Jean Paul zu seiner Zeit wissen konnte, habe ich in den Kapiteln 13 und 14 näher ausgeführt.

Aber das hat sich bis heute noch nicht herumgesprochen. Noch ist der Zeitgeist befangen in dem veralteten, wie man aber immer noch meint, „aufgeklärten" naturalistischen Weltbild, wie ich es in den Kapiteln 5-7 dargestellt habe.

Auf ihm beruht ja die *instrumentelle Vernunft,* bei der – wie Max Horkheimer in der mit Theodor W. Adorno 1944 publizierten Schrift „Dialektik der Aufklärung" ausführt –

> „die mit gesellschaftlicher Herrschaft verschwisterte technisch-rationale Vernunft die praktische Vernunft dominiert. Sie steht für eine Vernunft, welche die Mittel, nicht jedoch die Ziele des Handelns reflektiert."

Darüber hinaus bezeichnet sie das seit Francis Bacon[151] proklamierte Interesse an technischer Beherrschung, ja Unterwerfung der Natur" (Wikipedia).

So hat die moderne wissenschaftlich-technische Zivilisation *Verfügungswissen* ohne Ende aufgehäuft bis hin zur Kernspaltung und Kernfusion, neuerdings bis zu beliebiger Manipulation des Erbguts von Lebewesen und nun auch noch bis hin zu sog. künstlicher Intelligenz (KI), mit der man die menschliche übertreffen und ersetzen will. Fast immer geschah dies im kurzsichtigen militärischen oder ökonomischen Herrschafts-Interesse zahlender Auftraggeber.

Während man für instrumentelles *Verfügungswissen* Milliarden und Abermilliarden Dollar aufgewendet hat, hatte man für *Orientierungswissen,* das zeigen soll, wie damit umzugehen wäre, sehr wenig übrig, wenn überhaupt etwas, dann etwa für eilig einberufene Ethik-Kom-

151 Francis Bacon (1561-1626) gilt als einer der Pioniere der Aufklärung und Mitbegründer der modernen Naturwissenschaft. Von ihm stammt der berühmte Satz „Scientia potestas est": (Wissen ist Macht).

missionen und fast immer zu spät für eine institutionalisierte Technikfolgenabschätzung.

Offenbar weiß unsere wissenschaftlich-technisch-industrielle Zivilisation nicht, wie sie mit diesem instrumentellen Wissen zum *Wohle* der Menschheit umgehen soll. So ist sie in die Krise geraten, die ich im Vorwort angesprochen und im Abschnitt 14.73 unvollständig aufgezählt habe. Sind wir damit nicht in der Situation des Zauberlehrlings in Goethes hellsichtigem Gedicht?

„Hat der alte Hexenmeister
sich doch einmal weg begeben!
Und nun sollen seine Geister
auch nach *meinem* Willen leben …

und mit Geistesstärke tu ich Wunder auch. …

Und nun komm, du alter Besen! …

Nun erfülle *meinen* Willen!
Auf zwei Beinen stehe,
oben sei ein Kopf,
eile nun und gehe
mit dem Wassertopf! …

Walle! walle manche Strecke,
dass zum Zwecke Wasser fließe
und mit reichem vollen Schwalle
zu dem Bade sich ergieße. …

Stehe! Stehe!
Denn wir haben deiner Gaben vollgemessen! –
Ach, ich merk es! Wehe, wehe!
Hab' ich doch das Wort vergessen!
Ach das Wort, worauf am Ende
er das wird, was er gewesen. …

O, du Ausgeburt der Hölle!
Soll das ganze Haus ersaufen? …

Ein verruchter Besen,
der nicht hören will!
Stock, der du gewesen,
steh' doch wieder still! …

Welch entsetzliches Gewässer!
Herr und Meister! Hör mich rufen! –

Ach, da kommt der Meister!
Herr, die Not ist groß!
Die ich rief, die Geister
werd ich nun nicht los.

„Hab' ich doch dass Wort vergessen“,heißt es da und der „alte Hexenmeister hat sich doch einmal weg begeben“ und am Schluss: „Herr und Meister!, hör mich rufen! ...Die ich rief, die Geister werd ich nun nicht los“.

So als wären beide Augen der so selbstsicheren modernen Zivilisation vom grauen Star betroffen, will man nicht sehen, dass tief greifendes und umfassendes Umdenken, das nicht weniger als eine *Erneuerung der Aufklärung* bedeuten würde, angesichts der tiefen Krise eben dieser unserer Zivilisation dringend erforderlich ist.

Der im Vorwort beschriebene Versuch der Vereinigung Deutscher Wissenschaftler (VDW), eine Erneuerung der Aufklärung mit ihrem *Potsdamer Manifest* auf die Tagesordnung einer breiten öffentlichen Diskussion zu setzen, scheiterte. Zu groß war noch immer die etablierte Selbstsicherheit, so dass es einigen Wortführern nicht zuletzt mit Hilfe des geschickt gewählten Kampfbegriffs „Quantenquark“ gelang, diesen ernsten Appell zum Umdenken in der Krise unserer Zivilisation lächerlich zu machen. Zu Hilfe kam ihnen dabei die Esoterik-Szene, die sich einige völlig falsch verstandene Begriffe aus der Quantenphysik (z.B. „Schwingungen“, „Wellen“, „Energie“) zu eigen machte und in einen Topf warf und umrührte, um daraus so etwas wie eine Quanten-Esoterik zusammenzubrauen.

Die zu entlarven, unternahm der Physiker Holm-Gero Hümmler mit seinem Buch „Relativer Quantenquark“ [152]. Das war zwar verdienstvoll und konnte mit dem ungeteilten Beifall der Wissenschafts-Szene rechnen, aber leider schreckte er in seinem Buch nicht davor zurück, auch den angesehenen Quantenphysiker, Träger des Alternativen Nobelpreises und Mitarbeiter Werner Heisenbergs, Hans-Peter Dürr (1929-2014), posthum zu diskreditieren, ihm so „Quantenquark“ anzudichten und in den Kontext von „Quantenesoterik“ zu rücken. Es gefiel ihm wohl nicht, dass Dürr in den letzten Jahren seines Lebens in mehreren Büchern versucht hat, auf die weitreichenden philosophischen Konsequenzen der Quantentheorie aufmerksam zu machen, von denen sein Lehrer Werner Heisenberg

152 Holm Gero Hümmler, „Relativer Quantenquark – Kann die moderne Physik Esoterik belegen?“, Springer 2017

meinte, sie seien viel bedeutender als die technischen. Damit wollte er zur Überwindung des alten mechanistisch-materialistischen Denkens beitragen, das dem technologischen Machbarkeitswahn unserer Zivilisation zugrunde liegt und ihre Krise mit bewirkt. Es sind diese philosophischen Konsequenzen, die das Fundament des im Potsdamer Manifest angeregten „neuen Denkens" bilden, das angesichts der umfassenden Zivilisationskrise unserer Zeit so dringend notwendig ist. Als damaliger Vorsitzender der VDW war er der Initiator und Coautor dieser Denkschrift. Somit trug Hümmler dazu bei, dass diese Denkschrift und ihr ernstes Anliegen als „Quantenquark" abgetan wurde und unbeachtet blieb.

Was Jean Paul noch als Albtraum ansah, und was ich im Kap. 4.2 als Gottesfinsternis in der Marktgesellschaft des Westens mit ihrem naturalistischen Unterbau beschrieben habe, empfindet der Wohlstandsbürger unserer Tage in seinem suchtartigen Konsumrausch durchaus nicht als Albtraum. Im Gegenteil, er fühlt sich darin wohl. Warum sollte er aufwachen und neu zur Besinnung kommen? Gern lassen sich die naturwissenschaftlich Gebildeten unter ihnen beruhigen: Das sei ja alles nur „Quantenquark". Die Quantenphysik mit all ihren Wunderlichkeiten gelte ja doch nur in der submikroskopischen Unterwelt oder bei ganz tiefen Temperaturen nahe dem absoluten Nullpunkt. In unserer mesoskopischen Lebenswelt könne man sie getrost vergessen. Da bliebe alles bei der „schönen *alten* Welt" des Naturalismus, in der sich die real existierende, nun globalisierte Marktwirtschaft als 'natürliche' Fortsetzung der biologischen Evolution darstellen und rechtfertigen ließe und in der es Gott – zum „relativen Glück" – gar nicht geben kann, denn dessen Zehn Gebote würden ja ohnehin nur Wettbewerbsnachteile mit sich bringen.

Aber ziehen über dieser schönen alten über- und fehlentwickelten Welt in ihrem technologischen Machbarkeitswahn nicht dunkle Wolken auf? Tauen da nicht, befeuert durch rücksichtslose Ausbeutung fossiler Kohlenstoffdeponien arktische Permafrostböden unter Freisetzung des besonders wirksamen Treibhausgases Methan auf? Schmelzen da nicht weltweit die Gletscher bis hin zu den Polkappen? Brennen da nicht, angetrieben durch die „unsichtbare Hand" des renditesüchtigen Marktes, tropische Regenwälder vom Amazonas bis Indonesien und setzen dabei weiteres Klimagas CO_2 frei bei gleichzeitiger Vernichtung von dessen wirksamsten Senken? Ist da nicht „instrumentelle Vernunft" am Ende?

Setzen sich da nicht Migrationsströme von Menschen aus dem globalen Süden, wo Küstenregionen durch den ansteigenden Meeresspiegel überschwemmt werden und sich zugleich Wüsten ausbreiten, in Bewegung in Richtung auf den in seinem Wohlstand schwelgenden und frevelnden Norden, der eilig Mauern und Zäune dagegen baut?

Nein, man will weiter schlafen und den Traum von dem immer währenden, materiellen Wohlstand garantierenden Wirtschaftswachstum und technischen Innovationen als Allheilmittel weiter träumen. Dieses hat hohe Bergketten und schwindelerregende Gipfel von Millionen- und Milliarden-Vermögen aufgetürmt, von denen zwar Wohlstand auf zufriedene und auch bereits vermögende Mittelschichten herunter tropft, während die, die am Fuße des Vermögens-Himalaja leben, abgemeldet sind. Sie kriegen kaum noch, was ihre Arbeit am kapitalistischen Arbeitsmarkt wert ist, so dass an Vermögensbildung nicht zu denken ist oder gar Verschuldung droht. Und die, die am globalen südlichen Rand dieser Vermögenslandschaft schlecht bezahlt schuften, um Reichtümer ihres jeweiligen Landes zur Bedienung der Schulden ihrer Länder bei den Vermögenden im reichen Norden auszubeuten, haben mangels Kaufkraft ökonomisch und auch politisch nichts zu melden. Sie kämpfen um's Überleben.

Wirkliche politische Mitwirkung in den sich selbst lobenden Parteien-Demokratien findet nur in den zufrieden gestellten Mittelschichten statt, die deshalb „ganz demokratisch" wollen, dass alles mehr oder weniger so bleibt, wie es ist.

Es ist, um Gottes Willen, allerhöchste Zeit aufzuwachen. Erstaunliches geschieht: Schulkinder und Jugendliche eben dieser saturierten Wohlstandsbürgerschaft wachen auf und sehen: Es *kann nicht* so bleiben wie es ist! Sie bestreiken wieder und wieder freitags die Schule und *wollen* umdenken. Dass man wie das missachtete Potsdamer Manifest da anfangen sollte, wo der technologische Machbarkeitswahn seinen Ursprung und die Ideologie des universellen Wettbewerbs ihre evolutionsbiologistische Begründung hat, um wirklich neu zu denken, könnte und sollte ihrer Bewegung als Fundament mitgegeben werden.

Sowohl der Jugendbewegung „Fridays for future", die von den „Scientists for future" unterstützt wird, als auch den mahnenden und warnenden Stimmen aus Kirchen und Nichtregierungsorganisationen, aus Wissenschaft und Publizistik hält man polemisch entgegen, sie würden wieder einmal nur Weltuntergangs-Szenarien beschwören. Ein solches Szenario *ist* ja auch der Albtraum des Jean Paul., Doch aus ihm folgt ein Erwachen:

> „– und alles wurde eng, düster, bang – und ein unermesslich ausgedehnter Glockenhammer sollte die letzte Stunde der Zeit schlagen

> und das Weltgebäude zersplittern...als ich erwachte.
> Meine Seele weinte vor Freude, dass sie wieder Gott anbeten konnte – und die Freude und das Weinen und der Glaube an ihn waren das Gebet."

Ein freudiges Erwachen könnte der Christenheit beschieden sein, wenn sie denn die Kunde hörte, dass das „Weltgebäude" doch so ganz anders aussieht, als Jean Paul dachte. Von dem „Weltgebäude herab", wie es wirklich ist, kann sie im Namen des *auferstandenen* Christus mit den Worten des Apostels Johannes selbstbewusst vertreten, was er am Anfang seines Evangeliums sagt:

> „Im Anfang war das Wort, und das Wort war bei Gott, und Gott war das Wort. Dasselbe war im Anfang bei Gott. Alle Dinge sind durch dasselbe gemacht, und ohne dasselbe ist nichts gemacht, was gemacht ist.
> In ihm war das *Leben*, und das Leben war das Licht der Menschen. Und das Licht scheint in der Finsternis, und die Finsternis hat's nicht ergriffen." (Joh. 1, 1-5).

Denn die Quanten-Ontologie lässt das verdunkelte Licht wieder angehen und gibt Juden und Christen das naturwissenschaftlich begründete Recht, zu glauben, dass Gottes allumfassender und allgegenwärtiger Wille zum Guten am Werke war, als er ein lebensfreundliches Universum schuf, in dem sich Leben entwickeln konnte, um schließlich auch uns Menschen hervorzubringen, die das Leben, ihr eigenes inbegriffen, als wunderbares Geschenk Gottes begreifen und dankbar annehmen können.

19. Anhang: Nahtoderlebnisse

Es gibt zahlreiche Berichte von Menschen, deren Bewusstsein den Kontakt mit ihrem Gehirn verloren, weil ihr Körper durch Herzstillstand, Unfälle oder andere Lebensgefahren in die Nähe des Todes geriet, aber wiederbelebt werden konnte. Sie hatten dabei bemerkenswerte Erlebnisse, die ihr wieder gewonnenes Leben veränderten. Diese Berichte weisen erstaunliche Gemeinsamkeiten auf. Dazu gehört das „Tunnelerlebnis“: Nach dem Durchgang durch einen langen, dunklen, mehr oder weniger Furcht erregenden Tunnel hin auf ein sprichwörtliches Licht am Ende des Tunnels erreichten sie einen weiten, hellen, strahlenden Raum, verbunden mit dem Erlebnis einer überwältigend liebevollen Aufnahme, wie es von dem holländischen Renaissance-Maler Hieronymus Bosch dargestellt worden ist. Oft berichten Betroffene von der Begegnung mit verstorbenen Angehörigen, die sie zweifelsfrei identifizieren konnten und die sie freudig willkommen hießen. Gläubige beschrieben das Lichterlebnis häufig als Begegnung mit Gott selbst.

Viele Patienten erlebten, dass sie ihren Körper verlassen und sich von oben sehen konnten, wobei manche von ihnen Beobachtungen machten, die aus der liegenden Position auf dem Operationstisch mit abgedeckten Augen physisch unmöglich sind, deren spätere Schilderung nach ihrer „Rückkehr“ in den Körper von verblüfften Ärzten oder Schwestern aber bestätigt wurden.Wie diese gleichwohl kaum bestreitbare außersinnliche Wahrnehmung möglich ist, ist bisher völlig unerklärlich. Oft fühlten Betroffene ein Widerstreben, in das Leben und ihren eigenen Körper zurückzukehren.

Ein besonders eindrucksvoller Bericht stammt von Dr. med. Eben Alexander. Er lehrte an der Harvard Medical School. Nach 15-jähriger Tätigkeit dort ging er mit seiner Frau nach Lynchburg in Virginia. Am 10. Nov. 2008 erlitt er ohne äußeren Anlass eine Meningitis. Mit äußerst schmerzhaften konvulsorischen Symptomen wurde er in die Notaufnahme und die Intensivstation des Allgemeinen Krankenhauses in Lynchburg eingeliefert, an dem er des öfteren als Neurochirurg operiert hatte. Hier fiel er ins Koma, das eine ganze Woche andauern sollte. Die Meningitis erwies sich als Infektion mit E. coli, die sich wegen Antibiotika-Resistenzen nur sehr schwer behandeln ließ. Die Bakterien im Liquor griffen die Großhirnrinde, den Neokortex, großflächig an und setzten ihn außer Funktion, schalteten ihn sozusagen aus. Er selbst schreibt in seinem lesenswerten Buch „Blick in die Ewigkeit – Die faszinierende Nahtod-Erfahrung eines Neurochirurgen“ [153]:

> „In dieser Zeit war mein gesamter Neokortex – die Hirnrinde, also jener Teil des Gehirns, der uns zu Menschen macht – stillgelegt, außer Betrieb. Im Prinzip nicht mehr vorhanden. Wenn Ihr Gehirn nicht mehr da ist, sind auch Sie nicht mehr da. Als Neurochirurg habe ich im Laufe der Jahre viele Geschichten von Menschen gehört, die Seltsames erlebt haben, in der Regel nach einem Herzstillstand; Geschichten von Reisen durch geheimnisvolle, wunderbare Landschaften, von Gesprächen mit verstorbenen Verwandten, sogar von Begegnungen mit Gott selbst.
>
> Wunderbare Sachen, keine Frage. Aber meiner Meinung nach war all das reine Phantasie. Was rief die jenseitigen Erfahrungen hervor, von denen solche Leute so oft berichteten? Ich behauptete nicht, es zu wissen, aber *was* ich wusste, war, dass sie auf dem basieren, was sich in unserem Gehirn abspielt. Und das gilt für das gesamte Bewusstsein. Wenn man kein funktionierendes Gehirn hat, kann man nicht bewusst sein. Das liegt daran, dass das Gehirn die Maschine ist, die das Bewusstsein überhaupt erst erzeugt. Wenn diese Maschine ihre Funktion einstellt, kommt auch das Bewusstsein zum Erliegen. So ungemein kompliziert und mysteriös die tatsächliche Mechanik der im Gehirn ablaufenden Prozesse auch sein mag, im Prinzip ist es einfach: Wenn man den Stecker zieht, geht der Fernseher aus. Die Vorstellung ist zu Ende, wie sehr sie Ihnen auch gefallen haben mag. So oder so ähnlich hätte ich es Ihnen erklärt, bevor mein eigenes Gehirn abstürzte. Während ich im Koma lag, arbeitete mein Gehirn nicht etwa unzureichend, es arbeitete *überhaupt nicht.*“

Was er dann während des einwöchigen Komas erlebte und in seinem überaus lesenswerten Buch eingehend beschreibt, ist ein solches Todesnähe-Erlebnis. Fast wie ein Fazit schreibt er schon am Beginn seines Berichts (S. 20):

> „Ich erlebte regelrecht einen ganzen Ansturm von Nahtoderlebnissen. Als praktizierender Neurochirurg, der jahrelang geforscht und praktisch im Operationssaal gearbeitet hat, bin ich in einer überdurchschnittlich guten Position, um nicht nur die Realität zu beurteilen, sondern auch die Tragweite dessen, was mir passiert ist. Diese Tragweite ist so gewaltig, dass es sich nicht beschreiben lässt. Meine Erfahrung hat mir gezeigt, dass der Tod des Körpers und des Gehirns nicht das Ende des

153 Dr. med. Eben Alexander, Blick in die Ewigkeit – Die faszinierende Nahtoderfahrung eines Neurochirurgen“, Ansata Verlag München, 9. Auflage 2013 (S.19-20.

Bewusstseins ist, dass menschliche Erfahrung über das Grab hinaus geht.“

Hier wird man korrigierend einwenden müssen, dass der Körper Alexanders ja nicht tot war, wobei aber zumindest einige der Hirntod-Kriterien bereits erfüllt waren. Zweifellos aber war sein Neokortex außer Funktion. Die eindrucksvollen Bewusstseinserlebnisse, die er trotzdem hatte, aber falsifizieren die von ihm selbst zuvor für unumstößlich gehaltene These, dass das Bewusstsein unlöslich und unbedingt gekoppelt ist an die Funktion des Neokortex.

Von besonderer Bedeutung ist das Nahtoderlebnis von Pamela Reynolds, das sie im Alter von 35 Jahren hatte. Sie musste sich 1991 wegen eines Aneurysmas einer riskanten Hirnoperation in Phoenix/ Arizona unterziehen. Ihr Blut wurde auf 15^0C gekühlt und über eine Beinarterie weitgehend ausgeleitet. Atmung und Herzschlag setzten aus. Ihr Hirn, einschließlich des Hirnstamms waren vollständig außer Funktion. Sie war klinisch tot. Während dieser Zeit aber hatte Sie ein intensives Nahtoderlebnis. Unter dem Titel „Nahtoderfahrung ohne Hirnaktivität“ kann man einen Bericht aus ihrem Munde in einem Youtube-Video [154] hören.

Bemerkenswert ist auch das Nahtoderlebnis eines 9 Jahre alten Jungen, über das Bruce Greyson berichtet[155]. Der Junge litt schwer an Meningitis. Über 36 Stunden waren seine besorgten Eltern bei ihm. Als das Fieber wich, erzählte er, er habe verstorbene Verwandte gesehen, darunter seine Schwester Theresa, die ihn an die Hand genommen und gesagt habe, er solle doch zurück gehen in seinen Körper. Kopfschüttelnd sagte der Vater, Theresa sei doch kerngesund in einem weit entfernten College! Später erfuhr er, dass sie tatsächlich bei einem Autounfall um's Leben gekommen war.

154 https://www.youtube.com/watch?v=QnzpsnBrkXs

155 Bruce Greyson ist Professor für Psychiatrie und Mitherausgeber des Handbook of Near-Death Experiences. Der Bericht ist als Interview mit Richard Martini enthalten in dessen Buch „It's A Wonderful Afterlife: Further Adventures into the Flipside“.

Nachwort

Erst nachdem ich das Manuskript dieses Buches abgeschlossen hatte, stieß ich auf das Büchlein des Philosophen Holm Tetens[156]

„Gott denken – Ein Versuch über rationale Theologie“.

Es ist ebenfalls eine kritische Auseinandersetzung mit dem Naturalismus, diesmal aus philosophischer Perspektive. Es ergänzt meine Untersuchung, die ich aus aus theoretisch-physikalischer Sicht unternommen und hiermit vorgelegt habe, in idealer Weise. Er zeigt, dass die „Kernthese des „idealistischen Theismus“, wie er es nennt, nicht weniger vernünftig und konsistent ist als die des Naturalismus und wünscht sich, dass

> „Philosophen mindestens so gründlich, hartnäckig und so scharfsinnig über den Satz ‚Wir Menschen sind Geschöpfe des gerechten und gnädigen Gottes, der vorbehaltlos sein Heil will‘ und seine Konsequenzen nachdenken wie sie zur Zeit pausenlos über den Satz ‚Wir Menschen sind nichts anderes als ein Stück hochkompliziert organisierter organischer Materie in einer rein materiellen Welt‘ und seine Konsequenzen:nachzudenken bereit sind.“

Genau das ist auch das Anliegen des vorliegenden Buches.

156 Holm Tetens, „Gott denken – Ein Versuch über rationale Theologie“, 7. Aufl. Reclam, 2020

DANKSAGUNG

Mein Dank gilt besonders meiner Frau als einer ständigen und geduldigen Gesprächspartnerin.
Darüber hinaus gilt er den Mitgliedern des Arbeitskreises Naturwissenschaft und Spiritualität an der Ev. Akademie Wittenberg,
Magdalene Schönhoff, Simone Brietzke, Peter Kleinert,
Bernd Winkelmann, Gottfried Böhme, Gottfried Schleinitz, Klaus Bohne, Georg Linke.

Literaturverzeichnis

Alexander, Eben, „Blick in die Ewigkeit – Die faszinierende Nahtoderfahrung eines Neurochirurgen", Ansata Verlag München, 9. Auflage 2013 (S.19-20

Al-Khalili, Jim,JohnJoe McFadden, Sebastian Vogel, „Der Quanten Beat des Lebens – Wie die Quantenbiologie die Welt neu erklärt", Ullstein 2015

Beck, Friedrich, „Quantenprozesse im Gehirn – Ein Tor zum Verständnis von Bewusstsein. Ein physikalischer Beitrag zur Steuerung neuronaler Prozesse". In: „Der entthronte Mensch? - Anfragen der Neurowissenschaften an unser Menschenbild" Hrsg. Jan C. Schmidt/Lars Schuster, mentis Verlag 2003, S. 138-162.

Beckermann, Ansgar, "Das Leib-Seele-Problem", Verlag Wilhelm Fink UTB, 2. Aufl. 2008, S. 45

Caianiello, Eduardo, „Outline of a theory of thought processes and thinking machines", Journal of Theoretical Biology 1, 209-235 (1961)

Crick, Francis, "Was die Seele wirklich ist – Die naturwissenschaftliche Erforschung des Bewusstseins", rororo Sachbuch 1997

Dürr, Hans-Peter, Unbelebte und belebte Materie: Ordnungsstrukturen immaterieller Beziehungen -Physikalische Wurzeln des Lebens, Global Challenges Network 2003 S. 4

Eckoldt, Matthias, „Neue Erkenntnisse zur Willensfreiheit: Wie das Gehirn entscheidet",, Deutschlandfunk Kultur /Zeit-Fragen, Sendung am 20.11.2016

Eidemüller, Dirk, „Quanten – Evolution – Geist" Springer Spektrum 2017,

Falkenburg, Brigitte: „Mythos Determinismus – Wieviel erklart uns die Hirnforschung?", Springer 2012

Fischbeck, Hans-Jürgen: „Die Wahrheit und das Leben – Wissenschaft und Glaube im 21. Jahrhundert", Herbert Utz Verlag, 2005.

„Das Reich Gottes ist möglich", in: „Ist der Mensch paradies-fähig ?", Hrsg. H. Schmidt u. H. Damaschun, Ev. Verlagsanstalt Leipzig 1994,

Fisher, Matthew: „Are we quantum computers or merely clever robots?" International Journal of Modern Physics B Vol. 31 (2017)

Fröhlich, Herbert: Long Range Coherence and Energy Storage in Biological Systems, Int. Journal of Quantum Chemistry Vol. 11, 1968, S. 641-649

Guggenheim, Judy und Bill: „Trost aus dem Jenseits“, S. Fischer Verlag 1997

Hameroff, Stuart and Penrose, Roger:: „Consciousness in the Universe – A Review of the 'OrchOR' theory“, Physics of Life Reviews 11 (2014), 39-78

Hägele, Peter: Jahrbuch der Karl-Heim-Gesellschaft, 18. Jahrgang 2005, Frankfurt a. M.: Peter Lang. Europäischer Verlag der Wissenschaften 2006.

Hossenfelder, Sabine: „Das hässliche Universum – Warum unsere Suche nach Schönheit die Physik in die Sackgasse führt“, S. Fischer 2018

Hümmler, Holm-Gero: „Relativer Quantenquark – Kann die moderne Physik Esoterik belegen?”, Springer 2017

Kahl, Joachim: „Die beiden Säulen des Atheismus“ in: EZW-Texte 16/2011, Hrsg. Reinhard Hempelmann, Ev. Zentralstelle für Weltanschauungsfragen.

Kiefer, Claus: Quantentheorie, Fischer Taschenbuch 2002

Kleinert, Peter: “Ist die philosophische Theologie am Ende?“, WiSa Stuttgart 2013, S. 69-70.

Libet, Benjamin: „Mind Time – wie das Gehirn Bewusstsein produziert“, Suhrkamp 2005, S. 212 ff.

Lommel, Pim van: „Endloses Bewusstsein – Neue medizinische Fakten zur Nahtoderfahrung”, Knaur Taschenbuch 2013.

Nagel,Thomas: „What is it like to be a bat?“ *Philosophical Review. LXXXIII (4): 435–450. Oct 1974.*

Nahm, Michael: „wenn die Dunkelheit ein Ende findet – Terminale Geistesklarheit und andere Phänomene in Todesnähe“, Crotona Verlag 2012.

Neukamm, Martin: Aufklärung und Kritik 1/2009, S. 94-109

Otte, Ralf: „Vorschlag einer Systemtheorie des Geistes“, Cuvillier Verlag Göttingen, 2016

Penrose, Roger: „Computerdenken“, Spektrum Akademischer Verlag Heidelberg, Berlin 2002.

Polianski, Igor: „Das Rätsel DDR und die „Welträtsel“ - Wissenschaftlich atheistische Aufklärung als propagandistisches Leitkonzept der SED“, Potsdamer Bulletin für zeithistorische Studien Nr. 36-37/2006

Popper, Karl, Eccles,John: „The Self and its Brain – An Argument for Interactionism“, Springer International 1981

Potsdamer Denkschrift: Oekom Verlag München 2006

Ricciardi L.M. Umezawa H., Brain and Physics of Many-Body Problems, Kybernetik 4, 44-48 (1967)

Reichholf, Josef: “Das Rätsel der Menschwerdung – Die Entstehung des Menschen im Wechselspiel der Natur”, dtv München

Roth, Gerhard, Nicole Strüber: „Wie das Gehirn die Seele macht“, Klett-Cotta, 2. Aufl. 2019

Sandel, Michael: „Was man für Geld nicht kaufen kann“ Ullstein 2014

Schmidt, Jan : „Das Andere der Natur – Neue Wege zur Naturphilosophie“, Hirzel 2015

Schulz, Hermann: „Physik mit Bleistift“, 10. Auflage, Verlag Europa-Lehrmittel, Haan-Gruiten (Germany) 2019
Schäfer, Lothar: „Infinite Potential“, Deepak Chopra Books 2013,
Schweitzer, Albert: Lesebuch, Becksche Reihe 1133, München 1995

Shanahan,Murray: „Die technologische Singularität“, Matthes & Seitz, Berlin 2020.

Tetens, Holm, “Gott denken – Versuch übereine rationale Theologie”, Reclam, 7. Aufl. 2020.

Theißen, Gerd, Merz,Annette, „Der historische Jesus“, Vandenhoeck& Ruprecht, Göttingen 1997, S. 250

Vitiello, Giuseppe, Freeman,W.J. “The dissipative brain and non-equilibrium therm-dynamics”, Journal of Cosmology 14, 2011

Vowinkel, Bernd: „Wissen statt Glauben!“ Lola Books GbR 2018, und „Warum der naturalistische Humanismus keine subjektive Weltanschauung ist“, homepage gbs Köln, Juli 2018

Vollmer, Gerhard: “Naturalismus”, Textarchiv TA 2003-13, fowid, Forschungsgruppe Weltanschauungen in Deutschland)

Weigt, Gerhard: „Demokratie Jetzt – Der schwierige Weg zur deutschen Einheit”, Ev.Verlagsanstalt Leipzig, 2015

v. Weizsäcker, C.F. „Die Zeit drängt – Eine Weltversammlung der Christen für Gerechtigkeit, Frieden und die Bewahrung der Schöpfung“, Carl Hanser Verlag 1986

"Weltall Erde Mensch – Ein Sammelwerk zur Entwicklungsgeschichte von Natur und Gesellschaft", S. 14, Verlag Neues Leben 1972

Wolf, Gerald, Hess, Jörg: „Seele oder Programm", Urania-Verlag Leipzig 1983

Yunger Halpern, Nicole, Crosson, Elizabeth: „Quantum information in the Posner model of quantum cognition", Annals of Physics 407, 92-147 (2019)

Zeilinger, Anton et al.: „Experimental delayed-choice entanglement swapping", Nature Physics 10, 1038, 2012

Stichwortregister

Personenregister

Zeitdiagnosen

Jochen Welt
Opferzeiten
Vom archaischen zum virtuellen Opfer
Der Autor unternimmt einen Parforceritt durch die archaischen, religiös-philosophischen und historischen Dimensionen des Opferbegriffs. Dazu durchforstet er die Geistes- und Politikgeschichte nach bis heute vitalen Spuren. Er entwickelt daraus einen dynamischen Opferbegriff, der in der aktuellen Diskussion zunehmend an Schärfe gewinnt.
Detailliert und empirisch fundiert stellt der Autor den Begriff des „virtuellen Opfers" ins Zentrum seiner Überlegungen. Der Schluss des Buches versucht originelle Wege aufzuzeigen, der „Opferfalle" zu entrinnen, in die wir sowohl als Individuen, aber auch als Gesellschaft zu geraten drohen.
Bd. 56, 2021, 210 S., 24,90 €, br., ISBN 978-3-643-14994-7

Claudio Wasmer
An der Virenfront nichts Neues
Im Niemandsland zwischen Coronaleugnern und Wahrheitsministern. Eine Einladung zur Diskussion. Geleitwort P. Klaus Mertes SJ
Pandemie. Ein Virus nimmt der Welt den Atem. Welche Wirkung erzielen Wort und Bild der medialen Berichterstattung? Welche Expert/innen werden gehört? Welche Zahlen dienen als Beleg für die Alternativlosigkeit der jeweiligen Maßnahmen? Welchen Umgang mit Leben und Sterben spiegelt das Krisenmanagement? Der Autor geht solchen Fragen mithilfe quellenkritischer Analyse nach. Er setzt Denkimpulse in historischer, soziologischer, ethischer, philosophischer und psychologischer Hinsicht. Sein Buch ist dringender Appell, Multiperspektivität zuzulassen und konstruktive Kritik gerade in Bedrohungslagen einzufordern.
Bd. 54, 2021, ca. 344 S., ca. 34,90 €, br., ISBN 978-3-643-14976-3

Helmut Meißner
Haltung und Demokratie
Was wir für die Freiheit kommender Generationen tun können
Bd. 53, 2021, ca. 184 S., ca. 29,90 €, br., ISBN 978-3-643-14971-8

Siegfried F. Franke
Vor dem Sturz in die Bedeutungslosigkeit: Demokratie und Rechtsstaat
Bd. 52, 2021, ca. 284 S., ca. 29,90 €, br., ISBN 978-3-643-14968-8

Ralf Roschlau
Von Leerjahren zu Lehrjahren – Über Veränderung von Politik, Wirtschaft und Gesellschaft nach 2020 und 2021
Verstand und Mut entscheiden darüber, wie wir die Erfahrungen der Jahre 2020 und 2021 für politische, wirtschaftliche und gesellschaftliche Resilienz nutzen können. Welche Erkenntnisse gewinnen wir aus der COVID-19-Pandemie: War ihre Ausbreitung vermeidbar? Wie gut war unser Gesundheitssystem vorbereitet? Lernt die Politik aus ihren Fehlern?
Der Autor Ralf Roschlau zieht Bilanz und schlägt Antworten und Perspektiven vor, die Mut zu Neuem machen: Aus Angst und Unsicherheit können sich Vernunft und Zuversicht entwickeln. Optimistische Gedanken nach einer pessimistischen Zeit erwarten Sie!
Bd. 51, 2021, 204 S., 19,90 €, br., ISBN 978-3-643-14963-3

Marc Halévy
Einfachheit und Minimalismus
Aus dem Französischen übersetzt und herausgegeben von Claudia Brahmi
Wir leben in einer Zwischenzeit, sind Zeitgenossen eines tiefgreifenden paradigmatischen Wandels. Die kapitalistisch-industrielle Logik des Immer-mehr hat ausgedient. In Zeiten des Umbruchs, der zugleich eine äußere (ökologische) und eine innere (noetische) Revolution ist, empfiehlt Marc Halévy – in Nietzsches Tradition der Kritik eines sinnentleerten Materialismus' stehend – Minimalismus und Einfachheit. Was dies philosophisch und praktisch bedeutet, dekliniert der Autor in diesem Buch für viele Lebensbereiche durch – ein inspirierendes Plädoyer dafür, dass sich der Mensch wieder auf sich und auf das Wesentliche im Leben besinne. Es erfordert Genialität, es einfach zu machen. Seien Sie genial!
Bd. 50, 2021, 140 S., 24,90 €, br., ISBN 978-3-643-14935-0

LIT Verlag Berlin – Münster – Wien – Zürich – London
Auslieferung Deutschland / Österreich / Schweiz: siehe Impressumsseite

Rolf Müller
Habgier
Karriere eines Lasters
Bd. 49, 2021, 256 S., 29,90 €, br., ISBN 978-3-643-14932-9

David Hamidovic
Das endlose Ende der Welt
Historischer Essay über die Apokalyptik im alten Judentum und Christentum
Von den Fragmenten der Maya bis zu den Vorhersagen des Nostradamus, vom Jahr Tausend bis zum Jahr Zweitausend, von den Prophezeiungen des Altertums bis zum Coronavirus – das Ende der Welt verfolgt die Menschheit gestern wie heute. David Hamidović führt uns zu den Wurzeln dieser Überzeugung, die ständig aktualisiert wird. Er erforscht die Mutationen der göttlichen Repräsentation, die Infragestellung der traditionellen Weisheit, die Produktion von Eschatologie und die Kreise, die apokalyptische Texte in krisengeschüttelten Welten schreiben.
Bd. 48, 2020, 156 S., 29,90 €, br., ISBN 978-3-643-80316-0

Walter Baier; Cornelia Hildebrandt; Franz Kronreif; Luisa Sello (Eds.)
Europe as a Common
Exploring Transversal Social Ethics. Volume I
Bd. 46, 2020, 278 S., 24,90 €, br., ISBN 978-3-643-91298-5

Claudio Giulio Anta
Albert Einstein – Wege zum Pazifismus
Bd. 45, 2020, 270 S., 34,90 €, br., ISBN 978-3-643-91253-4

Hayrettin Ökçesiz
Das Wesen des Rechts ist das Widerstandsrecht
Essays und Vorträge. Aus dem Türkischen von Johannes Neuner
Bd. 44, 2020, 188 S., 44,90 €, br., ISBN 978-3-643-14551-2

Michael Wolf
Tempo
Die Dynamik von Moderne, Zivilisation und Kapital
Bd. 43, 2020, 134 S., 19,90 €, br., ISBN 978-3-643-14587-1

Gunnar Skirbekk
Epistemic Challenges in a Modern World
From "fake news" and "post truth" to underlying epistemic challenges in science-based risk-societies
Bd. 42, 2019, 88 S., 24,90 €, br., ISBN 978-3-643-91171-1

Francesca Ferré
Discours à la Nation catalane
Bd. 41, 2019, 174 S., 19,90 €, br., ISBN 978-3-643-91167-4

Andreas Heuer
Carl Schmitt und die Krise des gegenwärtigen Liberalismus
Bd. 40, 2019, 128 S., 24,90 €, br., ISBN 978-3-643-14469-0

Nicole Grochowina; Herbert Lauenroth; Lothar Penners (Hg.)
Prophetie im Prekären
Reflexionen zum „Miteinander in Europa"
Bd. 39, 2019, 116 S., 24,90 €, br., ISBN 978-3-643-14467-6

Detlef Hein
Religionsgewalt in politischen Räumen
Erkennen, verstehen, überwinden
Bd. 38, 2020, 388 S., 29,90 €, br., ISBN 978-3-643-14397-6

LIT Verlag Berlin – Münster – Wien – Zürich – London
Auslieferung Deutschland / Österreich / Schweiz: siehe Impressumsseite